掌尚文化

SALUTE & DISCOVERY

致敬与发现

本书受中国社会科学院—贵州人民政府战略合作专项经费资助出版

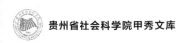

贵州省社会科学院甲秀文库

贵州省新型城镇化研究

贵州省社会科学院 / 编

王春光　孙兆霞　梁晨　等 / 著

New Urbanization in
Guizhou
Province

经济管理出版社
ECONOMY & MANAGEMENT PUBLISHING HOUSE

图书在版编目（CIP）数据

贵州省新型城镇化研究/王春光等著 . —北京：经济管理出版社，2022.6
ISBN 978-7-5096-8500-6

Ⅰ.①贵… Ⅱ.①王… Ⅲ.①城市化—研究—贵州 Ⅳ.①F299.277.3

中国版本图书馆 CIP 数据核字（2022）第 099582 号

组稿编辑：宋　娜
责任编辑：宋　娜
责任印制：黄章平
责任校对：王淑卿

出版发行：经济管理出版社
　　　　　（北京市海淀区北蜂窝 8 号中雅大厦 A 座 11 层　100038）
网　　址：www. E-mp. com. cn
电　　话：（010）51915602
印　　刷：唐山昊达印刷有限公司
经　　销：新华书店
开　　本：720mm×1000mm/16
印　　张：15.5
字　　数：261 千字
版　　次：2022 年 8 月第 1 版　　2022 年 8 月第 1 次印刷
书　　号：ISBN 978-7-5096-8500-6
定　　价：98.00 元

贵州省社会科学院甲秀文库出版说明

近年来，贵州省社会科学院坚持"出学术精品、创知名智库"的高质量发展理念，资助出版了一批高质量的学术著作，在院内外产生了良好反响，提高了贵州省社会科学院的知名度和美誉度。经过几年的探索，现着力打造"甲秀文库"和"博士/博士后文库"两大品牌。

甲秀文库，得名于贵州省社会科学院坐落于甲秀楼旁。该文库主要收录院内科研工作者和战略合作单位的高质量成果，以及院举办的高端会议论文集等。每年根据成果质量数量和经费情况，全额资助若干种著作出版。

在中国共产党成立 100 周年之际，我们定下这样的目标：再用 10 年左右的功夫，将甲秀文库打造为在省内外、在全国社科院系统具有较大知名度的学术品牌。

贵州省社会科学院

2021 年 1 月

目　录

第一章　贵州新型城镇化的时空背景

　　贵州的新型城镇化建设虽然具有鲜明的"山地特色"，但始终与我国经济发展与城镇建设的大时代同频共振。改革开放以来的40余年里，我国城镇常住人口由1978年的1.73亿人迅速增加到2019年的8.48亿人，每年平均净增加1600万人，城镇化水平由17.92%提高到60.60%。我国顺利完成了世界历史上速度最快、规模最大的城镇化进程，用了短短40年的时间完成了西方国家200年才完成的城镇化进程，创造了世界城镇化发展的历史奇迹。[①] 不可否认的是，传统城镇化在我国经济社会发展与工业化和城市化过程中发挥了重要推动作用。但是，传统城镇化模式越来越不能适应经济新常态下的发展要求。我国传统城镇化模式的主要特点是：政府主导；土地城镇化快于人口城镇化，人口城镇化快于人口市民化；城市房价快速飙升。传统城镇化模式造成了以下后果：政府严重依赖土地财政，导致宏观风险增加，房价上涨过快，阻碍了人口城市化与工业化的深入和及时升级，对经济潜在增长率产生抑制[②]；在传统城镇化模式下出现了大批在城市打工但不能在城市定居的农业转移人口，即出现了所谓的农民工"半城市化"问题[③]。传统城镇化的另外一个弊端在于，造成了长期以来城乡人口的单向流动，乡村社会精英流失殆尽，乡村日益凋敝，不利于城乡社会的协调和可持续发展。[④]

　　[①]　方创琳：《改革开放40年来中国城镇化与城市群取得的重要进展与展望》，《经济地理》2018年第9期。

　　[②]　陈杰：《经济新常态下的中国城镇化发展模式转型》，《城市规划学刊》2016年第3期。

　　[③]　王春光：《农村流动人口的"半城市化"问题研究》，《社会学研究》2006年第5期。

　　[④]　杨建科：《新常态战略下的新型城镇化：选择动力与规避陷阱》，《城市发展研究》2016年第7期。

在经济新常态下，传统城镇化模式难以为继，国家适时制定出台了《国家新型城镇化规划（2014—2020年）》，以适应新常态下我国经济从高速增长阶段进入高质量发展阶段的新情况及新时代我国社会主要矛盾转化为人民日益增长的美好生活需要和发展不平衡不充分的新要求。从宏观来看，区域优势互补的新型城镇化、创新驱动的高质量工业化和国际国内"双循环"将成为推动中国经济高质量发展的三大核心战略。以新型城镇化为载体实现要素资源在空间上的优化配置是我国下一个发展阶段重要的"结构性红利"①。新型城镇化是推动经济实现高质量增长的重要推动力。聚焦新型城镇化，一是可以拉动投资，二是可以促进消费，三是可以提高生产效率。② 新型城镇化不但是推动经济总体效率提升的重要战略，也是带领人民群众创造更加幸福美好生活的战略。因为，新型城镇化是强调"以人为本"的城镇化，增进民生福祉是发展的根本目的。与"物的城镇化""土地城镇化"不同，它将城乡居民的利益放在首位，要着力解决人的城镇化滞后于土地城镇化的发展问题。对于新型城镇化的主体来说，新型城镇化的过程就是人们进入现代文明体系的过程，是生产方式、生活方式、文明素质和社会权益现代化的过程。③ 而对于贵州这样一个后发型的山地特色省份，如何继续推进新型城镇化战略，既实现经济的高质量发展，进一步缩小与东部沿海地区的差距，又提高人民的福祉和生活水平，满足人民对美好生活的向往，是本书研究的出发点和宗旨。

第一节　改革开放以来贵州新型城镇化的成就

改革开放40多年来，贵州的城镇化建设取得了重大成就。特别是新型城镇化战略实施以来，贵州的城镇化进入了高速增长与发展转型同步时期。贵州省新型城镇化发展呈现出以下四个突出特征：一是形成城镇化的强劲动力。初步形成以黔中城市群、县级行政中心为核心的城镇化立体增长极。二是城镇化的产业基

① 中国社会科学院经济研究所：《中国经济报告（2020）》，《经济研究》2020年第8期。
② 姜安印、杨志良：《新型城镇化建设与城市经济高质量增长》，《经济问题探索》2020年第3期。
③ 李强、王昊：《什么是人的城镇化?》，《南京农业大学学报（社会科学版）》2017年第2期。

础增强，产业结构不断优化，逐步从第二产业支撑向一二三产业融合发展。三是城镇化的质量不断提升。城镇居民生活环境与公共服务不断改善，生活水平持续提高。四是城乡发展不断融合。城镇化要素流动的障碍逐步突破，特色小城镇建设成效明显。

一、城镇化推进的增长极向城市圈、城市群转变

与发达国家的城镇化进程一样，我国的城镇化也已经从中心城市城镇化发展到以大城市为核心的都市圈化、城市群化阶段。近年来，贵州省交通的改善为黔中城市群的发展奠定了基础：2015 年实现县县通高速，通航机场市州全覆盖；2017 年实现村村通、组组通硬化路，打造的黔中城市群是贵州经济最发达、交通最方便、城镇化水平最高的地区。以贵阳中心城区和贵安新区为龙头，以市、州政府所在地城市为支撑，以小城市和小城镇为基础，以新型农村社区为补充，初步形成了大中小城市和小城镇协调发展的城镇体系，在符合贵州山地特色的基础上优化了国土空间布局，推进了区域协调发展。为了更好地推进新型城镇化，贵州省于 2020 年 2 月出台了《关于支持贵安新区高质量发展的意见》。同年 9 月，出台了《贵州省提升城镇品质做强城镇经济推进新型城镇化若干措施》，明确提出加快构建以贵阳中心城区（贵安新区）、遵义中心城区为核心，周边 1 小时通勤范围城市组成的贵阳—贵安—安顺、遵义两个都市圈。这表明贵州省已经将培育"城市群"落地化为发展"城市圈"，而这样的政策落地也是基于贵阳、遵义两个城市的吸引力。

二、城镇化的产业支撑转向一二三产业融合发展态势

贵州省新型城镇化建设在整合农村内部资源的基础上，向附加值更高的优势特色农产品种养殖、加工、销售、餐饮和乡村旅游延伸，形成一二三产业内生融合的新发展态势。2017 年 12 月，贵州省人民政府办公厅出台《关于推进农村一二三产业融合发展的实施意见》，提出将农村产业融合发展与新型城镇化建设有机结合，引导农村二三产业向县城、重点乡镇及产业园区等集中。同时，致力于高质量工业化带动新型城镇化。2018 年，贵州省人民政府印发《贵州省十大千亿级工业产业振兴行动方案》，提出到 2020 年将基础能源、清洁高效电力、优质烟酒、新型建材、现代化工、先进装备制造、基础材料、生态特色食品、大数据

电子信息、健康医药十大产业，打造成为引领发展、拉动增长、融合创新的支撑性、示范性、带动性核心产业，重点产业工业总产值达到 1.46 万亿元，年均增长 10%左右。此外，贵州省充分利用自身的生态资源优势，做大做强旅游产业。旅游与城镇融合发展，产城景文旅互动格局初步形成。旅游业产业持续发展，有效带动了三产发展、乡村就业及农民增收。

三、城镇居民的生活环境与公共服务品质提升

在贵州的新型城镇化建设进程中，城市的硬件建设和软件建设都进入了高质量发展的新阶段。城镇居民收入与支出同步增长，居住条件不断优化，交通与通信状况不断改善。2015—2019 年，贵州省城镇常住居民人均可支配收入从 24580元增长到 34404 元，年均增长率为 8.77%；城镇常住居民人均消费性支出从16914 元增长到 21402 元，年均增长率为 6.06%；城镇居民人均住宅建筑面积从36.37 平方米增加到 38.19 平方米；每百户拥有移动电话数量从 237 部增加到287 部，平均每年增加 12.5 部；每百户城镇居民拥有家用汽车数量从 23.74 辆增加到 43.19 辆，平均每年增加近 5 辆；城市人均公园绿地面积从 8.66 平方米增加到 13.54 平方米。基础教育水平、基本医疗和公共卫生服务水平逐年提升。2014—2018 年，学龄儿童入学率从 99.1%提高到 99.66%，辍学儿童持续减少；初中师生比从 17.29 下降到 14.10，小学师生比从 17.96 下降到 17.89。① 从基本医疗与公共卫生服务水平来看，2014—2018 年，贵州省每万人拥有的执业（助理）医师数从 13.4 人增加到 22.6 人，增长率超过 50%。②

四、城乡一体化与特色小城镇建设持续推进

新型城镇化的"新"，主要体现在要推进以人为核心的新型城镇化。2015年，贵州省启动户籍制度改革，建立了城乡统一的户口登记制度，并在全国率先取消了包含省会贵阳市在内的全省城镇落户限制，实现了贵州全省城镇落户"零门槛"。贵州还在全国率先实行贵州籍农村学生"来去自由"的户口迁移政策，促进了城乡要素的有序流动。2014—2019 年，贵州省户籍人口城镇化率从

① 教育部网站："贵州目前共聘特岗教师 97000 余人 占义务教育阶段教师总数的 30%"，新华网，http：//www.moe.gov.cn/s78/A10/moe_ 601/201802/t20180207_ 327025.html，2018 年 2 月 7 日。
② 民盟贵州省委、贵州省卫健委：《贵州省县乡远程医疗实施状况调研报告》，2018 年。

16.4%猛增到41.68%，农业转移人口市民化进程加快，进城人口的社会融入性进一步增强。同时，全省提高城镇人口比重的路径发生了巨大变化，新增城镇常住人口路径更加多元化，既有常规的考学、招工、参军，又有农村劳动力转移、易地扶贫搬迁、行政区划调整、示范小城镇建设等路径。早在2012年，贵州省便出台了《关于加快推进小城镇建设的意见》，重点扶持100个交通枢纽型、旅游景观型、绿色产业型、工矿园区型、商贸集散型、移民安置型六类各具特色的示范小城镇建设，全面推动贵州山地特色新型城镇化发展。2018年，贵州省示范小城镇带动全省小城镇建设投资4760亿元，新增城镇人口160万人，全省小城镇新增就业人口120万人，全省城镇化水平提升了4个百分点左右。

第二节 贵州新型城镇化的时空定位

在肯定贵州新型城镇化的成就、总结其发展特征的同时，必须将贵州的新型城镇化战略的实施放在全国的大背景下，通过时间和空间的维度来定位贵州当前城镇化的发展阶段和未来的发展方向，明确机遇与挑战，为制定符合贵州经济社会发展阶段的战略提供基本依据。

一、空间定位：西部内陆省份之新型城镇化

贵州是西部地区的重要省份之一，西部地区城镇化发展过程中的一些共性问题也是贵州新型城镇化所必须面对的问题。所以，可以从西部地区城镇化和城市群的发展特点来看贵州新型城镇化的空间定位。

（一）贵州的城镇化率仍低于全国和西部平均水平

从贵州省所属的西部地区与全国其他区域来看，2018年西部地区常住人口城市化率明显低于全国平均水平，比全国平均水平低6.66个百分点，更是低于东部地区城市化率，相差14.86个百分点，也低于东北地区9.76个百分点，与中部地区城市化率比较接近，但也低2.68个百分点（见表1-1）。

从西部地区内部各省份来看，城市化发展程度很不均衡。2018年，重庆和内蒙古城镇化率不但超过全国平均水平，也高于东北地区和中部地区，处于第一层次；宁夏、陕西、青海超过西部地区平均水平，但是低于全国平均水平，处于第二层次；四川、新疆、广西处于第三层次，均在50%以上；云南、甘肃、贵州都在47%以上，处于第四层次（见表1-2）。

表1-1　2018年全国及西部与东部、中部、东北地区城镇总人口与城镇化率的比较

指标	全国	东部地区	中部地区	西部地区	东北地区
城镇总人口（万人）	83137	36432.00	20635	20087	6791
城镇化率（%）	59.58	67.78	55.60	52.92	62.68

资料来源：中国知网：中国经济社会大数据研究平台。

表1-2　2018年西部地区12省份城镇化率比较

省份	城镇总人口（万人）	常住人口（万人）	城镇化率（%）
重庆	2032	3102	65.50
内蒙古	1589	2534	62.71
宁夏	405	688	58.88
陕西	2246	3864	58.13
青海	328	603	54.47
四川	4362	8341	52.29
新疆	1266	2487	50.91
广西	2474	4926	50.22
云南	2309	4830	47.81
甘肃	1258	2637	47.69
贵州	1711	3600	47.52
西藏	107	344	31.14
合计	20087	37956	52.92

资料来源：中国知网：中国经济社会大数据研究平台。

（二）贵州城镇结构不够合理，城市体系不够健全

与东部、中部地区相比，西部地区城镇规模结构和经济结构不够合理，大中城市较少，小城市和小城镇众多。如表1-3所示，西部地区小城市占比接近80%。特别是由于西部地区缺乏足够的大城市的支撑，导致城市规模效应不能充分发挥出来，而且使得大城市与中小城市和小城镇的发展处于相互制约之中。从产业特征来看，西部地区大城市之间产业同构现象较为明显，中小城市经济专业化程度不高，小城镇产业特色不足。

表 1-3　2014 年全国不同类型城市在东、中、西部地区的空间分布

地理位置	城市总数	超大城市	特大城市	大城市		中等城市	小城市	
				Ⅰ型	Ⅱ型		Ⅰ型	Ⅱ型
东部	271	4	4	4	36	48	112	63
占比（%）	—	1.48	1.48	1.48	13.28	17.71	41.33	23.25
中部	245	0	2	5	15	44	94	85
占比（%）	—	0.00	0.82	2.04	6.12	17.96	38.37	34.69
西部	137	1	1	3	8	15	54	55
占比（%）	—	0.73	0.73	2.19	5.84	10.90	39.42	40.15

资料来源：姚士谋、周青山、王德等：《中国城市群新论》，科学出版社 2016 年版，第 94 页。

其中，贵州的城镇化体系不健全、结构不合理问题尤为突出。据初步统计，"十三五"期间，贵州城镇数量约 700 座。截至 2018 年，从建成区人口规模来看，有Ⅰ型大城市 1 座，即省会城市贵阳，人口为 330 万人；Ⅱ型大城市 1 座，即遵义，人口为 160 万人；中等城市 3 座，即六盘水、毕节、安顺，人口分别为81 万人、64 万人、58 万人；其余都是小城市和建制镇。[①] 贵州城镇化体系方面最大的问题是只有 1 座达到Ⅰ型大城市标准的城市，即贵阳市，形成了"一城独大"的格局，难以形成城市群的区域发展极合力。

（三）城乡发展不协调、城市管理和服务需持续提升

2018 年，全国城镇居民人均可支配收入与农村居民人均纯可支配收入之比为 2.69∶1，而西部地区相应的比值为 2.82∶1，[②] 高于全国平均水平，且高于东部、中部和东北地区。此外，西部地区城乡居民在享受基本公共服务方面仍有一定差距。尽管贵州近几年的城乡居民可支配收入比呈缩小趋势（见表 1-4），但差距仍然较大，高于全国平均水平，也高于西部地区平均水平。同时，农村人口数仍然大于城镇人口数。城镇化水平较低对贵州的农村产生了较多的负面影响，使得农村长期处于相对贫困的状态。

---

① 贵州省住房和城乡建设厅、南京大学城市规划设计研究院有限公司：《贵州省城镇体系规划评估及总体规划调查研究》，2018 年 12 月。

② 国家统计局：《中国统计年鉴 2019》，中国统计出版社 2019 年版。

表1-4 2014—2018年贵州城镇与农村居民人均可支配收入变化情况

年份	2014	2015	2016	2017	2018
城镇（元）	22548	24580	26743	29080	31592
农村（元）	6671	7387	8090	8869	9716
城镇/农村	3.38	3.33	3.31	3.28	3.25

资料来源：《贵州统计年鉴2019》。

"十三五"期间，贵州省的城市发展进入"快车道"，在城市管理和城市服务方面取得了显著的成就。但是也要看到，贵州省的中等及以上城市在路网优化、供水安全、供电供气供热、住房保障、基本公共服务、污水垃圾处理、生态环境保护、地下空间开发和利用、安全保障等方面与全国同类城市相比均存在着不小的差距。

（四）贵州城市群总体发育程度不高，处于雏形期[①]

习近平同志指出，城市群是人口大国城镇化的主要空间载体，要以城市群为主体形态推进城市化。城市群建设具有重要的战略意义，它是我国推动新型城镇化战略、参与国际竞争和合作的重要载体，是实现国土资源均衡开发格局的重要抓手，也是促进大中小城市协调发展的重要平台。[②] 改革开放40多年来，我国城市群的发展对城镇化和国家经济社会发展做出了重要贡献。在我国城市群快速成长过程中，由于自然和人为因素，在经济分工合作、空间组织管理、生态建设保护等方面出现了诸多不协调、不平衡、不系统的矛盾。此外，我国城市群发展的区域差异日益明显。东部沿海地区城市群迅速发展，中西部地区城市群发展相对滞后。中国西部地区是国家经济相对落后、人口稀疏、城镇稀少、对外开放程度较低的地区，但也是资源相对丰富的地区。西部地区城市群是西部大开发的战略重点区和率先发展区，是西部地区未来经济发展格局中最具活力和潜力的核心地区。近年来，西部地区城市群的发展确实发挥了聚集人口和产业的作用，但是也存在以下四个方面的特点[③]：一是总体发育程度低；二是城市群紧凑度和空间结

---

① 任泽平：《中国五大城市群发展潜力》，新浪网，http://finance.sina.com.cn/zl/china/2020-10-19/zl-iiznezxr6738157.shtml，2020年10月19日。

② 何立峰、胡祖才、陈旭等：《国家新型城镇化报告2016》，中国计划出版社2017年版，第112-114页。

③ 方创琳：《中国西部地区城市群形成发育现状与建设重点》，《干旱区地理》2010年第5期。

构稳定度低；三是西部地区城市群投入产出效率偏低；四是西部地区城市群经济发展的差异显著。就贵州的城市群发展而言，贵州不仅大城市少，中等城市也不多，更多的是小城市和建制镇。与其他城市相比，贵阳市表现出"一城独大"的格局，导致贵阳市对周边城市的辐射带动作用受到限制。从发展阶段来看，黔中城市群处于雏形发育期。[①]

总体来看，西部地区的自然条件和产业基础尚不足以支撑发展像长三角和珠三角那样的城市集群，应当采取多核心网络化发展模式，重点打造都市圈。这也与国家关于城市群建设的方针相吻合。2019 年国家发展和改革委员会发布了《关于培育发展现代化都市圈的指导意见》，意图以核心城市为依托，通过规划发挥核心城市的辐射带动作用。因此，贵州在实施新型城镇化战略时，也应以多核心、网络化为重点打造都市圈的空间布局。

二、时间定位：后发型省份新型城镇化

（一）贵州正处于城镇化发展的中期阶段，发展速度处于加速发展阶段

有学者根据城市化与经济发展水平之间的关系提出了城镇化发展的四阶段论，即城镇化水平小于 30% 为起步阶段、30% ~ 60% 为中期阶段、60% ~ 80% 为后期阶段、80% ~ 100% 为终期阶段。[②] 因此，从城镇化发展的规律来看，贵州城镇化发展呈现出以下两个方面的特征：

（1）贵州城镇化发展尚处于中期阶段，落后于全国平均水平。根据上述标准，我国的城镇化发展历程可划分为四个阶段。1980—1996 年，我国城镇化水平由 19.4% 上升到 30.48%，顺利完成了城镇化起步阶段。按照《国家新型城镇化规划（2014—2020 年）》，到 2020 年我国城镇化水平将达到 60%，即完成城镇化的中期快速成长阶段。2020 年之后，在工业化的推动下，中国的城镇化发展将推向后期成熟发展阶段。而贵州的城镇化率 2010 年才超过 30%，达到 33.81%。2019 年才达到 49.02%（见表 1-5），与全国平均水平还有一定的距离。总体来看，贵州尚处于城镇化发展的中期阶段。

---

① 任泽平：《中国五大城市群发展潜力》，新浪网，http://finance.sina.com.cn/zl/china/2020-10-19/zl-iiznezxr6738157.shtml，2020 年 10 月 19 日。

② 方创琳：《改革开放 40 年来中国城镇化与城市群取得的重要进展与展望》，《经济地理》2018 年第 9 期。

表1-5　2001—2019年全国、贵州城镇化率及其变化情况

年份	全国城镇化率（%）	比上年提高（%）	贵州省城镇化率（%）	比上年提高（%）
2001	37.66	—	—	—
2002	39.09	1.43	—	—
2003	40.53	1.44	—	—
2004	41.76	1.23	—	—
2005	42.99	1.23	26.87	—
2006	44.34	1.35	27.46	0.59
2007	45.89	1.55	28.24	0.78
2008	46.99	1.10	29.11	0.87
2009	48.34	1.35	29.89	0.78
2010	49.95	1.61	33.81	3.92
2011	51.27	1.32	34.96	1.15
2012	52.57	1.30	36.41	1.45
2013	53.73	1.16	37.83	1.42
2014	54.77	1.04	40.01	2.18
2015	56.10	1.33	42.01	2.00
2016	57.35	1.25	44.15	2.14
2017	58.52	1.17	46.02	1.87
2018	59.58	1.06	47.52	1.50
2019	60.60	1.02	49.02	1.50

资料来源：中国知网：中国经济社会大数据研究平台。

（2）从城镇化的速度来看，贵州处于加速发展阶段。如表1-5所示，我国城镇化率从2001年的37.66%增长到2012年的52.57%，平均每年增长近1.4个百分点，这是中国城镇化进程最快的时期。2013—2019年中国的城镇化率从53.73%上升到60.60%，平均每年增长1.15个百分点，增长的速度与2001—2012年相比明显降低。而2005—2012年，贵州城镇化率平均每年增长1.36个百分点，2016—2019年其平均每年增长1.62个百分点。可见，贵州城镇化仍处于高速发展阶段。

（二）从工业化与城镇化的协调来看，贵州的工业化滞后于城镇化

城镇化的动力机制是城镇化研究的重要议题，工业化被普遍认为是城镇化的主要驱动力，所以工业化与城镇化的协调发展对于一个国家或地区的经济社会发展具有非常重要的意义。城镇化与工业化的关系可以概括为三种：一是城镇化与工业化进程基本一致，协调发展；二是工业化超前于城市化；三是工业化滞后于城市化。[①] 本部分利用全国和贵州的统计数据来研究全国及贵州工业化和城镇化协调关系的差异，以丰富和深化对贵州工业化和城镇化关系的认识。

首先，比较改革开放前后全国和贵州工业化与城镇化的发展水平。改革开放前，我国整体的工业化和城镇化发展水平处于初级阶段，发展缓慢，这一阶段贵州的发展历程与全国基本一致。虽然在"三线建设"时期，贵州承接了大量"三线建设"项目，工业化和城镇化有所发展，但总体表现为城镇化滞后于工业化。[②] 总体而言，改革开放前贵州的工业化和城镇化整体落后于全国水平。改革开放以后，特别是西部大开发以后，贵州和全国一样经历了快速的工业化和城镇化过程。但是，贵州的工业化发展水平和城镇化水平仍然滞后于全国的平均发展水平。在工业化方面，我国整体已进入工业化后期的前半段，而贵州则处于工业化的中期阶段。[③] 就城镇化水平而言，贵州也滞后于全国平均水平。因此，在全国已经迈进城镇化的后期阶段之际，贵州则尚处于城镇化的中期阶段。

其次，重点来看全国和贵州的工业化和城镇化的协调关系的演变。[④] 从国家层面来看，2006—2015 年（"十一五"至"十二五"期间），我国工业化率高于城镇化率；到"十三五"期间，即 2016—2019 年，工业化率和城镇化率逐渐趋于协调，甚至城镇化率有超越工业化率的趋势，这可能是因为受到了新型城镇化战略实施的影响。从贵州的情况来看，工业化率一直滞后于城镇化率，但是工业化率与城镇化率不协调的趋势在趋缓（见表1-6）。这一方面说明贵州的工业基

①　侯成龙：《西部省份城镇化与工业化耦合发展研究——以贵州省为例》，《学术论坛》2015 年第7 期。

②　李志鹏：《基于数量测度的贵州工业化与城镇化协调性分析》，《贵州社会科学》2014 年第7 期。

③　黄群慧：《中国的工业化进程：阶段、特征与前景》，《经济与管理》2013 年第7 期。

④　劳动力工业化率（即工业劳动力占总劳动力的比重）与城镇化率的比值（IU 比）和劳动力非农就业率与城镇化率的比值（NU 比）常被用于测度一个国家或地区工业化与城镇化的协调关系。随着工业化、非农化和城镇化的不断推进，IU 比将不断趋向 0.5，NU 比将趋向 1.2。IU 比大于 0.5、NU 比大于1.2，表明城镇化发展滞后于工业化发展；反之，则表明城镇化发展超前于工业化发展（引自林韬、陈彩媛：《西南地区城镇化与工业化发展关系特征及其政策启示》，《现代城市研究》2020 年第 2 期）。

础薄弱，另一方面也表明工业化对城镇化的带动作用不断增强。这可能得益于西部大开发战略的实施和东部劳动密集型企业向西部地区的转移。总体来讲，贵州处于工业化相对滞后、城镇化相对超前的不协调发展阶段。[①] 这种不协调现象产生的主要原因是工业基础薄弱、工业化水平低下，导致城镇化产业支持不足，进而使得"人口红利"外流。[②] 这种不协调的状态，客观上要求贵州加快实施"工业强省"战略，夯实城镇化产业基础，有效扩大就业容量，实现工业化与城镇化良性互动，实现以产兴城、以城促产。

表1-6　全国和贵州工业化与城镇化协调性比较

年份	全国				贵州			
	城镇化率	从业人员数（万人）	第二产业从业人员数（万人）	IU	城镇化率	从业人员数（万人）	第二产业从业人员数（万人）	IU
2019	60.60	77471	21305	0.45	49.02	2049.40	376.07	0.37
2018	59.58	77586	21390	0.46	47.52	2038.50	375.49	0.39
2017	58.52	77640	21824	0.48	46.02	2023.20	365.99	0.39
2016	57.35	77603	22350	0.50	44.15	1983.72	340.41	0.39
2015	56.10	77451	22693	0.52	42.01	1946.65	315.38	0.39
2014	54.77	77253	23099	0.55	40.01	1909.69	291.42	0.38
2013	53.73	76977	23170	0.56	37.83	1864.21	264.32	0.37
2012	52.57	76704	23241	0.58	36.41	1825.82	238.10	0.36
2011	51.27	76420	22544	0.58	34.96	1792.80	215.86	0.34
2010	49.95	76105	21842	0.57	33.81	1770.90	203.52	0.34
2009	48.34	75828	21080	0.58	29.89	1841.92	197.60	0.36
2008	46.99	75564	20553	0.58	29.11	1867.20	180.73	0.33
2007	45.89	75321	20186	0.58	28.24	1872.64	172.31	0.33
2006	44.34	74978	18894	0.57	27.46	1953.24	174.17	0.32
2005	42.99	74647	17766	0.55	26.87	1944.29	164.00	0.31

资料来源：中国知网：中国经济社会大数据研究平台。

---

① 李志鹏：《基于数量测度的贵州工业化与城镇化协调性分析》，《贵州社会科学》2014年第7期。
② 林韬、陈彩媛：《西南地区城镇化与工业化发展关系特征及其政策启示》，《现代城市研究》2020年第2期。

第三节 贵州新型城镇化的机遇与挑战

通过对贵州新型城镇化建设成就的总结和时间、空间定位的分析，使我们既看到了贵州新型城镇化的伟大成绩，也找到了与全国平均水平及其他地区的差距，明确了努力的方向。"十四五"时期，贵州提出以"高质量发展"统揽经济社会发展全局，推动新型工业化、新型城镇化、农业现代化、旅游产业化"四个轮子一起转"，奠定了新时期贵州发展的主基调。本节将对作为后发省份的贵州在新型城镇化发展过程中潜在的机遇[①]以及面临的挑战等进行总括性分析，并对"新型城镇化"分析框架进行整体说明，以总体呈现笔者对于贵州下一阶段的新型城镇化的理解和基本思路。

一、贵州新型城镇化的潜在机遇

2020 年，贵州省攻克脱贫攻坚的最后堡垒，宣告我国消除绝对贫困取得决定性胜利。与此同时，国家城市群发展、新西部大开发战略、国内国际"双循环"战略、巩固拓展脱贫攻坚成果同乡村振兴衔接等诸多重大国家战略部署、落地，使贵州的新型城镇化建设，特别是走高效率、低成本、可持续的宜居城市建设之路和城乡互动、城乡融合发展之路，迎来了新的发展机遇。

一是国家城市群发展与新西部大开发战略新机遇。随着我国社会经济发展水平的提高，城市群已经成为国家参与全球竞争与国际分工的全新地域单元，是我国主体功能区划的重点与优化开发区域。在国家的新型城镇化规划中，与贵州省相邻的城市群主要有珠三角城市群、长江中游城市群和成渝双城经济圈，而且成渝双城经济圈在"双循环"新发展格局中的地位不可替代。2020 年是脱贫攻坚的收官之年，也是国家实施西部大开发战略的第二个十年，中共中央、国务院于2020 年 5 月印发了《关于新时代推进西部大开发形成新格局的指导意见》。国家

---

① 2011 年时任国家发改委副主任的杜鹰将贵州优势和机会归结为五点：一是国家新一轮扶贫攻坚的示范区；二是国家重要能源基地、特色轻工业基地、特色农业基地、深加工基地；三是国内一流、国际知名的文化旅游休闲度假胜地；四是内陆开放新高地；五是两江上游生态安全屏障。

城市群的规划、新一轮西部大开发对于贵州发展意味着巨大的历史机遇，贵州省要抓住机会，走出一条内陆后发地区高质量发展新路。

二是"双循环"战略经济发展新机遇。近年来，随着西部大开发、海陆新通道、长江经济带、中部崛起等战略的叠加效应不断累积，中部与西南地区经济实力稳步提升，基础设施保障能力全面增强，不断承接东南沿海产业转移，特色优势产业发展壮大，区域增长新动能不断集聚。同时，受新冠肺炎疫情的影响，国内外经济发展速度明显放缓。为了刺激经济，国家提出"双循环"经济发展战略，进一步刺激内需。贵州省在东西部扶贫协作的基础上，要抓住新机遇，通过积极改善硬件基础设施和软件投资环境，推动贵州经济社会发展实现历史性跨越。

三是脱贫攻坚与乡村振兴有效衔接的机遇。"十三五"以来，贵州省以脱贫攻坚统揽经济社会发展全局，守好发展和生态两条底线，脱贫攻坚取得显著成绩，贫困人口从493万人减少到2019年底的30.83万人。而脱贫攻坚只是实现小康社会的底线任务，乡村振兴则是下一阶段的核心目标。在脱贫攻坚与乡村振兴有效衔接的基础上，将乡村振兴和新型城镇化有效衔接以形成推动贵州省未来经济社会发展的抓手，将是贵州今后发展的新机遇。

二、贵州新型城镇化面临的挑战

无论是从城镇化还是从工业化来看，贵州都处于相对落后的位置。但是，贵州要充分明确自身的优势和机遇，利用好现有的优势，抓住机遇，以新型城镇化战略为载体，坚持以人为本的基本理念，实施追赶战略。笔者认为，贵州新型城镇化过程中应该着力解决好以下四个方面的问题：

第一，研究如何解决新产业工人的"半市民化"问题，让他们能够融入城镇的生产和生活体系。

由于西方多数国家的工业化、城镇化和人口城镇化几乎是同步进行的，农民进城即可享有城市人的权益，市民化问题不突出。① 我国很多地方是工业化超前于城镇化，人口城镇化快于人口市民化，这一现象东南沿海地区比较明显；而贵州当前的显著特征是城镇化超前于工业化，人口城镇化快于人口市民化，这不仅

---

① 吴业苗：《人的城镇化的基本内涵与实现条件》，《城市问题》2016 年第 9 期。

表现在已经进城的农民工能否享受平等的市民待遇方面，还表现在很多转移的农民工因在本省无法就业而不得不到外省就业，最终仅把老人和孩子留在本地城镇。其根本原因在于城镇的产业不足以支撑新增城镇人口的就业。所以，有学者指出，在城镇化规划之初，每个地方首先应该做好产业规划、就业规划，这样才是可持续的城镇化。① 另外，在实施"工业强省"战略时，也要考虑产业选择与就业机会增加的平衡。一些产业虽然经济效益可能比较好，但是提供的就业机会可能有限，或者难以与本地劳动力的劳动技能相匹配，对城镇化和新产业工人市民化的带动作用不强。从新产业工人自身来说，需要强化技能培训，提高他们的职业技能和就业能力。

新产业工人的市民化还要解决住房和子女就学等问题。一方面，要解决新产业工人在城市的住房问题，提供多元化的住房选择，完善住房保障。另一方面，要解决新产业工人子女的就学问题，切实解决新产业工人的后顾之忧，而这也有助于新产业工人子女实现真正的代际流动和身份转换。此外，要增加新产业工人社区参与的机会与途径，保障他们参与的权利，增强社区融入感。

第二，研究如何实现农民的"就地市民化"。

农民的"就地市民化"是指让新产业工人不发生范围较大的地理空间的转移，在原住地就可以过上接近市民的生活。这就涉及如何实现农业现代化和城乡统筹发展的问题。

城镇化并不意味着放弃农业，农业的现代化经营也是新型城镇化不可缺少的部分。而农业经营的现代化，需要以农业的产业化为前提。要看到，贵州的农业产业化已经具备了一定硬件、软件与制度条件，一些地方也进行了比较好的探索，形成了一些好的经验。未来，贵州省的农业产业化发展方向将与国家的区域大战略保持一致，以"第六产业"形态发展农业产业化，立足山地实际，实现绿色发展。农业产业化将如何改变农民工的就业方式和增加农民的收入，增强农民的获得感和幸福感，帮助农民工过上市民一样的现代文明生活，将是本书探讨的重要问题。

此外，统筹城乡、实现城乡融合发展也是就地城镇化的重要途径。党的十九大明确提出建立健全城乡融合发展的体制机制和政策体系。推进城乡融合发展是

---

① 李强、王昊：《什么是人的城镇化？》，《南京农业大学学报（社会科学版）》2017 年第 2 期。

破解新时代社会主要矛盾的关键抓手。例如，东部沿海地区通过发展乡村工业或乡村服务业如乡村旅游业等实现了就地城镇化。贵州的脱贫攻坚取得的伟大成就为统筹城乡、实现就地城镇化奠定了一定的基础。未来，贵州对于具有产业、区位、乡村精英、交通等条件的地区，村庄也可以按照城市标准来规划，实现就地城镇化。在未来，如何进一步融通城乡，实现生产要素的双向流动，有哪些模式可以总结推广，以推动贵州新型城镇化的发展，也将是本书着力讨论的问题。

第三，要研究解决贵州城镇化过程中空间布局不合理、大城市辐射带动力不足的问题。

如前文所述，从空间布局角度来看，贵州城市群总体发育程度不高，城镇化结构还不够合理，城市体系还不健全。近些年，贵州通过开展交通基础设施畅通工程，实施山地特色小城镇发展战略，开展城市品质提升行动，构建黔中城市群、都市圈等措施推动了贵州城市群空间布局的合理化和城市功能的优化。在新时期，新型城镇化肩负着特殊的历史使命，一方面要进一步带动经济的高质量发展，另一方面要进一步提升人民的福祉。在新阶段，尤其是在"十四五"期间，贵州如何立足山地城市的现实来优化城镇的空间布局，如何对不同城市的功能进行定位，如何选择不同类型城市优先发展的次序等是实施新型城镇化战略必须要考虑的问题，也将是本书要讨论并回答的重要问题。

第四，要研究解决新型城镇化与坚守生态底线的问题。

贵州在新型城镇化过程中面临的一大弱势是生态环境脆弱。因此，新型城镇化推进的过程必须与生态保护相协调。一方面，在产业开发和引进方面，相关产业政策应吸引低污染、低耗能的产业；另一方面，应鼓励发展环境友好型的技术和产业。生态现代化理论认为，生态问题可以在不阻碍经济增长的情况下得到管理；每一种环境风险都会有适合的处理技术，甚至还可以从环境友好型技术的发展中得到经济回报。此外，应鼓励采用清洁的生产技术、可再生能源，鼓励废物利用，鼓励公司和个人采用新型非污染技术。[1]

贵州特殊的生态和地貌对推行新型城镇化战略既是弱势的地方，但同时也蕴藏着把劣势转化为优势的机会，特殊的地貌、自然景观和特殊的民族文化相结合，为贵州发展生态旅游、实施旅游产业化提供了得天独厚的条件。旅游产业化

---

[1] 哈特利·迪安：《社会政策学十讲》，岳经纶、温卓毅、庄文嘉译，上海人民出版社 2009 年版，第 42 页。

可以说是贵州通过发展服务业带动新型城镇化的重要抓手，两者如何良性互动将是本书探讨的重要问题。

三、本书的分析框架与章节安排

基于对贵州新型城镇化的背景和本书主要关注的问题的分析，笔者提出了本书的写作框架。笔者认为贵州的新型城镇化呈现出如下三个显著的特征：一是"后发内陆"特征。这是贵州省与城镇化发展较早的东部沿海地区相比所凸显出的"时空特征"。二是"多核驱动"特征。从贵州省的城镇发展史来看，工业、农业、旅游业均难以构成贵州新型城镇化的"单核"，贵州省提出新型工业化、新型城镇化、农业现代化与旅游产业化"四个轮子一起转"，体现出需要多种产业支撑的特征。三是"区域共联"特征。闭塞的交通条件曾是限制贵州城镇化发展的最大障碍，但是随着交通、水利、网络等基础设施的完善，贵州省内外部均实现了与周边区域的互联互通，黔中城市群联动、市县乡村联动以及贵州与成渝双城经济圈、大湾区等区域乃至国内外联动愈发频繁。

针对贵州发展的"后发内陆""多核驱动""区域共联"特征，笔者提出了贵州山地特色新型城镇化模式，即"多极互联，多元共生"型高质量新型城镇化模式。"多极互联"强调贵州内外部不同城镇发展极的相互联系，即城—城联系、城—乡联系、区域联系等，特别强调新型城镇化建设与乡村振兴同步、主动融入国家级城市群战略；"多元共生"强调贵州的新型城镇化建设需要依托多元的产业支撑、多元的发展路径，最终形成一种农业、工业、旅游业相互促进，人与自然和谐共生的良性发展格局。

基于此，本书的章节安排如下：

第一章是贵州新型城镇化的时空背景。将介绍改革开放以来贵州新型城镇化的成就，贵州新型城镇化的空间与时间定位，以及贵州新型城镇化的潜在机遇与面临的挑战。

第二章是新型城镇化视野下贵州发展的理论对话与历史基础。主要梳理了相关理论，概括了贵州城镇发展的历史启示，并对当前贵州重视农业与农村发展的新型城镇化的路径进行了思考。

第三章是农业现代化与新型城镇化。将重点介绍新型城镇化过程中的农业现代化问题，主要内容包括农业现代化和城镇化的基础条件，现代型农业城镇的典型案例与特征，以及未来农业现代化和新型城镇化的挑战、战略机遇与相关政策建议。

第四章是新型工业化与新型城镇化。以"从业者—工业—城镇"为分析框架，加入"人"的因素分析了城镇建设与工业发展的关系，介绍了贵州省的各种工业城镇和贵州省的产业集群，从工业基础、工业结构、产业转移三个方面分析了问题产生的根源，并讨论了未来贵州新型工业化发展的区域构想。

第五章是旅游产业化与新型城镇化。主要内容包括贵州旅游产业化发展的优势资源与产业基础，旅游产业化助推新型城镇化的理论逻辑与现实可能性，以及旅游城镇化存在的问题与矛盾及未来的优化路径。

第六章是城镇体系建设与新型城镇化。主要从城镇体系建设的角度来探讨新型城镇化，从城镇、城市、城市群等角度来考察贵州新型城镇化过程中面临的问题，贵州城镇体系建设的做法及成效，并在此基础上探索下一步发展的可能路径。

第七章是城乡融合与新型城镇化。探讨了城乡融合的内涵、基本内容与现状，"城乡融合"对于贵州新型城镇化的意义，在完善城市建设体系的基础上如何加强城镇与农村的互动，以及如何巩固拓展脱贫攻坚成果同乡村振兴有效衔接。

第八章是人的现代化与新型城镇化。从"人"的角度讨论新型城镇化问题，分析了贵州城镇化过程中人口结构的优势与问题，总结了农业转移人口市民化的相关经验，并探讨了如何在新型城镇化中实现人的现代化。

结语是一个后发内陆省新型城镇化之路的探索。系统总结了贵州这一内陆地区新型城镇化探索的价值，贵州新型城镇化的特别之处，以及贵州新型城镇化的发展路径与相关对策。

附录是走贵州特色的新型城镇化之路：清镇市的实践案例。系统总结了清镇市是如何在利用自身优势而回避自身劣势的情况下走出了一条独特的城镇化之路的。

第二章　新型城镇化视野下贵州发展的理论对话与历史基础

在新型城镇化视野下，将贵州发展的相关理论与历史基础进行逻辑和历史的对话，即在理论和实践两条"轨道"上进行观察与讨论，本身就是一个艰巨的时代任务，同时又是一个具有区域性空间背景的特殊难题。新型城镇化时空嵌构的特点，将要求本书研究处于多维对话和澄清边界的不断梳理之中，进而贵州新型城镇化才能够在历史过程的推进与空间关联中得到完整的呈现，从而为政策分析提供学理基础。贵州的发展在与"三农"问题盘根错节的山地环境中如何推进，如何回应分散小农户的组织化困境？贵州的新型城镇化在山地环境及薄弱产业基础之上进行，应如何形成与广大农村的内在关联，实现城乡良性互动甚至城乡融合？古今中外均没有可以照搬照抄的模式，创新探索也将面临严峻考验。本章将围绕"山地特色新型城镇化"展开理论对话，并在历史纵向和空间横向维度上梳理贵州城镇化发展的脉络、特征以及对当下的启示。

第一节　关于培育省内区域发展极的理论梳理

人类社会的城镇化已经走过工业化、城市化、现代化等近300年的历史，在此过程中关于城镇化的研究理论也层出不穷。贵州的新型城镇化，需在与"东亚小农""重建地域社会""城市区域""空间整备政策""城乡融合发展""城乡一体化"等诸多具有亲缘性的相关理论范畴的对话中进行探讨，以便找到能够支撑新型城镇化的时代资源。

一、以小农为基础的农业产业化发展路径理论

萨米尔·阿明在《世界的贫困、贫困化与资本积累》一文中指出了一个不得不重视的关于全世界农业生产与人口和土地关系的问题。"全世界的农业中，最发达的资本主义部分与最贫困的部分两者的生产率之比，在1940年之前大约是10∶1，如今则趋近于2000∶1。今天由30亿农民在维生之余卖给市场的食物，改由2000万新生的现代农场主生产。实现这种改变的条件必须包括：①良田沃土转手给新兴的资本主义农场主（这就必须从目前的小农手中夺走这些土地）；②资本（用来购买食品与设备）；③销往消费市场的通路。具备这些条件的农场主当然可以赢过数以十亿计的小农。但这数十亿人民会有什么下场呢？"这反映了当代世界体系中全球化农业分工不平等的问题。但在资本主义单一的工业化、城市化、市场化、现代化的话语体系下，一切都显得那么"自然"和"历史"，具有逻辑的合理性。更严重的是，这种趋势已经快速影响中国，表征为两个关涉中国发展方向和道路的重大问题：第一，中国的城市化道路是否要以快速消灭小农为基础？第二，从事农业的主体应该是谁，规模化、现代化农业的土地产权和组织机理为何？对这些问题的回应，与贵州产业化与新型城镇化建设的路径选择，无疑是一脉相承的。①

（一）城市化道路与农业产业关系的历史前提

"产业"是人类社会进入近现代文明之后出现的一个概念。按最普通的百度查询即可知：产业即指由利益相互联系的、具有不同分工的、由各个相关行业所组成的业态总称。尽管它们的经营方式、经营形态、企业模式和流通环节有所不同，但是它们的经营对象和经营范围是围绕着共同的产品而展开的，并且可以在构成业态的各个行业内部完成各自的循环，产业是社会分工和生产力不断发展的产物。由此可见，产业是以生产的社会分工为显性特征，以技术的升级为引领机制，以要素的聚集为基础平台，以资本的投入产出为效率标靶的。与人类近现代产业突飞猛进共生而行的，即是城市化的不断推进。

---

① 张建、孙兆霞：《农户土地经营权实现方式与减贫发展——G省P市"三变"实践张力试析》，《南京农业大学学报（社会科学版）》2018年第3期。

1. 产业化与城市化互动的早期全球经历

欧美等国家的城市化均是由工业革命推动的。英国及西欧等原发性工业化国家和地区经历了长期的工业化、城市化，国家现代化经历了较长的历史过程。特别是 20 世纪 70 年代以后欧洲的再工业化，经济增长和技术创新所带来的就业增长及劳动人口从农村向城市转移，在制度层面上促进了有利于新兴的工人阶级的社会福利政策的体系化出台，而城市生产、生活服务功能的凸显，反过来强力支持了工业化和城市化的历史进程。这样，工业化促进农村人口向城市转移，进而从第二产业向第三产业转移，内生城市化得以崛起。

20 世纪中叶以来，发展中国家经济高速增长的动力机制则有所不同。发展中国家以资源输出和转型（加工业而非制造业）低水平利用所带来的急剧经济增长，实现"外部且碎片要素构成的人口聚集的"城镇化，工业化分工体系未能形成城市化发展的基底和动力。改革开放以来，中国东部沿海地区崛起的工业化，以乡镇企业、外资企业的来料加工、订单生产、"两头在外"的外循环工业经济为重要依托，开辟了近 6 亿新产业工人"以企为家"的"去城市化"生产生活格局。中国城市（镇）化与工业化"两张皮"共存的状态造成中国城乡之间，商、工、农之间，市场内循环与城市功能之间的内生互动乏力，从而一直未能实现合理的工业化、城市化、市场化、现代化"四位一体"的格局。

2. 产业类型衔接的历史差异

在城镇化进程中，不同国家在一二三产业与城镇化衔接方面存在显著的差异，因而不同国家的城市化在类型方面也表现出了显著的差异。具体来说，主要表现为以下三种类型：

第一种类型是以英国为代表的"渐进式"城市化。在城市化定义中，学者们普遍认为城市化的主体主要是人口和产业两个方面。[1] 著名的配第—克拉克定理认为：随着经济的发展和人均国民收入的提高，劳动力首先由第一产业向第二产业移动，当人均国民收入水平进一步提高时，劳动力便由第一产业或第二产业向第三产业转移。而全球现代化进程表明，在一二三产业升级的产业结构递进中，都伴有相应的城市化进程。这似乎是近现代以来发达国家映射出的工业化、城市化、资本化、现代化互嵌历史的一般规律。例如，英国走的便是一条工业的

---

① 曾芬钰：《城市化与产业结构优化》，《当代经济研究》2002 年第 9 期。

发展推动城市化的发展直通道。英国最早完成了工业革命，英国的棉纺织部门最先采用了机器进行生产，不仅使其生产规模不断扩大，还促使城镇范围不断拓展，并迅速发展为大都市。工业革命前，英国以农业为主；工业革命后，第二产业和第三产业的比重迅速增加，越来越多的劳动力从第一产业中转移出来，到城市从事第二产业和第三产业。这样城市就逐渐具备了充足的人力资源、基础的服务设施和必要的生产资料、产品销售市场等，这些生产要素的集中所产生的聚集效应又极大地推动了英国的城市化进程。①

第二种类型是以日本为代表的"激进式"城市化。日本虽在农村与城市互动的特征上略有不同，但仍强烈表征出产业递进与城市化同步内嵌的结构性特征。1868 年的明治维新有力地推动了日本从农业国向工业国的转变，1889—1920 年在城市中从事第一产业的人数下降到 53.18%，第二产业和第三产业从业人数比例分别上升到 20.15%和 23.17%。在 1868—1920 年的城市化准备阶段基础上，又经历了 1921—1950 年的城市化初始阶段、1950—1977 年的城市化飞速发展阶段，以及 1978 年至今的城市化完善成熟阶段。虽然"二战"时期日本经济社会遭到重创，但"二战"后 30 年左右的时间内，日本高速完成了欧美发达国家 100 年才完成的城市化过程。1950—1975 年，日本城市化水平从 37%上升到 76%，从而又走上了以建设国际化的多级分散型国土为中心目标的发展道路，凸显出了重视农村建设的逆城市化特点。

第三种类型是以印度为代表的"赶超型"城市化。例如，印度在 1947 年实现独立之后，选择以优先发展重工业为核心的"赶超战略"，在政府管制的"混合"经济体制下，用几十年时间建立了较为独立完整的工业体系。但是印度一直存在着诸多城市化弊病：城市化水平较低，城市结构偏大，农村人口在较短时间内大量迅速涌入城市，使城市就业、交通、住宅、供水等难以满足迅猛增加的人口数量，既造成了大城市和特大城市的过度膨胀，又使中等城市发展缓慢或趋于停滞，而小城市则明显衰退，结果导致城市规模结构呈现倒"三角形"的梯次结构。这种结构既不利于控制大城市人口规模继续膨胀，又不能带动中小城市以及整个区域的发展。甚至有学者认为这种大城市的迅速发展是以牺牲中小城市的利益为代价的。②

---

① 牛文元：《中国新型城市化报告 2012》，科学出版社 2012 年版，第 12 页。
② 牛文元：《中国新型城市化报告 2012》，科学出版社 2012 年版，第 16-17 页。

3. 内生性逻辑差异

如果说工业化开启了城市化的引擎，从国外城市化与工业化相互依存的关系来看，国外城市化发展可分为"同步城市化""过度城市化"和"滞后城市化"三种模式。第一种模式"同步城市化"，如欧美和日本等国家和地区，其城乡一体化、绿色发展、区域包容拓展的动力机制具有内生性。第二种模式"过度城市化"，如印度，注重大城市、超大城市与重工业的形塑，在使农村大量劳动力离开农村的同时，难以解决区域性中、小城市的产业发展及平衡问题，使城乡二元、贫民窟、失业与基础设施低劣共存，为可持续发展留下了难以弥合的结构性难题。第三种模式"滞后城市化"，如印度尼西亚等南亚、东南亚国家，政府为了避免城乡对立和"城市病"的发生，采取了种种措施限制城市化的发展，还引发了诸如工业乡土化、农业副业化、离农人口"两栖化"、小城镇发展无序化、生态环境恶化等"农村病"现象，既不利于工业现代化，也不利于农业现代化和居民生活的现代化。[①]

（二）现当代小农理论与新型城镇化关系的理论创新

本书提出了"山地特色新型城镇化"，而"山地特色"既是自然、生态条件的直观映射，又是对分散、小型的农户与农村的深刻自省。山地特色农业产业化与新型城镇化内生衔接为基底的发展，似乎展示出了一种新的发展可能性。因此，有必要对新小农理论与城市化路径研究进行理论溯源。

对于农业产业化、工业产业化与城市化、现代化关系的争论由来已久，其突出表现于两者谁先谁后这一具有"革命"性质的题旨。"以英国为例，英国一些史学家认为，英国的农业革命发生在工业革命之前 50 年或者更早，因而农业革命是工业革命发生的必要前提；其他英国史学家和国际史学家则认为，农业与工业两个部门之间有着密切关联，英国的农业革命几乎与工业革命同时发生，只有这样，英国才能实现所有的'起飞'并成为世界上第一个工业国家；没有人认为工业是先于农业发展的。"[②] 这一争论不但向城市化、现代化路径问题提出了新的叩问，也开拓了城市化与农业产业化关系立论依据的新的理论和历史空间。与这一思维路径相呼应的实践和理论命题，在现当代深刻表征于"东亚小农"

① 牛文元：《中国新型城市化报告 2012》，科学出版社 2012 年版，第 21 页。
② 克里斯托瓦尔·凯：《发展战略中多尺度关系的农业与工业》，转引自叶敬忠：《农政与发展当代思潮（第一卷）》，社会科学文献出版社 2016 年版，第 204 页。

的现代转型及"欧洲城市区域"概念下的"空间整备政策"之中，而这一切所回应的"再小农化"，则对贵州当下思考产业化与新型城镇化的关系提供了时空对话的理论和实践背景。

"东亚小农"的概念，在100多年前被当时的美国农业部土壤所所长、威斯康星州立大学土壤专家富兰克林·金所"发明"。他在考察了中国、朝鲜和日本的永续农业，探讨了北美大草原肥沃土壤大量流失等美国农业所面临的严峻挑战之后，对"农业产业"的内涵及人类城乡共存的意义作出了具有超越性却不失普适性的论断："假如能向世界全面、准确的解释仅仅依靠中国、朝鲜和日本的农产品就能养活如此多的人口的原因，那么农业便可当之无愧地成为最具有发展意义、教育意义和社会意义的产业。"① 另一位学者范德普勒格对中国小农在现代国家中的意义也有着类似的看法，他认为："中国小农农业展现的是自主性的核心作用，是小农主导的精细化生产的力量，是小农作为主要行动者与他人共同形塑着乡村并在某些关键方面形塑着国家的未来。相对于西方世界正在前行的那条单一道路，中国真实地告诉了我们，替代路径是存在的。"②

以上两位学者有近200年的时间跨度，其间人类经历着快速现代化，也即工业化推进城市化的过程。其问题意识不但指向工业化、城市化、现代化路径的单一性和排他性本身，还指向了从现代性分裂出来的根本性问题。他们都将东亚小农、中国小农所承袭的传统农业和农业产业的转型范式与现代化、工业化、城市化的建构关系进行了比较视角下的肯定。

来自欧共体的案例也昭示了这一主题。以德国为中心的"欧洲城市区域"概念下的"空间整备政策"，在20世纪七八十年代牛刀初试，在90年代大行其道，即是对大中小城市关系、城乡关系的反思性实践。日本学者祖田修是这一议题的重要研究者，他在《农学原论》中认为，现代社会在信息高度发达、生活范围日趋扩大的情况下，伴随着工业化和城市化而出现的人类社会的各种问题，虽然在各国有着一定的差异，但是已经超越资本主义和社会主义体制，而成为现代文明社会面临的共同问题。③ 针对这一问题他指出，"要像德国那样同时实现

---

① 富兰克林·H. 金：《四千年农夫：中国、朝鲜和日本的永续农业》，程存旺、石嫣译，东方出版社 2011 年版，第 3 页。

② 扬·杜威·范德普勒格：《新小农阶级》，潘璐、叶敬忠等译，社会科学文献出版社 2016 年版，第 2-3 页。

③ 祖田修：《农学原论》，张玉林等译，中国人民大学出版社 2003 年版，第 185 页。

农业经营规模的扩大和农村人口的稳定,就必须在附近的中小城市创造出稳定的非农就业机会。它不是将城市与农村割裂开来,而是作为一个整体来把握"。①在他的"城市区域"概念中,城市和农村被当作一个整体。这种将城市与农村作为一种密不可分的整体的理论,经历了四个阶段的发展:第一个阶段是试图解决大城市和工业城市问题的田园城市理论;第二个阶段是着眼于城市间有机结合的城市配置理论;第三个阶段是着眼于城乡接合的地域构造改善政策理论;第四个阶段是消除农村内部差距、维持和保全农业多种功能的收入直接补偿理论。

20 世纪 90 年代以后,欧共体②各国开始制定并实施共同的空间整备政策。德国式的地域主义的多中心分散型空间及中小城市与农村结合的理念受到了高度评价,并被欧共体多国具体落实为政策。这样,城乡关系的理论"从英国起源而在德国得到发展的过程中,逐渐变得严密并成为一个完整的体系,继而通过欧盟组织而在欧洲的大部分地区付诸了实践"。③ 与德国的理念及实践相比,曾经以"东亚小农"模式享誉全球的日本其现当代城乡关系中乡村式微、城乡断裂的问题,被祖田修概括为四个问题:其一,日本虽然也有农业构造政策,但是没有地域构造政策;其二,由于规划政策的缺失,日本的农村地区没能够形成比较和谐的生活空间,过疏地区广泛存在;其三,日本没有推进多中心分散型国土政策;其四,日本还是中央政府各个部门条块分割、各自为政的局面,没有像德国的空间整备部那样的综合协调机构。④ 因此,就日本而言,城市与农村的结合是造就可持续发展的农村的必要条件。不仅如此,在当代社会,对于城市居民来说,如果没有城市与农村的协调与结合,实现经济价值、生态环境价值和生活价值协调发展的空间的综合价值同样是不可能的。⑤

从以上对理论和与其相对应的实践场域的历史演进过程的梳理中可以发现,现代化发展的速度越快,工业化推进城市化的单一路径的弊端越是显露,而人类则会愈加积极地从农业现代化与大中小城市化的网络建构的内在关联中寻求包含经济、生态、生活价值相整合的发展路径,城乡区域内生性勾连发展的理念和实践越呈现出时代意义。正是在这种比较、对话中,考察和反思贵州山地特色产业

① 祖田修:《农学原论》,张玉林等译,中国人民大学出版社 2003 年版,第 200 页。
② 2019 年 12 月生效的《里斯本条约》废止了"欧共体",其地位和职权由欧盟承接。
③ 祖田修:《农学原论》,张玉林等译,中国人民大学出版社 2003 年版,第 202 页。
④ 祖田修:《农学原论》,张玉林等译,中国人民大学出版社 2003 年版,第 202–203 页。
⑤ 祖田修:《农学原论》,张玉林等译,中国人民大学出版社 2003 年版,第 215、203 页。

化与新型城镇化的关系，才会有更宽阔的视野和更自信的定力。

二、中国大农业语境中贵州山地特色农业产业化的价值

早在 2000 年，王小强、邓英淘等几位力主西部大开发的学者，耗时 3 年，对西部多省进行实地调研，写出《再造中国》一书；后于 1999 年 5 月至 2000 年 7 月再访、补访西部 5 省区，完成了《西部大开发方略》（以下简称《方略》）及《〈再造中国〉三编》等巨作。《方略》指出：如果说过去 20 年，东部经济的发展主要靠轻型加工业，使得东南沿海原材料和市场两头在外的大进大出成为经济高速发展的捷径，同时也在原材料和市场上两头受制于人。那么西部大开发可以变原材料和市场两头在外为"两头在内""两头在西"，从而改变东部沿海轻型加工工业单兵突进的被动局面。① 而以水能、风能、太阳能和种植业为基础的生物产业时代将会代替大机器工业产业时代对可耗竭的矿产资源、石油、煤炭、钢铁等的开发方式，使整个社会的资源基础重新建立在可更新资源之上，实现生产方式的跃迁。② 而"种植业需要的具有良好光照条件的平坦土地资源集中在西北，遗传基因的物种资源集中在西南。所有这些条件使西部大开发与中国生产方式的跃迁相衔接，使西部成为中华民族在生物产业时代全面振兴的战略基地"。③ 他们的视角虽然有一些根本性的缺陷，即他们忽略了从外部学习技术、管理和制度的机会。但是，他们以上立足于中国区域间的有关互补及制度整合力优势的观点，则集中体现了在"生物产业时代"概念的背后是一种西部大开发国家战略及可持续生产方式、可持续城市化路径选择的新思维。

与学者们的调查研究报告相关联的是国家的相关政策文件。2000 年的《国务院关于实施西部大开发若干政策措施的通知》（国发〔2000〕33 号）、2010 年的《国务院关于进一步促进贵州经济社会又好又快发展的若干意见》（国发〔2012〕2 号）（以下简称"国发 2 号文件"）以及 2020 年的《关于新时代推进西部大开发形成新格局的指导意见》等文件，都一致性地将贵州山地农业产业的

---

① 邓英淘、王小强、崔鹤鸣：《西部大开发考察实录：〈再造中国〉三编》，文汇出版社 2002 年版，第 85 页。

② 邓英淘、王小强、崔鹤鸣：《西部大开发考察实录：〈再造中国〉三编》，文汇出版社 2002 年版，第 89 页。

③ 邓英淘、王小强、崔鹤鸣：《西部大开发考察实录：〈再造中国〉三编》，文汇出版社 2002 年版，第 90 页。

发展及城市化、新型城镇化建设进行了制度定位和政策安排。2000 年 5 月，贵州省根据中央关于实施西部大开发战略的部署和本省的实际情况，提出了全省实施西部大开发战略的总体目标：五年打好基础，十年重点突破，十五年初见成效，把贵州省建设成为大西南南下出海通道和陆路交通枢纽，长江、珠江上游的重要生态屏障，南方重要的能源、原材料基地，以航天航空、电子信息、生物技术为代表的高新技术产业基地，自然风光与民族文化相结合的旅游大省。经过几代人的艰苦奋斗，建设一个"经济繁荣、社会进步、生活安定、民族团结、山河秀美"的新贵州。① 《国务院关于进一步促进贵州经济社会又好又快发展的若干意见》（国发〔2012〕2 号）在"加快城镇化进程，推进新农村建设"部分指出："促进城乡统筹发展。""繁荣和发展县域经济，着力打造一批经济强县，促进生产要素在城乡之间自由流动，支持发展城郊农业和农产品深加工等产业，进一步活跃农村经济。积极发展小城镇，强化小城镇对周边农村的生产生活服务功能。"2020 年中共中央、国务院印发的《关于新时代推进西部大开发形成新格局的指导意见》对贵州的定位是："支持贵州、青海深化国内外生态合作，推动绿色丝绸之路建设。"

山地特色农业作为贵州在西部大开发中的产业优势在文件中被专项提出，并给予了第二、第三产业持续跟进，城市发展格局加以包容的整体性谋划和布局。2011 年时任国家发改委副主任的杜鹰带队做贵州"国发 2 号文件"调研时，将贵州的优势和机会归结为五点：一是国家新一轮扶贫攻坚的示范区；二是国家重要能源基地、特色轻工业基地、特色农业基地、深加工基地；三是国内一流、国际知名的文化旅游休闲度假胜地；四是内陆开放新高地；五是两江上游生态安全屏障。五条优势条条与"农"相关。而在随后的"国发 2 号文件"大板块中谈产业及城镇化的四、五、六三大部分具体为：四、壮大特色优势产业，增强自我发展能力。五、加快城镇化进程，推进新农村建设。六、发展现代农业，强化农业基础地位。② 均将城镇化与产业相关联的重心放在贵州发挥优势产业、解决"三农"问题的关节点上。而且，以"三农"为基础的一二三产业与区域结构化

① 《中共贵州省委、贵州省人民政府关于加大力度实施西部大开发战略的若干意见》（黔党办发〔2004〕13 号），2004 年 7 月 29 日。

② 《国务院关于进一步促进贵州经济社会又好又快发展的若干意见》（国发〔2012〕2 号），2012 年 1 月 16 日。

整合的发展思路贯穿全文。8 年后，即 2020 年，回望"国发 2 号文件"给贵州交通、大数据、水利、高新技术等方面带来的翻天覆地的变化，会发现已经将贵州带入山地特色农业和相关一二三产业协同共进即将大爆发的前夜。

2020 年，在这特殊而又充满不确定的年份，中国又以确定的选择开启了新西部大开发和"双循环"战略。贵州的区域优势和前沿性再一次表征出来，而山地特色农业现代化与新型城镇化的建设，已然成为贵州新型城镇化发展的新标识，有待于走出一条新路。

对于贵州发展山地农业产业，如果从中国粮食安全和农业大格局来看，其重要维度涉及全国的粮食安全以及贵州的区域功能定位。2020 年 12 月 30 日，杜鹰在北京大学 2020 年乡村振兴论坛上作了"新时代中国粮食安全战略"的发言，指出：我国"粮食生产"的结构性矛盾突出，质量安全存在隐患。从区域结构看，13 个粮食主产省中，粮食净调出省已减少到 6 个；11 个产销平衡省中，有 9 个省粮食平均自给率从 2003 年的 97% 下降到现在的 58%；7 个主销区省粮食平均自给率从 20 世纪初的 61% 快速下滑到目前的 24%。从品质质量看，我国粮食生产始终存在数量与质量的矛盾，提高复种指数、使用高产品种、大量施用化肥农药等，尽管提高了单产水平，但同时也造成了粮食的品质不高，还给生态环境安全带来了隐患。总体上看，我国粮食品种大路货多，优质、专用、绿色产品少，初加工产品多，精深加工产品少，不能满足消费升级和多样化的需求。对策之一是"坚持大食物安全理念，统筹利用好农业资源。要大力推广套种、轮作模式，积极发挥粮草兼作、农牧结合的种养模式，提高土地利用率；要积极发展循环经济，提高资源综合利用率。统筹利用耕地、林地、草原、河湖、海洋资源，拓宽资源利用和食物来源"。① 对于我国粮食安全战略而言，以上内容指向了贵州这样的粮食主销省区，在自给率快速下降的形势下，要用大食物安全理念统筹利用好农业资源，在拓宽资源利用率上下功夫，要"反弹琵琶"，将山地特色农业定位在优质、专用、绿色、安全上，促进一二三产业衔接，在农产品生产上走新路。这种以中国粮食安全战略作为切入点的新型城镇化路径，既开辟出了贵州等西部省份在 21 世纪可持续发展的新时空的历史之选，又是对产业发展与新型城镇化关系理论创新的实践探索。贵州这样的山地省份探索新型城镇化道路，其

---

① 杜鹰：《加大财政投入，稳定农民预期，提高保障水平》，《农村工作通讯》2020 年第 22 期。

实是在回应中国"三农"问题的长期理论思考中，如何将小农户与农业现代化进行有机衔接的探讨，将一二三产业进行区域性在地培植的本土化思考，将城乡融合纳入乡村发展同步化进程的思考等理论观点。正如陈锡文在《农村全面小康与实施乡村振兴战略研究》一书的序中指出：全面实施乡村振兴战略，绝不是不要城镇化，更不是把城乡发展对立起来，而是要准确把握我国人口规模巨大、小农占据主体、城镇化进程复杂与城乡是命运共同体的基本特征和特殊国情，加快形成以工促农、以城带乡、工农互惠、城乡一体的新型工农关系和城乡关系，走中国特色社会主义乡村振兴道路。① 这些理论逻辑，正是贵州新型城镇化的产业发生学基础，亦是贵州培育区域发展极所需要的政策创新的现实基础。

第二节　贵州城镇发展的历史启示

无论是对全球小农命运、粮食问题的警惕，还是对中国解决相关问题时分区域因地制宜的战略考量，贵州农业产业化与新型城镇化相结合前提下的发展路径，是为解决贵州省的"三农"问题解冻化冰、在历史进程中进行实践和理论创新的前提。

从区域发展历史及地理地貌资源条件看，贵州具有发展山地特色农业产业的资源禀赋及优质农业产业发展的天然条件。虽然贵州人均耕地仅为5.89亩②，低于全国6.44亩③的平均水平，且耕地质量较差，被概括为"八山一水一分田"，但是贵州的农药、化肥施用远低于全国水平，境内拥有优越的原生态自然环境，是无公害特色农产品种植的理想区域。就长时段历史与分区域农业实践而言，贵州世居少数民族与自明朝朱元璋调北征南、设卫建省以来源源不断进入贵州的汉族移民一道，在不同区域的探索进展，以其独有的生态智慧及坚韧的生存毅力，

---

① 陈锡文：《准确把握现实国情　走中国特色社会主义乡村振兴道路》，载于陈锡文、韩俊：《农村全面小康与实施乡村振兴战略研究》，中国发展出版社2020年版，第4-5页。

② 资料来源：贵州省统计局公布的《贵州第三次全国农业普查数据》（2017年）。统计显示，全省共有1153.15万农业生产从业人员，全省耕地面积4530.18千公顷。

③ 资料来源：国家统计局公布的《第三次全国农业普查主要数据公报（第一号）》（2017年）。统计显示，全国共有31422万农业生产经营人员，耕地面积134921千公顷。

创造出了具有本区域特色的农业成果，并成为自身生存与繁衍的多样化物质基础与社会文化基础。就农业成果而言，贵州不同区域各有其特色产品，其独特性、区域优势在历史和文化的加持下，更显出生态价值、生命价值和生活价值，为当下新型城镇化建设提供了实践启示。

一、黔西北：由主牧向主耕生计方式的历史演变

黔西北是贵州省域内地势较高、相对高差较大的高原山区。区内喀斯特发育类型较齐全，洼地、谷地、峰林、峰丛、溶洞、暗河、竖井、漏斗等均较常见。由于地壳抬升，河流深切成峡谷，形成了西部威宁一带的高原峡谷地貌，海拔高度多在 1800～2000 米，2000 米的乌蒙山由云南呈东北向延伸至此，最高处韭菜坪高 2900 米，故将威宁称为贵州高原的"屋脊"，贵州最大的河流乌江就发源于此。

在彝族进入之前，黔西北域内就有仡佬族居住。据《西南彝志》记载，一支"恒"部落（彝族先民）征服和使用了濮人，取了濮人（仡佬族先民）的十五个"城"。这些濮人是一个耕种五谷的农业民族。以布、然支系为主要组成部分的彝族自今滇东北的会泽、东川一带迁徙而来，以家支组织为依托，布系家支分布于今威宁、水城、赫章一带，即乌撒路区域，然系家支分布于今黔西、大方、织金、纳雍一带，即称水西之地，很快便形成了黔西北域内最为强大的社会组织。

黔西北彝族社会一开始是以游牧为生，于西汉时就与中央王朝和汉族社会建立了联系。从经济活动方式上看，在唐代，贵州彝族地区"土多牛马，无布帛，男女悉披牛羊皮"。宋代，常贩自产良马"水西马""乌蒙马"至广西鞍山与宋王朝互市。元代，黔西北彝族地区是全国有名的 14 个大牧场之一。元代曾将"乌蒙马""水西马"列为"国马"，明初则成为黔西北彝族地区与外界进行交换，向朝廷进贡、纳税的主要产品，直到明弘治年间仍然是"土宜羊，土人皆牧以为主"①。区域性以牧业、养殖为主的生产与区域外更大市场的交易互动，成为了生计系统的基础。黔西北虽地处祖国西南边陲，但与中心地带和半边陲地带并不存在经济上的隔绝。明洪武十四年（1381 年），明征南大军深入到彝族地

---

① 沈庠、赵瓒：《贵州图经新治（点校本）》，张祥光点校，贵州人民出版社 2015 年版。

区，明军"各处守御卫分"报告黔西北彝族地区一般是"好牲无粮"①；明洪武十七年（1384年），明廷在乌撒设马市，规定"乌撒交易马六千五百匹""凡马一匹给布三十匹或菜一百斤，盐如之"。② 一年之内，在水西地区仅调征、市易马匹1800匹，且明廷决定在乌撒专设马市，每年买马6800匹。

明朝时，曾在黔西北彝族地区设置乌撒卫、毕节卫、赤水卫等卫所，而大量军队驻扎黔西北，吃饭是前提。为此，明朝在当地实施屯田。屯田将中原先进的农耕方式向在种植方面较为落后的黔西北地区传播，通过大量开垦旱地，种植荞子和燕麦的粮食生产逐渐取代畜牧生产的主导地位。明洪武二十年（1387年），贵州宣慰使奢香每年额定输送赋粮3万石；到明弘治十五年（1502年），年贡赋粮增至5万石。黔西北也由以畜牧为主的生产方式及人地关系，改变为半耕半牧、以耕为主。明代中后期，黔西北的农作物有荞麦、燕麦、大麦、水稻等。"连（乌撒）卫人所资以生者，唯苦荞大麦而已。"③ 从以畜牧为主转向以开垦旱地种植荞麦、大麦为主，既是生态利用方式转变的第一步，但也留下了一定的生态隐患。到清朝实施"改土归流"以来，大量川籍汉民进入带来的人口压力，也反映出黔西北彝族半耕半牧的生态智慧开始实现了微调与适应。

荞，彝称"蕎"，分为甜荞和苦荞，早在原始农业时代就有。日本学者左左木等在威宁等地考察多年后认为，荞子是山地农业文化的产物，很早就栽种于彝族先民之中。麦，有燕麦、小麦、大麦之分，彝分别称为"使""绍""足"，也是彝族早期种植的作物之一。荞和麦较适应贫瘠的土壤和低温干燥气候，其秸秆是牲畜冬日草料的重要来源。因此，彝族先民在黔西北喀斯特高原峡谷的海拔差距中，发明了春夏原上放牧，秋冬深谷收割草料喂养牧群，有别于西北高原牧场平行空间转场轮牧的贵州高原立体空间中半耕半牧、高低轮牧的生产生态生活智慧。④ 因此，明代黔西北彝族地区"牧主农辅"的产业结构中，作为"农辅"的荞麦生产，既是普通百姓的食粮来源，也是牛、马、羊等牲畜生产的季节性循环补充。在明代贵州粮食极为短缺、人地关系突然紧张的情况下，荞子和燕麦也成为了黔西北彝族土司纳赋的标的物，如"乌撒纳粮二万石"，用的即是荞麦。

① 《四库存目丛书》编纂委员会：《四库存目丛书》，齐鲁书社1997年版。
② 贵州省民族研究所：《明实录·贵州资料辑录》，贵州人民出版社1983年版，第43页。
③ 沈庠、赵瓒：《贵州图经新治（点校本）》，张祥光点校，贵州人民出版社2015年版。
④ 杨庭硕：《相际经营原理：跨民族经济活动的理论与实践》，贵州民族出版社1995年版。

清雍正时期，开始实行大规模的"改土归流"，大量汉民从四面八方涌入彝族地区，从事以开荒为轴心的农业种植。《乌蒙纪年》记载了雍正年间威宁实行改土归流继而实行招徕垦种的情况："无论汉、回、夷、苗概为招抚，给以耕牛谷种，俾各安业。"此时，先是玉米，后是洋芋种子和种植技术传入黔西北，正好适应了黔西北高纬度、气候干旱寒冷的生境。因此，玉米和产量极高的洋芋被迅速推广，在短时期内即取代了彝族种荞麦的种植传统，玉米和洋芋成为该地区的主粮。一般而言，在劳动力投入较充分的情况下，玉米亩产 300~500 斤，洋芋亩产 1000~2000 斤，荞麦亩产 200~300 斤。农产规模化种植品种的选择、种植技术的地方性传递，"农主畜辅"的历史嬗变，也就成为延续至今的农业生产格局。

历史和生态资源的共同作用，使今天黔西北农业产业化的基础具备了内生性的资源和唯一性、独特性的潜能。例如，荞子和燕麦农户普遍进行规模化种植，已成为绿色、健康山区特色农产品和多类型产品加工原料，再加上地理标志品牌及加工技术支持的附加价值提升，极可能使荞子、燕麦产业走上规模化现代农业的大道。再如玉米和洋芋种植产品，不仅作为养殖牛、羊饲料的传统得以延续，还成为了黔西北黑毛猪的初级饲料。而"水城羊肉"以及黔西北黑毛猪的加工制品"盘江火腿"和"宣威火腿"等地标产品，近年来在高铁物流及大数据电商的一条龙整合下，正在将过去分散的在村生产与新兴城镇（如威宁县的迤那镇）通过商贸通道连接起来，成为区域性城乡融合的新增长点。

二、黔西南：由单一耕种转向山地多样特色种植的历史契机

黔西南位于贵州自西向东的第一级阶梯上，是沉积盖层最厚的地区，喀斯特形态以峰林及其组合类型为特色，主要类型有峰林谷地、峰丛洼地、峰丛峡谷等，河流切割深度一般在 500~1000 米以上，形成了典型的高原峡谷地貌。主要特征是：由陡峭高山和险滩急流构成高差极大、内部封闭性特强的地理小单元。其中，有肥沃的土壤、纵横的河流，也有薄瘠土壤覆盖的陡坡和岩石垂底的峡谷。多样性和封闭性构成了黔西南喀斯特峰林峡谷的基本特征。

黔西南主体民族除汉族外，还有布依族、苗族、彝族、仡佬族，少数民族中布依族占比较高。这一支布依族在古代被称"骆越"，据《唐书·地理志》记载，"本牂牁江，俗称郁壮江，即骆越水也，亦名温水，古骆越地也"。其垦食

"骆田"，也即今南、北盘江、红水河流域的布依族统称的"山谷里的田"。布依族先民很早就创造了稻田农耕文化，且形成了喂养耕牛的悠久历史，残丘坡地多有天然草场，农户几乎家家有耕牛，少则一头，多则七八头至十余头不等，常野牧，春耕后赶牛上山，冬季才去赶回，通常春去三五头，冬回六七头。但旧时没有卖牛的传统，养牛一为农耕，二为祭礼。黔西南峰丛峡谷与南、北盘江及支流的切割同构，为了满足在高原峡谷之间、家族村寨之间联系的需要，黔西南布依族很早便形成了驯养使用马匹为交通运输工具的历史。唐宋时期，北盘江流域布依族地区就成为与黔西北威宁一带齐名的产马地之一，每年输送大量马匹供朝廷使用。

就生存智慧而言，林木资源的培育与利用亦是黔西南各族人民的通例。黔西南气候温和、雨量充沛、光照时间长、无霜期长，是林木资源丰富、生长茂盛、成材周期短的先决条件。在这样的自然环境中，布依族人利用广阔宜林荒山，很早就进行了人工油桐等经济林栽种，丰富的林产品为人们提供了烧柴、盖房、家具、食物等生产、生活物资，成为此地居民自给自足生活方式的重要支撑。

明清以降，贵州建省，黔西南喀斯特峰林山谷被湖广通往云南的"国家通道"所包容，此"国道"所经之地，如贞丰、兴仁、兴义、安龙等县域，在城镇与交通、政治、经济、社会、文化交往功能支持下，形成了与远离通道、相对封闭的册亨、望谟、晴隆等县域非常不同的农业经济格局。其规模化产品也由不同路径的贸易而呈现出不同的规模特征。例如，兴仁县的薏仁米，在"国家通道"几百年贸易中，已经成为具有国际定价权的地标农产品，而域内"国家通道"上曾设置两个千户所（即牛场、龙场千户所）的贞丰县，其糯米饭、肉粽子、饵块粑等副食品至今盛名不衰，均是当地农户稻作农耕、喂牛养马、种棉织布等多种生计和农技不断进步等多因素持续作用的结果。

中华人民共和国成立后，黔西南经济、社会进步显著。但在发展过程中，也因其生态基础的脆弱性以及发展方式的盲目突进，出现过较严重的生态破坏，森林覆盖率曾一度下降至24%左右。在喀斯特峰林、峰谷占较大比重的黔西南地区，森林覆盖率下降的直接后果便是石漠化现象的快速扩展，生态灾难已不是一种凭空的担忧。

对于西部贫困地区而言，中国改革开放最大的目标，就是让人民走出贫困、实现共同富裕。与此目标相一致，从20世纪80年代中期开始，党和政府在黔西南地区持续地实施了长江、珠江保护工程，退耕还林工程以及扶贫开发等工程和项目。特别是党的十八大以来，随着退耕还林、脱贫攻坚等工程以及西部大开发和乡村振兴等战略的实施，黔西南的生态建设有了根本性提升，农业产业结构也有了符合当地人的发展与生态文明建设的长足进步。在当地自然、历史、社会、文化资源形塑的农业向规模化、现代化、地标化方向推进的态势背后，可以发现，政府的政策支持与区域发展逻辑的演进，都与"通道"吸附力、城镇化节点整合力以及区域内部资源与外部资源的有效对接具有内在的逻辑关联。

三、黔东北：易进入性自然条件下农业、手工业、贸易等多元生计的共生

黔东北位于云贵高原东部边缘斜坡向四川盆地和湘西丘陵的过渡地带。域内喀斯特地貌与非喀斯特地貌相互交错呈条带状分布。其中，重峦叠嶂，地势陡峭，峰谷相间，丘陵分布其中。山地、大河、丘陵在黔东北区域内的组合格局，使之成为农耕与山地相嵌、贸易有水陆两道互通的省际间开放门户。

黔东北土家族有从事农业的悠久历史。据《华阳国志校注》记载，早在春秋战国时期，巴子国就"土植五谷，牲具六畜。桑、蚕、麻、纻、鱼、盐、铜、铁、丹、漆、茶、蜜、灵龟、巨犀、山鸡、白雉、黄润、鲜粉，皆纳贡之"。[①] 至宋元时期，黔东北农业生产已达到较高水平。[②] 据《黔南田氏字谱》记载，明洪武九年（1376 年）准备征滇，朱元璋敕思南宣慰使田仁德一次献"粮一万石"，田仁德"竭力招集""取给过数"。[③] 明初在贵州设卫屯田，黔东、黔中、黔西北十三卫耕牛不足，唐宗胜从沅州及思州宣慰司、镇远、平塘等卫官中调6870 余头牛供之。[④] 这间接印证了黔东北当时思州、思南宣慰司领地内具有较高的农业生产水平。

明清时期，黔东北凭借自然资源禀赋，社会历史的沉淀及开放性，经济活动方式有了全新的改变，一是向着农业多元化与自然资源主体性特征相结合的方向进行整合，二是向着生产和贸易相结合的方向进行整合，其经济面貌焕然一新。稻田种植"地处平隰者，则驾车吸水以艺粳秫?"[⑤] 旱地广开，多样种植。早在

①② 常璩：《华阳国志校注》，巴蜀书社 1984 年版，第 25 页。
③ 田玉隆：《贵州土司史（上）》，贵州人民出版社 2006 年版，第 426 页。
④ 参见《明太祖实录卷 202》。
⑤ 王士性撰：《广志绎》，吕景琳点校，中华书局 1981 年版。

唐代已开种油桐，当时只为自用。明代之后，油桐已发展为商品性生产。清乾隆元年（1736 年），思南府辖地桐油获丰收，印江县境收获桐油千万石，每石售价2000 文。① 经济林木还引进了核桃、油菜、乌柏等品种，在黔东北适宜的自然环境下，很快就实现了小农家庭生计意义上的规模效益。据《思南府志》记载，思南府有豆种 20 种，高粱 6 种，芋麻、香油、竹木、水果、药材、蔬菜等已能作为剩余产品卖出；茶叶也从贡品发展成为茶叶贸易"公司"的专卖品。有了农业为基础，手工业也迅速有了不俗的表现。

土家族以麻、丝为原料的手工纺织早已有之，随着明弘治年间川人引种棉花并普遍种植后，纺织土布的技术也开始传入。清代，土家族地区已是"闺中妇女，向织土布"。清道光十八年（1838 年），思南府创设纺织局，请外地"能纺三絮并工织"的妇女师傅寄籍本地，以"其法传千百人"。到清末，民间手工纺织业在黔西北土家族地区达到普及。清宣统二年（1910 年），印江县年产土布近59 万匹，郎溪地区"几乎每户都有一两台织布机和若干架纺车"。并出现了以"机户"为中介点，集原材料经营—机户承接加工及发包加工—土布回收外售为一体的生产、经销分工体系。②

约明弘治年间，造纸术传至印江。由于有土产的构皮原料，又有木黄河良好的水质，再加上"七十二道工序之规"的加工技术，"印江白纸"成为了纸中上乘，运销到重庆、湖南常德和省内思南、江口、铜仁、凤岗、湄潭、余庆等地。在印江的合水、新场几乎每一个家庭都生产白皮纸，除自产自销外，也出现了专门从事运销的经营者。③

由于有了乌江之便，黔东北土家族地区的商贸在明清时期，形成了与本地农业、手工业并驾齐驱的发展态势。稳定的贸易在明代最先在沿河出现，至明嘉靖年间（1522—1566 年），原邮传铺舍逐渐形成了交易场所，交换的商品有粮食、水银、茶叶等 50 多种。明末清初，德江有重庆、湖北、湖南等地的手工艺匠人、游民、商人沿乌江而上，经营各类商品。清嘉庆年间（1796—1820 年），江西、陕西等外埠商人开始登陆沿河县域，开设商号，又将这些商号沿乌江向重庆、涪

① 印江县志编纂委员会：《印江县志大事记》，1986 年。
② 陈国安：《印江自治县郎溪地区土家族民间手工纺织业调查》，转引自贵州省地方志编纂委员会：《贵州省志：民族志（上册）》，贵州民族出版社 2002 年版，第 373 页。
③ 陈国安：《印江自治县郎溪地区土家族民间手工纺织业调查》，转引自贵州省地方志编纂委员会：《贵州省志：民族志（上册）》，贵州民族出版社 2002 年版，第 373 页。

陵以及黔东北腹地的思南、印江两头展开，设置分号，形成双边买卖同做，以控扼两地买卖差价，将贸易风险和成本降至最低。与明代相比，清代进行贸易的商品的特点在于地方产品种类和数量均有较大提升，粮食、毛毡、桐油、茶叶、五倍子、蓝靛、竹木、土布、白皮纸、牛皮张等产品逐渐形成较稳定的规模，同时这些产品促进了贸易业的独立和规模性扩张。据记载，清顺治十五年（1658年）、十六年（1659年），首批江西商人进驻江口县城，其时商贾云集，江口县铺行不下五六百计，需称小盛。江口县的怒溪场、闵家场都建有码头，可停木船40艘。光绪年间，怒溪场有外籍商人开设的"八大商号"和本地铺行4个，货船40艘，年产销蓝靛百余万斤。①

在区域内外开放的前提下，农业—手工业—商贸业的连接，还创生了小城镇的兴起与地区性集镇市场形成发展的互动。如果说商贸聚集点依托于沿江的小城镇，特别是干流出境处的小城镇的话，那么纵深于乌江两岸重峦叠嶂腹地中的一个个地理小单元，就是集镇出现的地方。据《沿河土家族自治县志》记载，沿河第一个集市创于明洪武年间（1368—1398年），到明嘉靖年间（1522—1566年），就形成了观音寺、天乐井、庙垭寺等7个场市，交易品种有粮食、食盐、猪肉等，有的品种通过以物易物的方式进行交换。进入清代，全县场市达17个，5天赶一场。

集市与城镇的网络化设立，彰显出在黔东北喀斯特丘陵过渡地形中封闭与开放张力下，产品在内部和外部市场互动过程中其价值和附加值稳步提升的机理。在更宽泛的界面上，也凸显出以自然资源和社会文化等要素为基础，以小农户家庭为生产单位，多样化生计统筹、职业化分流重组、社会生产组织不断创新并紧紧依托国家开放地方的政策导向，是黔东北明清以来表征的区域性地方发展逻辑。

四、黔东南："国家"和市场主导下从稻作农耕向林业产业的生计拓展

对黔东南广义农业体系的形成进行历史的考察，无论是从自然环境还是从少数民族社会历史文化的视角，清水江流域最为典型。清水江为洞庭湖水系的上游支流，其以迤逦东流之势将跬步皆山的贵州与满目丘陵的湘西相连。清水江两大

---

① 贵州省地方志编纂委员会：《贵州省志：民族志（上册）》，贵州民族出版社 2002 年版。

源头在黔东南地区交汇后形成南哨、瑶光、八卦、亮江、洪洲五大支流。在黔东南境内，这五大支流流域面积 14883 平方公里，长度约有 376 公里，① 构成了从贵州高原向湘西丘陵地带逐渐过渡的一个独特地理单元。这片流域由于地处贵州自西向东三级台阶的最底层，地理类型既有中山、低山、丘陵，又有平原大坝。海拔一般在 800 米以下，坡度 20—40 度，土壤为红壤和黄壤，土层较厚，土壤营养比较丰富，土质疏松，适宜杉木、马尾松等用材林和油桐、柑橘、盐肤木和黑荆树等喜酸性土壤的速生经济林木的生长。当地民谣唱道："干千年（用作建造房屋称为'干'），湿千年（用作堰坝地梁称为'湿'），半干半温几十年。"② 除产杉木外，还产松、楠、樟等优质木材。此等自然条件，也潜藏着木质产品规模开发利用的产能，如桐油、樟脑油、五倍子、松香油和药材等。

　　清水江流域属于亚热带季风性湿润气候，一年之中，降雨多集中在 5—9 月，雨热同季，对农作物的生长有利。世居于此的侗族，在很早的时候就获得了"稻作民族"的殊称。据宋人江少虞所著的《宋朝事实类苑》中记载，在辰州之南的古州、锦州地（今湘西南和黔东南的北部），有良田数千万顷，辰、沅、靖等州，土地平旷，适宜于耕作。整个宋代清水江流域社会经济活动仍以稻田为主业，微有坡度的宜林地，绝大部分还保持着原始森林的固有景观。元时，清水江流域河坝上的低山丘陵，仍是茫茫林海。据锦屏县文斗村《姜氏家谱》记载，"在元时，丛林密茂，古木荫稠，虎豹踞为巢，日月穿不透，诚为深山箐野之地乎"。清水江流域林业开发，肇始于明朝朱元璋派兵三十万入驻贵州，特别是建省之后，当地林木即被当作"皇木"运贡于京师，且"屡贡于朝"。后历经嘉靖、万历朝至清朝，清水江林业开发成了清水江流域的一大产业。清朝前期，国事兴盛，国民经济呈高涨之势，商业的兴隆使清水江木材交易出现了乾隆、嘉庆、道光年间的鼎盛时期。据这一时期相关史料记载，每年来此经商的商贾不下千人，年成交营业总额百万两白银以上；商贾来自全国各地，而以江西、安徽、陕西组成的"三帮"和湖南常德府、德山、河佛、洪江、托口组成的"五勸"等商帮最为著名，而且还有从山上放木而下的"山客"和以购买水中木材的

　　① 黔东南苗族侗族自治州地方志编纂委员会：《黔东南侗族苗族自治州志·地理志》，贵州人民出版社 1990 年版，第 181 页。

　　② 黔东南苗族侗族自治州地方志编纂委员会：《黔东南侗族苗族自治州志·地理志》，贵州人民出版社 1990 年版，第 5 页。

"水客"之分；紧靠清水江边的锦屏县王寨是清政府专设的总木市。据《黔南识略》记载，"郡内自清江以下，至茅坪二百里，两岸翼云承日，无隙土，无漏荫，栋梁寀桷之材，靡不备具。坎坎之声，铿訇空谷。商贾络绎于道，编巨筏放之大江，转运于江淮间者，产于此也"。至此，清水江流域的木材贸易与自然社会的关系，已经从自明初开始的砍伐现有存林上贡、出售，到既有采伐、又有人工培植林木而使森林尽快恢复再生能力的开发，是投资与砍伐并重的开发。从文献史料和实地调查中可发现，清水江流域社会生产、生活、生态的和谐共存，是其农业、林业经营方式与国家市场及自然资源利用方式共同作用的结果。换言之，从明朝中期开始到清朝逐渐形成的清水江林业开发体系，标志着当地苗族、侗族社会经济活动方式由平面垦殖的稻作农业向山地立体农业的转变，同时呈现出现代性因子出现的端倪。具体表现为以下三点：

其一，内部机理的扎根品质。清水江流域开发体系形成的过程，即是当地苗族侗族经济活动方式从平面垦殖的稻作农业向山地立体农业雏形转型的过程。马歇尔·萨林斯的生态文化学强调，应从环境与文化交互作用的双向视角或复合视角去研究环境与文化之间的关系。① 循着这一思路可以发现，清水江流域林业开发体系包含了三个方面的理论维度：第一，与苗族侗族原有生态利用方式的关系。在明朝之前，苗族侗族稻谷种植为满足家庭人口增长的需要，对丘陵向河流倾斜的中低位置上的土地利用，从平面规模上早已走到了精耕细作和开垦"到边"的尽头。例如黎平县黄岗村，仅自己培植的糯米种子一度达到70多种，适应于冷水田、半坡田、向阳田、干旱田、背阴田及各种土质，种子培育的生态智慧中，还潜藏着稻、鱼、鸭生物链的生计方式及鼓楼养牛、斗牛的社会文化体系机理的运行，生态智慧极高。而对丘陵的中、高部面积更广的宜林地和自然林木资源，则基本上没有进行经济开发意义上的利用。这种平面垦殖的稻作农业，给明清以来可持续利用土地资源的人工营林留下了极大的空间。第二，技术支持的林木利用空间拓展。稻作农业生产中积累的经验、技术，如育种育秧、田间管理、灾害管理、气象观测、社会合作的默契等，均可为人工育林服务。而林业开发在原有生态环境利用上，虽然是一种全新的经济活动方式和产业类型，但并没有对原有平面垦殖的稻作农业造成争夺资源、挤压收成等后果。相反，上林下

---

① 马歇尔·萨林斯：《甜蜜的悲哀：西方宇宙观的本土人类学探讨》，王铭铭、胡宗泽译，生活·读书·新知三联书店 2000 年版，第 8-9 页。

粮、林粮兼作，可增加水的涵养、空气的湿度、绿荫的遮蔽等互补效应，最终达到粮食增收、木材创收。这是在保证粮食不减产前提下的新业态生成，亦是对小农生产原有生计单一性、脆弱性的底线保护。第三，山地立体农业与苗族侗族原有家族村寨共同体的嵌构，生成了社会文化结构的包容性。清水江流域的民族（特别是侗族）的原有经济活动方式中，早已形成原始森林村寨家族共有的占有制度并以习惯法加以传承。因此，在人工更新林区时，形成了家族共有宜林地、共同营林、共同取利的生产组织形式。这样，由于历史和文化传统的原因，家族村寨共有的山林是规模巨大和长期稳定的，每一个家庭因在其中均有一份，进而使得家庭间的凝聚和对共同资源的维护达到了在根本利益一致性基础上的认知和行为准则。这种具有区域性规模化的社会经济结构，对人工营林所要求的长周期和大规模具有较大的包容性，从而形成了保障可持续的生产、生活、生态相协调的社会经济结构的稳定性。

其二，外部刺激的需求导引。清水江流域林业开发体系的形成在汉族和少数民族之间，不是靠产品的辐射去影响少数民族的经济活动方式，而是将少数民族与汉族纳入同一经济实体中，去实现开发的目标，民族之间经济意义上也逐渐接近的方式才是无界面的互动。[1] 首先，外部市场包括清末民初的国际市场对木材的大量需求打开了苗侗社会原有对山林资源市场化的屏蔽，而这种空间的开发，是以不破坏原有生境中粮食生产的稳定性为前提的。保持稻田的稳定性，不以林地占耕地；保证粮食生产的劳动力投入，不因营林而延误农时；保证营林与砍伐在眼下变现与长预期收入之间能无缝衔接。林业的产业化，在"生存伦理就是植根于农民社会的经济实践和社会交易中的"[2] 逻辑中，有效衔接了市场需求的现代性。其次，自明朝始，地方政府动用国家力量对清水江支干流进行了大规模疏浚，以解决区域产业化发展过程中的硬件阻堵、流通不畅问题，并形成"江步"机制，即将沿河道居民开浚河道与他们获取分段放运木材即"江步"的权利联系起来，不仅使得地方政府不必为疏浚清水江的浩大工程而费糜公帑，而且将地方社会以"开通清水江之利"的经济利益机制整合起来。[3] 传统侗族、苗族社会

① 杨廷硕：《相际经营原理：跨民族经济活动的理论与实践》，贵州民族出版社 1995 年版，第84 页。

② 詹姆斯·C. 斯科特：《农民的道义经济学：东南亚的反叛与生存》，程立显、刘建等译，译林出版社 2001 年版，第8 页。

③ 张应强：《木材的流动》，生活·读书·新知三联书店 2006 年版，第48 页。

步入近现代社会，便是通过木材采运网络的构建，将过去相互隔绝的村寨实现了区域性的勾连。最后，本地人为"山客"、外埠商人集团为"水客"、流动交易中介人为"捎客"的贸易体系的构建，是不同民族以各自文化优势实现互补的多赢格局。清水江流域林业开发体系在三寨物化为以"捎客"制度为核心的轮流当江制度、外族商人不得进入营林地区经营山林制度、白银兑换制度、劳役使用制度等一套制度体系，即是传统与现代、内部与外部、远方城市体系与深山民族社会相衔接的文化机制和可行操作。

其三，区域性整体联动经济基础的形成。同处清水江流域，位居中上游区域的苗族、汉族等村寨也卷入了木材供应的资源配置中，如清水江上游的黄平、雷山等区域。从资源区位优势的角度看，清水江中上游广袤的原始森林与清水江中下游地区的侗族人工营林形成了木材规模输出的互补效应；从文化交流的角度看，处于"生产"一端的侗族、苗族、汉族等族际互动，均被卷入了产业升级的深层次经济关联之中。由此而产生的竞争、合作与分工，均有益于区域内生动力的激发和有序成长，文化主体性也得到增强。黔东南区域性农业与林业开发体系600年的建构历史，表征出规模化、现代性第一产业形成要件的三个维度的综合特征。第一，生态环境与地方民族社会文化的内在关联，一方面产生了资源利用的生态智慧，另一方面也形成了利用方式的组织规则和权力边界。这是区域发展所要遵循的地方性知识。第二，对自然资源进行立体开发与利用的任何"新业态"的"发明"，必须对外具有开放性，包括对新出现的市场需求、运营技术、基础设施具有包容性，是与内部社会文化相协调基础上的"创新"，因此找到多元共赢衔接点至关重要。第三，黔东南林业开发体系展示的区域性空间，彰显出了深耕生物产业的巨大能量，其典范性值得深思和挖掘。如果立足当地山与水、民族社会文化基础，并结合利用当代立体生态农业、生物新技术等，将会开拓出山地生态农业的时代空间。

五、黔中：区域性社会建构与复合型生计方式的嵌合

关于"黔中"的界定历来纷繁复杂，本书将"黔中"定义为：以贵阳市为中心，西含贵阳市清镇、贵安新区以及安顺市平坝、西秀、镇宁、普定一部分，南含黔南州惠水、龙里、贵定，北邸毕节市的金沙、黔西，东至贵阳市修文、开阳、息烽的"大黔中"。这是一块以密集式喀斯特坝子著称的地理单元。从黔西

北、黔西南一路狂奔的高山峰林、激流险滩，到了黔中台地，就一下子平缓下来，在仍往湖广倾斜下降的梯度中，形塑为高山中的坝区，即贵州三级台地的第二个面积最大的台地区域，其500亩规模的坝子就有近100个，占贵州500亩以上坝子的6.1%，而全省500亩以上的坝区面积仅占全省耕地面积的7.5%，全省耕地面积占全省总面积的25.72%。[①] 特别是从贵阳市区向西北、西南方向延伸的清镇、平坝、西秀、惠水、龙里这一区域的坝子，与600年前朱元璋屯兵征战云南时所设置的贵州卫、贵州前卫、威清卫、平坝卫、普定卫、安庄卫同构共嵌，从而积淀了今天黔中城乡之间、民族之间、通道（交通线）与耕作（田坝区）之间尚能补充、大致一体的区域格局。其主要特征有如下四个方面：

其一，军屯制创造出农耕技术体系扎根创新的原动力。自洪武年间始，明王朝调北征南，聚集三十万大军，家属随军而至，沿今贵州省域从东至西（包括东、西边沿）设置了二十四个卫和二个直隶千户所。至今还保留当年屯堡卫所制度文化传统的区域，即是黔中地区的屯堡村寨和周边的布依族、苗族村寨。当初军屯制的设立，核心是在沿交通线两侧坝区广开屯田。"边腹内外，卫所棋置，以军隶卫，以屯养军。"[②] 为使屯军能自耕生产，国家法令规定给屯军耕牛、农具、种子，规定有种子田、试验田，外调耕牛，每一"分"地配一耕牛，兴修水利的农业先进技术示范工程在各屯堡推广。除农耕实务外，将原军队兵戎制造单位也"军转民"，以生产各种铁制农具和生活用品。手工业制造与产品流通，作为生产、生活需要的生产、经营环节，与粮食副食生产形成闭环，由此开启了一个个小区域农业文明社会形态建设的先河。亦兵亦农、壮大自己的一个个屯堡村寨，也在区域共性与个体主体性互为促进的格局中，成长为贵州最为典型和持续保持原有定位的农业规模化标识区域。

汉族移民以明代形成的集中成片的黔中屯堡区为标志，其精耕细作农耕技术的"本土化"，将耕地的利用几乎达到艺术化的境地。《贵州六百年经济史》将屯堡区农业生产的情况概括为，"安顺的公具河，'灌溉畴甚广，军民赖之'；'而干海子泛成湖波面甚阔'，'湖水泛溢，境内必丰'，因其地有水利之便，水田占十之三四，'无荒莱辟之土'。镇宁贺家溪，绕安庄卫城，灌溉甚广，而卫城北六十里的荻芦之地，'周围八里许，中有一岛，上建石华表，马百户屯田在

---

① 贵州省86个县（市、区）、854个乡镇、4700个村，分布有1641个500亩以上规模的坝区。

② 张廷玉：《明史》，中华书局1984年版。

其旁'"。① 以屯堡家户为细胞、村庄为最紧密内圈的生活共同体、生产互助平台，通过屯田制以及后来演化为小农户+多元互助组织平台的村庄+黔中屯堡区域的稻作精品化技术路径，使得精致化、规模化生产方式得以形成。

其二，屯田制引申出屯堡社会的自组织机制。随着屯田制度的实施，到清末民初的五百余年社会历史及制度变迁过程，经历了设卫建堡、改土归流、撤卫所设州县等改朝换代的制度重建，但黔中地区自屯田制开始而逐渐完善的屯堡人族内通婚制度、卫学（科举制特例）及科举制度以及儒、道、释及原始宗教等多元宗教共存格局，共同奠定了黔中地区屯堡社会的社会组织基础。具体表现为屯堡人通婚圈及少数民族的互动，社会福利的自我生产，宗教、教育功能成为社会构成的基本因素。屯堡社区 300 余个村庄，迄今 600 多年来一直主要实行族群内通婚制度，使得村寨之间的风俗习惯、节日传统等相通，也使得屯堡家户之间有了家—村—区域的社会结构关联，进而其文化认同也就有了物质性基础；自明朝中期开创的卫学制度，使屯堡家户得以超越阶层等级和军屯户籍制度的藩篱，获取阶层向上流动的制度通道，成就了国家与社会得以内在建构的刚性桥梁。而以上多元共存的社会形态，则是屯堡社会自组织机制发挥作用的现象表征。②

其三，中小城市与小集镇的网络拓展区域。明朝在贵州建立的 24 个卫、2 个直隶千户所的布局中，只有黔中的生态社会结构极为特殊，因而成为屯堡文化能够保存至今的唯一区域。其特殊性主要表现在以下三个结构性特征上：第一，田坝区与交通线的互补，使农耕与手工业具有了内循环与外循环共存的历史地理条件。第二，固定集镇与转场交易网络的内在生成，与施坚雅集市发生学③分析相同，是区域内农产品互换交易的平台，同时也是结成区域社会规范的稳定基础。第三，中、小城市与集镇的同区域、深层次构建，使基于经济需要基础之上的社会文化相关联，成为城乡互动的节点和敏感性平台。最为典型的是，安顺城与周边旧州镇、天龙镇、马官镇等的互动节点，成为黔中地区几百年来城乡共融的真实载体和精神性标识。

---

① 《贵州六百年经济史》编辑委员会：《贵州六百年经济史》，贵州人民出版社 1998 年版，第 102-110 页。

② 孙兆霞等：《屯堡乡民社会》，社会科学文献出版社 2005 年版；孙兆霞：《屯堡乡民社会的特征》，《中央民族大学学报》2004 年第 1 期；孙兆霞等：《屯堡社会何以可能》，社会科学文献出版社 2016 年版。

③ 施坚雅：《中国农村的市场和社会结构》，史建云、徐秀丽译，中国社会科学出版社 1998 年版。

其四，中、小城市（镇）与交通线的贯通，使区域人文区位碎片化的状态通过城市吸纳功能的发挥反哺于以城市为节点分散开来的区域，增加了农村与农民的开放性，从而带来了依托地方性知识作为底色的自信，为克服单一农业生产的脆弱性提供了新的进取性资源。

从发生学上看，贵州的城镇（除遵义外）大多与卫所相关。例如清末74个政区治所中，有56个与卫所相关（见表2-1）。在未设卫所的18个政区中，除铜仁、石阡及下辖县外，其余多为遵义府及下辖县。而遵义府于清雍正年间才改隶贵州。换句话说，贵州大部分城镇是由国家军事机构沿通道设置的要塞点演化而来的。其发生机理为：国家军事政治力量进入地方区域性防卫对稳定性的要求，构建出纵向维度沿通道与省际进行的以贸易为主的联通，横向维度沿通道两侧向农村深入整合的平台，也即"交通线"与"田坎区"相嵌构的发生学机理。

表2-1　清朝城镇与卫所的关系统计

清朝城镇与卫所的关系		
与卫所的关系	城镇名称	数量
延续明朝州卫同城	都匀府、黎平府、镇远府、贵阳府、思州府、安顺府、镇宁府、永宁州、普安府（清改厅）、清平县、天柱县	11
由卫所改设	龙里县、平越直隶州、都匀县、镇远县、黄平州、清镇县、安平县、毕节县、贵定县、开泰县、玉屏县、南笼府（后改兴义府）、普定县、施秉县、贵筑县、修文县、安南县、清溪县、锦屏县（后改乡，属于开泰县）	19
明朝时附近有卫所	思南府、大定府、松桃直隶厅、开州、广顺州、定番州、麻晗州、独山州、下江厅、水城厅、平远州、黔西州、威宁州、贞丰州、兴义县、安化县、长寨厅、郎岱厅、归化厅	19
新设卫所	古州、抬拱、清江、八寨、丹江、凯里、黄平	7
无卫所	铜仁府、石阡府、遵义府、余庆县、瓮安县、湄潭县、永从县、务川县、印江县、铜仁县、龙泉县等18个县	18

资料来源：杨昌儒、孙兆霞、金燕：《贵州：民族关系的构建》，贵州人民出版社2010年版，第58页。

对于黔中而言，中、小城市（镇）更是沿交通线间隔而建，其辐射功能沿交通线可穿越全省，在黔中区域内则是乡村（屯堡）的吸附中心，具有吸附功能，由这两种功能相结合的城乡互动、区域联动效应在黔中尤为突出。① 黔中地区长时段移民人口大增导致的人地紧张关系，倒逼自身农业生产条件的改善，从而带来生产的增长，为小环境中优势土特产的规模生产创造了条件，而驿道的开通及军事级维护，加之城邦串起的贸易新节点建设，为土特产走出深山奠定了基础。到明末清初时，黔中各民族经济关系的一个新特点便是土特产在更大区域的流通，这也成为了民族经济关系新的契合点和生长点。例如桐油的流通。桐油生产对生态环境有较高要求，而南北盘江流域的册亨、望谟、贞丰、镇宁、关岭、紫云等地的小环境，即海拔、气候、山势、土质等特别适合桐油的生长。世居于此地的布依族"早在蜀汉时期就有种植油桐的传统。孟获曾用桐油炮制他的'藤甲军'的藤甲，'刀劈不进，斧砍不伤'；诸葛亮南征时吃过'藤甲军'的亏"。② 明末清初，这一带桐油曾通过北盘江航运远销广东沿海等地。但大商家的贸易则是通过黔中诸多城市及交通线进行双向贸易，并通过诸多"商号"驻城、驻点加以经营。例如在码头和城中大量兴建的"柳州商号""广东商号""湖广商号""江西会馆""安徽会馆"等，一方面将贵州内地的布匹、桐油、药材、马匹、茶叶等特产收购，另一方面将沿海一带进来的鲜货、干货以及"洋纱""洋油""洋烟"等源源不断地在此销售。不仅如此，桐油生产和贸易在清代时还打破区域和民族界限，成为贵州省多民族地区的标志性"土特产"，并达到了一定的规模效应。《贵州六百年经济史》指出，"油桐在明代见于记载的仅有贵州宣慰司和普安州，而到了清代，黔东北有铜仁、镇远、清溪、思州、安化、龙泉、印江、松桃等地，黔东南有玉屏、黎平、麻江等地，贵州西部则有广顺、清镇、郎岱、镇宁、大定等地"。民间植桐颇多致富，据《田居蚕食录》记载，"若农家发收桐子五石，可获钱十二千"。③ 到清末时，北盘江边的六马桐油已闻名遐迩，远销海内外。至今，六马牌桐油是中国桐油种类中唯一的出口免检产品。没有明清以来贵州境内中、小城市与贯通全省的通道建设，就不可能有桐油种植大规模地在全省展开。

对于黔中区域，乡村一级与交通线串成网状结构的城镇一极，构成所谓城乡

---

① 杨昌儒、孙兆霞、金燕：《贵州：民族关系的构建》，贵州人民出版社 2010 年版，第 185 页。

② 镇宁布依族苗族自治县民族事务委员会：《六马志》，1993 年。

③ 《贵州六百年经济史》编辑委员会：《贵州六百年经济史》，贵州人民出版社 1998 年版，第 118 页。

两极，而自来少有以"冲突"凸显的文化差异则表现为相互支撑、共融一体的区域性社会、文化品格。贵州著名文化学者戴明贤先生在《安顺城记》中以安顺城乡（屯堡村寨）文化相通为例，记录了如此特征："有一次参加屯堡文化研讨会，多处实地考察，我感觉除口音、服饰和地戏外，屯堡人吃喝玩乐与我小时候的安顺城没有什么不同。屯堡是一个自觉固守宗族传统，慎终追远的群体，这种观念也成为安顺人生存方式的常态。通道因军需而开发，商业因通道而繁荣，促进安顺人的经济观念。而多民族共存中的相互溶渗、商业的频繁流通、军队的驻扎过往、旅人难民的涌入，又一次次对常态注入新元素新冲击。"[1] 在农业产业化与新型城镇化可能成为今后黔中区域城乡协同发展突破口或发展极的预期或规划下，历史积淀下来的经验，理应是一种启示和资源。

六、贵州城镇发展的历史启示

从全球视角来看，无论是先现代化的英国、法国，还是后来居上的日本、韩国等，其城市化的理论逻辑和实现路径，均离不开产业聚集与资本积累。然而，近现代中国步入现代化的道路，并不具备早期先发现代化国家的外部条件，也不存在相一致的内部机理，与日、韩等后发工业化国家虽同处东亚，但也存在着国情的巨大差异。中国现代化从一开始就走上了与典型资本主义国家（如英国）发展资本主义颇为不同的道路……即依靠农民生活改善和农村经济提升来发展自己。但中国受条件的限制又不可能单靠农村内部资源来解决问题，由此，不能不形成一条工农业相互依赖、相互补充并且现代经济和现代产业在很大程度上具有民生性质的现代化之路。[2] 在以现代性标志为切入口，以中国商会为分析对象的研究中，朱瑛也具体地呈现了中国江浙地区近代城市化、现代化路径非工业化前提的历史过程。[3] 施坚雅对成都平原区域经济与市场生成互动关系的考察，将区域间、城乡间一体化演进的机理聚焦到了市场机能，以城乡互动为基础，对区域整合及超越的"秘密"进行了剖析。[4] 这样一些研究，向我们昭示出了产业类型开发顺序与城市化、现代化之间的关系，并且因国情、区域因素的深层结构差

① 钱理群、戴明贤、袁本良：《安顺城记》，贵州人民出版社 2020 年版，第 26 页。

② 林刚：《国情、传统与现代化：以农户经济为中心》，社会科学文献出版社 2020 年版，第 626 页。

③ 朱瑛：《转型时期的社会与国家：以近代中国商会为主体的历史透视》，社会科学文献出版社 2018 年版。

④ 施坚雅：《中国农村的市场和社会结构》，史建云、徐秀丽译，中国社会科学出版社 1998 年版。

异，其发展演化的路径均具有多样而充满活力的切入口。正是在这个意义上，通过对贵州五个区域的历史考察，特别是对贵州山地农业与城镇化关系的历史梳理，可以获得以下三个方面的经验和启示：

一是贵州多元化的山地特色农业具有巨大的利用和拓展空间。其自然资源基础和长时间积淀的生态智慧，在已经过去的历史演进过程中，在面临人口急剧增加等挑战时，通过对生境适应与利用的创新来实现危机转换。因此，对自然资源丰富性和可持续性的坚守，将是立体利用生态空间的必然归宿。

二是通道和城市、集镇网络化建设是农耕文明得以高质量发展的嵌构性基础。国家与市场的开放性从机理上将城乡之间、区域之间的勾连从物质基础形态上进行了制度和社会维度的整合，从而强力推进了具有地域封闭性的一个个小族群的社会开放性和生存与发展的历史进程。对未来而言，从中心城镇、主要通道向自然封闭较突出、社会发育较迟缓的地区加大开放力度，将会助力贵州新型工业化、农业现代化、旅游产业化与新型城镇化的协同进步。

三是以小农户为细胞构成的村落社会文化共同体具有应对经济、自然挑战的主体性能力。在不同区域环境和历史中形成的贵州多民族社会，存在着一个共同特征，即以小农户为细胞构成村庄和区域社会文化共同体。特别是在人口与资源利用、社会团结、社会脆弱性应对以及家庭成员的就业、流动、反哺家乡观念的形成等方面对产业化路径及城乡互动路径都会产生深刻影响。这也就意味着，立足当下思考和谋划贵州山地特色农业产业化与新型城镇化协调发展的路径与机制时，扎根于小农户生产、生活、生态三者整合的历史经验的研究，是一道绕不过去的门槛，也是一个不能回避的历史前提，当然也是一种历史的启示。

第三节　重视农业与农村发展的新型城镇化路径思考

贵州丰富的自然资源、文化资源转化为发展资本的空间虽然庞大，但与工业化、城镇化、农业现代化的衔接程度不高。城镇化如果没有内生性的聚集需求，仅靠外部一厢情愿的"推动"，就会缺乏根基。由于社会发展情况和时代背景的不同，当下贵州的工业化、城镇化、农业现代化与欧美国家早期工业化、城市化相比，甚至与我国东部发达地区相比，可能是两种完全不同的运行机理，这无疑是一种更为严峻的挑战。贵州城镇化起步晚、水平较低、速度过快，使得贵州城镇化未能有效解决经济、政治、社会、文化、生态等领域的诸多问题。因此，在思考贵州的新型城镇化发展时，必须要将农业与农村发展同步考量，寻求一种既区别于西方发达国家又有别于东部沿海地区的、以"城乡融合"为理想愿景的新型城镇化之路。在这样的发展路径中，贵州的农业、农村能否实现现代化，乡村振兴能否与新型城镇化形成良性互动的合力，就成为贵州新型城镇化必须面对的重要问题。

一、农业与农村现代化同构

单纯的经济需求满足无法让人生存，美丽优越的自然环境也无法让人安居，而即使经济上很富足，自然环境上很优越，如果没有相互间的交流，不能满足社会、文化和生活上的各种需求，也无法安居。因此，需要将实现经济、生态环境和社会生活的综合价值作为贵州农业农村现代化的主要任务，这同样也是新型城镇化的应有之义。在需求多样化的今天，只有农业充满活力才能带来乡村的活力，也只有乡村的经济、社会和文化充满活力，才能激发农业的活力。[1]

（一）农业农村现代化的四种模式及当代发展趋势

目前在乡村发展上，仅仅靠提高农业现代化水平，难以解决农村现代化问题。国家在推进农村基础设施建设和公共服务提供上下了很大的功夫，大大改善了农村的生产生活条件，在一定程度上提升了农村现代化水平。但是由于许多农村地区不存在工业化和商业化发展的条件，因此农村现代化仅仅体现在基础设施和公共服务方面，还不足以创造有前景的发展机会和空间，农村青壮年劳动力依旧想着外出谋生和发展。

农业现代化有两条使农业受益的转化路径：一条是规模化、专业化、精细化路径；另一条是延长产业链，实现一二三产业融合。在这两条路径中，广大的农民以什么样的方式参与、获益，是一个非常重要的政策和实践问题。解决好这个问题，才能够使农业现代化转化为农村现代化，实现乡村振兴。与此同时，农业现代化也不是天外来客，其实现还需要资本、技术、组织化、营销管理、社会化

---

① 祖田修：《农学原论》，张玉林等译，中国人民大学出版社 2003 年版。

服务以及相应的政策支持。现有的农业现代化路径大致有四种：第一种是在农村工业化带动下的农业现代化，此模式在东部沿海工业发达地区表现得特别明显（赵山，2001；崔凯、郭静利，2014）；第二种是城市化带动起来的农业现代化，此模式在城郊农村地区表现得特别突出（陆际恩，2001；林毅夫，2002）；第三种是乡村旅游发展催生出来的现代农业发展模式；第四种是科技发展触发的农业现代化机制，特别是网络电商诱发的农业产业化、规模化、商品化发展。

在过去的四十多年里，每一条路径都发挥了一定的效用，它们在时间上有着先后继替的关系。20世纪80年代，农村工业化乃至后续的城镇化对农业农村现代化发挥了明显的带动作用，但是进入90年代，城镇化吸引了越来越多的农村劳动力，部分农村地区开始出现村庄空心化和农业耕地抛荒等问题，农业农村现代化显现出后劲乏力的特征。进入21世纪，大规模的城市化进一步吸引了农村劳动力，但是国家开始推进新农村建设、农村税费体制改革及农村社会保障体制建设，在一定程度上改善了乡村发展环境。在这一时期，城乡接合部的许多农村地区利用城市扩张带来的发展机会，迅速推进了农村现代化发展。2010年以来，随着国家整体经济实力跃升，人们的经济收入明显提高，乡村旅游得到快速发展，带动了部分村庄的发展。与此同时，信息技术革命开始深刻地影响整个社会，以网络为载体的电商从城市向农村快速扩展，出现了淘宝村等以商业带动农业农村现代化的新路径。2017年全国就有2118个淘宝村，到2020年6月则增加至5425个，短短的三年内翻番不止。一些农村地区进入以乡村旅游和电商带动农业农村现代化的发展道路，在一定程度上是在前两条路径基础上的进一步提升，并带有"融合性"的特征，即城乡融合发展和一二三产业融合发展。由此可见，从最近五年到未来的十年乃至二三十年的时间里，单一的发展路径已经不足以带动农业农村现代化发展，多元化、整合型路径越来越显示出发展潜力和实力。

20世纪80年代的农村工业化模式在当前遭遇劳动力成本以及生态环境的制约，在乡村几乎难以广泛推行，但是围绕农产品的深加工制作以及高质量旅游产品的生产，拓展出了新型的农业工业化发展模式，将一二三产业融合在了一起。韩国、日本学术界提出了乡村"第六产业"的发展设想，并付诸实施。所谓第六产业，就是将第一产业与第二产业和第三产业融合在一起的产业（1×2×3），而不是简单地将第一产业、第二产业和第三产业叠加在一块（1+2+3）（酒井富山等，2020）。由此而来的是生产方式和形态出现明显的变化，精致化食品（如点心）以及在地性、独特性乃至唯一性的产品将成为主打商品，由此推动农村小型家庭工艺制作坊的蓬勃兴起，而它们将成为一二三产业融合发展的主导力量。当然，这样的家庭作坊与 20 世纪 80 年代在许多农村工业化过程中出现的处处点火、村村冒烟的家庭作坊不是同一性质的概念，而是科技、工艺、文化艺术与本土材料相结合的一种一二三产业融合生产和发展的模式，与自然生态共存，又能满足人们对美好生活的追求。要构建这样的产业发展形态，对劳动者、生产者以及经营者会有更高的素质、能力和行为方式的要求。只有这样一种融合模式，才能达成农业现代化与农村现代化的同步发展，共同富裕才有可能，乡村振兴才能得以实现。

在过去的四十多年里，农业现代化和农村现代化已经涌现出四种发展路径——工业化路径、城市化路径、旅游路径和网络商贸路径，这些路径开始趋于融合，体现出城乡融合和一二三产业融合态势，为贵州农业农村现代化的实现提供了多元路径。①

（二）贵州农业农村现代化的现实基础与转型可能

农耕文化和社会基础构成了贵州新型城镇化发展的核心基础，以贵州黔东南苗族、侗族传统民族文化为例，均是建立在山地稻作农耕的基础之上的，没有山地农耕，就不会形成独特的黔东南特色少数民族文化和社会。千百年来梯田稻作，对生态环境的保护，就地取材的木结构建筑，以稻米为主要原料的特色食品的生产，以耕种、收获为主题的仪式和传统活动，丰富多样的传统种质资源，以村落集体互动为主要形式的社区间交往等，都是建立在山地农耕生计系统上的重要内容，同样也构成了贵州新型城镇化发展的现实基础。

贵州农村地区的山地农耕系统，具有极高的生态价值和经济价值。尤其是在整个社会食品安全的巨大压力下和食品健康的重大社会需求前提下，传统农耕的保留，既能有效地回应生态需求，也能保护农业景观，支撑乡村旅游的观光需求，亦能为当地村民带来直接的收益增长空间。更为重要的是，山地稻作农耕，既在历史上支持了社区的团结和合作，也是社区传统在未来得以延续的基础，基于稻作农耕的传统食品、节庆、活动、仪式等，也是乡村旅游发展的重要支持

---

① 王春光：《迈向共同富裕：农业农村现代化实践行动和路径的社会学思考》，《社会学研究》2021年第2期。

元素。

稻作农耕转化为生态产业，有自律和互律机制的小农经营，可确保其产品品质，社区内合作与社区间协作可解决规模问题，反过来又可促进村庄传统的延续。现代生态产业发展与村庄传统的结合，同样可以回应现代化进程中贵州乡村必须面对的现代性转换问题。因为生态农产品的开发与生态产业的发展，既可以极大地支持本地劳动力的社区就业，也能够为社区劳动力非农就业提供机会，可以吸纳更多人口就地城镇化；既能对社区文化传承提供支持，亦能支持乡村生活氛围的延续，为生物多样性和种质资源保护创造需求。

因此，将"再小农化"和"三产融合"作为新型城乡格局形塑，为贵州当下思考农业农村产业化与新型城镇化的关系，提供了时空对话的理论和实践背景。

二、乡村振兴与新型城镇化同步

农村城镇化的根本动力在于非农活动的开展和深化，从经济结构转型进而促进生活形态、思想观念和社会意识的转变，为新型的空间和社会变动带来新的机会。[1]

过往的城镇化在发展过程中没有很好地把握城市化的规模、空间布局与乡村的关系问题，同时社会公共服务、经济的活跃度在不同规模的城市之间差异太大。而新型城镇化要构建一个乡村、小镇、小城市、中大型城市连为一体的系统。因此，要在过去意义上的城与乡之间创造出相互联系的空间来，让人力资源、资本等各种要素能够流动。让这样一个中间性的空间能够吸纳过去在乡村完全从事初级农业生产的人口，既不是把这些人口继续留在乡村从事农业，也不是把他们全部吸纳到大城市里去，这应该是一个可持续的城乡融合发展模式，振兴中小城市从而使城市和农村相结合，乡村振兴与新型城镇化是作为整体来理解和规划的。[2]

农村仅仅依靠农业就能生存的时代已经结束，农民要么选择在地兼业，要么外出打工，必须得重新选择出路。仅仅是反城市化、反工业化，只能陷入内卷化

① 严靖华：《农产品市场流通过程中的利益分配研究——基于古田食用菌案例研究》，福建农林大学硕士学位论文，2010 年。
② 李小云：《乡村振兴核心在城乡融合》，《经济观察报》2021 年 3 月 19 日。

的自给自足的空间，将农村的封闭性带回到更朴素的阶段而已。因此，作为生产、生活、休闲空间为一体的农村地域，应该是一个向外开放的具有自律性、独特性的多产业、多业态的复合体。首先，具备由农业与多产业的结合带来的多样且有机的经济形态，由城市和农村的结合带来的种种生活便利，以及由人与自然生态环境的结合带来的自然性的保留。其次，在这样的地域，就业可以得到保证，人们可以享受到各种方便，可以保持与自然环境之间的和谐，可以成就一种健全的人生。①

网络信息技术、人工智能、能源技术等新技术的出现，将为贵州城乡融合的推进提供最为直接的技术支持。与过去的乡村建设活动相比，将焦点从乡村本身转移到村民生活上，以"人"为核心搭建乡村多元生活场景，以新技术实现乡村社区生产、生活系统升级，成为乡村振兴的关键。新技术可以最大限度地提升三产融合增加值，构建城乡均等化的乡村社区公共服务体系，提升乡村社区治理服务水平，从而减缓乡村人口外流态势，形成乡村社区人口的聚集效应。新技术在农业生产领域的广泛应用，还可以推进农业生产劳动实现明显的去体力化，改善乡村生态环境，推动高品质的乡村文化旅游发展，吸引城镇居民到乡村旅游。②

在中国城镇化道路与乡村发展同步性转型中，新型城镇化不是空间单极化发展，更不能以乡村的消失为代价，而是激活、联动、优化城乡关系，并且随着物、人、信息等的双向流动，建立新的城乡关联。乡村振兴与新型城镇化是一个问题的两个方面。城镇化不是时空区隔，而是时空关联，城市繁荣的另一端是美丽乡村，即"看得见山，望得见水，留得住乡愁"，乡愁之所向就是充满活力的乡村生活。由此，把乡村从过去那样一个被动提供劳动力、资本、原材料的状态，转变为主动成为社会经济有机组成部分，变成一个能动的力量，这正是乡村振兴的核心问题。③

在发展中国家走向现代化的进程中，城镇化是至关重要的一个方面。因此，如何加快贵州省新型城镇化进程、促进城乡融合发展，是关涉贵州省全面实施乡村振兴的重大战略问题。贵州省新型城镇化的"新"主要体现在："新"在涵盖乡村，注重乡村与城市的协调发展；"新"在不牺牲农业和环境，依据地方特色

①　祖田修：《农学原论》，张玉林等译，中国人民大学出版社2003年版。
②　田毅鹏：《乡村未来社区：城乡融合发展的新趋向》，《人民论坛·学术前沿》2021年第2期。
③　李小云：《乡村振兴核心在城乡融合》，《经济观察报》，2021年3月19日。

发展生态农业；"新"在一二三产业的协调发展，农民就近转移到二三产业中去；"新"在农民身份的改变，农民和市民享受一样的居住环境和公共服务。①新型城镇化道路的发展，必须根据贵州的特殊省情科学确定城镇发展定位，把民族传统、地方特色和时代特征有机结合起来，探索走有特色、集约型、多样化的贵州山地绿色城镇化道路。由于自然地理条件的复杂性和经济社会文化的多元性，贵州很难借用发达国家或东部沿海地区的同质化的推进模式，贵州新型城镇化需要走出"一省多模"的特色道路，要以建设生态可持续、宜居宜业、文化繁荣、城乡融合的城镇化体系为导向，以加速发展、加快转型、推动跨越为主基调，探索、开创具有贵州特色的新型城镇化道路。

---

① 杨仪青：《新型城镇化发展的国外经验和模式及中国的路径选择》，《农业现代化研究》，2013 年第 4 期。

第三章　农业现代化与新型城镇化

城镇化是以农业为主的传统乡村社会向以工业和服务业为主的现代城镇社会转变的过程。在这一过程中，如何增加农民整体收入，促进农村人口向非农就业领域转移，不仅是新型城镇化的应有之义，也是实现农业农村现代化的可行途径。"理想图景"中，农业现代化与新型城镇化具有明显的正相关关系。农业现代化通过对传统自给自足的农业生产方式的改造，解决其分散、细碎、弱质等问题，使之具有面向外部大市场的可能，从而增加农民收入，进而增加农民对城镇工业品的需求和消费能力。同时，农业现代化通过提高农业生产效率，既能保证土地的有效利用，保障国家粮食安全，又能通过机械化等方式减少农业经营人口，为第二、第三产业发展提供充足的劳动力。新型城镇化则为农业现代化提供重要支撑：一是加速农村劳动力的转移，推动农村土地的相对集中和规模经营，提高农业生产效率；二是推动农业产业化的发展水平，城镇化发展提供了与农业有较高关联度的农产品加工业和第三产业，能为农业产前、产中、产后提供规范化服务；三是促进农业产业结构优化调整，城镇人口的消费需求有利于促进多品种、高质量、高附加值的农产品的发展，促进传统农业向现代农业迈进；四是新型城镇化发展为农业现代化发展提供了技术和资金支撑。[①]

但是，对于贵州这样的西部省份而言，农业现代化与新型城镇化相互促进的效果跟东部地区相比仍然差距较大。一方面，贵州山地立体结构使得土地集中连片非常困难，土地分散、细碎、弱质问题很难通过土地流转解决，当前大部分土地仍以小农户种植为主。另一方面，贵州城镇化速度长期滞后于全国平均水平，

---

① 夏春萍：《工业化、城镇化与农业现代化的互动关系研究》，《统计与决策》2010 年第 10 期。

因此新型城镇化对农业现代化的支撑也较为薄弱。那么，该如何启动两者相互促进的良性循环机制呢？这就要对贵州从扶贫开发到脱贫攻坚长达 30 余年所积累的"新基础"有清醒的认识。在此期间，产业扶贫项目纷纷落地，虽然很多项目并没有发展成为稳定的农业产业，但在探寻契合本地实际的项目，城市、返乡资本如何下乡，如何增强小农户、村落共同体的发展能力等方面进行了诸多实践。这是对小农户如何与规模化农业相嵌构的农业现代化路径的有益探索，也向理论研究提出了现代化的生态农业发展在政治、经济、文化、社会各领域如何整体联动的问题，从而提出了中国西南山地特色农业现代化的实现路径问题。

从以上所提出的视角中可知，贵州的农业现代化既要应对脆弱山地环境导致的地块极度分散、细碎，小农家庭经营为主，农业现代化成本过高的"规模化"难题，又要回应黔西北、黔西南、黔东北、黔东南、黔中等地形、气候、物种、资源具有的"多样性"差异，还要破解农产品加工生产能力较为薄弱、农业产业发展社会化服务体系不够健全的"产业链"困境。因而，如何认识贵州农业现代化的发展基础，如何破解农业现代化的瓶颈问题，如何实现农业产业化与新型城镇化的良性互动，为本章探讨的主要问题。

第一节　贵州农业现代化与新型城镇化的基础条件

从统计数据来看，贵州的农业现代化基础极为薄弱。2019 年，贵州省第一产业增加值仅占全省地区生产总值的 13.60%，但容纳的就业人员占比却高达 52.45%（见表 3-1）。换言之，贵州省有一半以上的劳动人口依然在从事农业生产，农业现代化的道路依然漫长。从农村家庭生计方式来看，贵州省很大一部分家庭因青壮年外出务工、老人妇女儿童留守而形成了以代际分工为基础的"半工半耕"模式[1]，家庭主要收入来源于外出务工收入，农业生产所得主要供家庭消费，仅有少数剩余产品用于销售。

---

① 杨华：《中国农村的"半工半耕"结构》，《农业经济问题》2015 年第 9 期。

表 3-1　2019 年贵州省农业发展情况统计

	就业人员 （万人）	就业人员占比 （％）	地区生产增加值 （亿元）	地区生产增加值占比 （％）
第一产业	1074.91	52.45	2280.56	13.60
第二产业	376.07	18.35	6058.45	36.13
第三产业	598.42	29.20	8430.33	50.27
合计	2049.40	100.00	16769.34	100.00

资料来源：《贵州统计年鉴 2020》。

虽然当前贵州的农业现代化水平很低，很多地方的农业生产仍然停留在自给自足阶段，但是在当下探讨农业现代化与新型城镇化关系时，既要考虑到贵州省近年来在脱贫攻坚期间农业农村的现代化转型对于新型城镇化的促进能力，又要分析贵州的新型城镇化建设如何回应农业现代化需求，实现农业现代化与新型城镇化良性互动。长期以来，贵州的"山地"特点是限制农业现代化与城镇化的瓶颈，但是 2000 年以来，随着国家扶贫开发战略、西部大开发战略的深入推进，特别是脱贫攻坚取得根本性胜利，贵州的贫困农村发生了翻天覆地的变化。在这一过程中，农村基础设施及其他硬件的跃迁式完善，农户劳动技能提升和内生动力培养，"以党建促脱贫"的贫困治理方式与政治制度优势[①]，均为贵州巩固拓展脱贫攻坚成果同乡村振兴有效衔接，以及新型城镇化道路探索奠定了一定的物质基础、人力基础和制度基础。

一、交通、水利等基础设施"硬件"的立体改造

贵州省作为全国唯一没有平原的省份，素有"山国""岩疆"之称，山地、丘陵面积占全省土地总面积高达 92.5%。大山阻隔、交通不便，"黔道更比蜀道难"[②]，一直是限制贵州经济社会发展的最大障碍。此外，虽然贵州水资源丰沛，年平均降雨量达 1179 毫米，水资源总量达 1062 亿立方米，居全国第九位，但贵州岩溶地貌发育非常典型，喀斯特地貌面积 109084 平方公里，占全省国土总面积的 61.9%，山高坡陡、有水难留，工程性缺水问题突出，严重制约着全省的农

---

① 孙兆霞、张建、曹端波等：《政治制度优势与贫困治理》，湖南人民出版社 2018 年版。

② 王琰、丁贝：《黔道更比蜀道难——地图唤起的历史记忆》，转引自钱理群：《贵州读本》，贵州教育出版社 2013 年版，第 11—12 页。

业发展和城市建设。再加上贵州地处西南内陆，工业化起步较晚，城镇发展滞后，"三线建设"后逐渐发展起来的以黔中城市群为核心、沿交通枢纽分布的城镇体系，很难形成像东部地区一样的大中小城市群网络结构，也难以进入"工业反哺农业，城市支持农村"阶段。但是，"十三五"以来，随着国家脱贫攻坚的超常规投入，特别是交通、水利等农业生产基础设施的建设和消费扶贫、电商扶贫等市场拓展，为贵州农业现代化发展和新型城镇化的良性互动奠定了新的基础。

（一）交通条件立体提升，打通农业现代化通道

公路、铁路等交通基础设施的建设，可以打破贵州山区村庄与外界的地理区隔，使农业生产纳入区域市场，加速农村社会走向开放的现代化进程。在此基础上，带动沿线经济布局和城乡结构的调整，加快城镇化进程。2012年，贵州省乡镇通油路率达到100%。2015年，贵州成为西部地区第一个、全国第九个实现县县通高速公路的省份。在"十三五"期间，贵州延续西部大开发对于交通条件的超常规投入，综合交通完成投资8873亿元，是"十二五"期间6195亿元的1.4倍，这是综合交通建设史上投资规模最大、发展最快、成效最显著的时期。同时，贵州省的铁路、空运、水运、公路基础条件均获得立体提升与改善，从"地无三尺平"到县县通高速、通公交、村村通客运、通油路，组组通水泥路，使贵州成为了西南陆路交通枢纽。

"十三五"期间，贵州省铁路营业里程从3037公里增至3867公里；高铁通车里程达1550公里，贵阳成为全国十大高铁枢纽。机场从10个增至11个，民航旅客年吞吐量突破3000万人次。千里乌江全面复航，水运通航里程从3660公里增至3957公里，其中高等级航道突破1000公里，在全国14个非水网省份中位居第一。公路方面，贵州省的交通网络从乡镇延伸至行政村、村民小组（村寨），畅通了农村群众出行的"最后一公里"。公路总里程从18.6万公里增至20.7万公里。其中，改造普通国省道4664公里，通车里程2.63万公里，新改建农村公路6万公里，建成"组组通"硬化路7.87万公里，惠及近4万个村寨1200万农村人口，其中建档立卡贫困人口183万。在2017年率先在西部实现"村村通沥青（水泥）路、村村通客运"；2019年率先在西部实现30户以上自然村寨通硬化路。高速公路方面，贵州省在2015年实现"县县通高速"之后，五年间新增高速公路2486公里，2020年底总里程突破7600公里，全国排名第四。

特别地，66 个贫困县的交通条件的改善更让人感到震撼，"十三五"期间，贫困县高速公路增长 48%，公路里程增长 10%，建成全省 1725 个 500 亩以上坝区产业公路 3.73 万公里，500 亩以上坝区 100% 通油路，7 个 5A 级景区和 123 个 4A 级景区实现 30 分钟进入高速公路。[①]

交通条件的立体提升与改善，彻底改变了贵州农村交通闭塞、难以与市场联通的结构性困境，为特色农产品等地方资源转化为资本、形成区域性产业规模提供了基础条件，打通了农业现代化的通道。原来只能自产自销的生态农产品，可以销售到县城甚至外部市场，在客观上加速了面向市场的农业产业发展。另外，贵州省内部交通网络建设，将原来由于高山阻隔的村与村、镇与镇以及乡村和城镇连为一体，使得原来分散隔绝的区域具有了形成"区域规模化"的基础。此外，交通条件的改善，密切了城乡之间的空间连接，使得贵州省的新型城镇化建设与国家的城镇发展联系得更加紧密，从而为贵州的新型城镇化发展提供了契机。

（二）水利建设改变农业生产工程性缺水困境

为解决"山多地少，石多土少，雨多库少，丰水又缺水"的工程性缺水困境，贵州省全力破解千百年来制约贵州发展的缺水困局，取得了饮水安全大决战、水利建设大会战、水旱灾害防御战、水生态保卫战、疫情防控阻击战和水利改革攻坚战"六场战役"[②] 的阶段性胜利。从 2011 年初到 2020 年上半年，贵州投入水利资金 2600 余亿元，建设大中小型水库 426 座，年供水保障能力达 124.5 亿立方米；治理病险水库 1176 座，治理水土流失面积 2.23 万平方公里。[③] 特别是"十三五"期间，贵州省累计投入水利资金超过 1650 亿元，连续 5 年投入超过 300 亿元，贵州首个大型水利工程——黔中水利枢纽一期工程建成通水，以夹岩、马岭、黄家湾、凤山为代表的 336 座骨干水源工程开工建设，全省骨干水源工程达到 465 座。为解决农村居民的饮水困难，贵州省累计投入资金 69.5 亿元，

① 杨晓敏：《"十三五"期间，贵州交通建设交出新答卷》，贵州网络广播电视台，https://www.gzstv.com/a/ba5cfc43fb3248dc94f5f27856c67cea，2021 年 1 月 5 日。

② 冉阿建：《水利"六大战役"破解水困，为书写贵州减贫奇迹立功》，《贵州日报》2020 年 12 月 29 日。

③ 苏滨：《贵州破解工程性缺水难题》，《人民日报》2020 年 9 月 7 日。

巩固和解决了740.9万人饮水安全问题，惠及贫困人口252.3万人[①]，农村集中供水率提高至96.32%，自来水普及率提高至90.2%，现行国家标准下农村饮水安全问题全部解决。可以说，"十三五"时期的水利建设，为实现"市州有大型水库、县县有中型水库、乡乡有稳定水源"的目标打下了坚实基础。[②]

其中，黔中水利枢纽工程，一期工程概算投资73.04亿元，既是贵州省第一座跨地区、跨流域、长距离调水的大型水利枢纽工程，也是国家西部大开发的标志性工程，有着巨大的综合效益：一是农业灌溉，可解决7个县42个乡镇51.17万亩农灌用水；二是城乡供水，可解决沿线5个县城、28个乡镇供水，可解决35万人、31.5万头大牲畜的安全饮水，每年可向贵阳市、贵安新区等中心城区供水2.84亿立方米；三是发电，水库总库容10.89亿立方米，设平寨水库坝后、引水渠首2座电站，坝后电站首末台机组装机容量136兆瓦，多年平均年发电量为3.174亿千万时。新增生态机组6.4兆瓦，多年平均年发电量为0.2279亿千瓦时。[③]

此外，贵州省在"十三五"期间还大力实施大生态战略行动，实施退耕还林还草、石漠化和水土流失综合治理，5年间治理石漠化面积5082平方公里，治理水土流失面积1.33万平方公里，完成退耕还林1015万亩，退耕还林和治理石漠化面积均居全国第一。截至2020年，贵州森林覆盖率达60%，世界自然遗产总数居全国第一。[④]

水利基础设施的高强度投入与生态战略的实施，在很大程度上改善了贵州省农业生产的基础条件，为中低产田改造、高标准基本农田建设、粮食安全保障、产业结构优化、特色农业产业发展等提供了新的发展机会。正是交通和水利条件的改善，才为贵州省十二个农业特色优势产业的发展奠定了基础。此外，水利建设，特别是城乡供水能力的提升，增强了城镇的人口承载能力、改善了城镇生态

---

① 宋子月：《"十三五"期间，贵州巩固解决740.9万人饮水安全问题》，黔讯网，https：//m.sohu.com/a/441219219_610793/，2020年12月29日。

② 《扛起治水兴黔的时代担当》，《贵州日报》2020年12月29日。

③ 《长江水利委员会同贵州省水利厅主持通过贵州省黔中水利枢纽一期工程平寨水库坝后电站首末台机组启动阶段验收》，中华人民共和国水利部网站，http://www.mwr.gov.cn/xw/sjzs/201912/t20191231_1384643.html，2019年12月31日。

④ 王远柏：《发展新能源产业、加大植树造林、开启低碳生活——贵州积极推进碳达峰碳中和》，《贵州日报》2021年3月30日。

环境，使得城镇地域扩大和新城镇的兴起成为可能。

二、人的素质及生产组织等"软件"的系统提升

20 世纪 80 年代，有学者通过对落后地区的经济考察，发现了贫困恶性循环的机理：落后的社会基础结构，延缓了社会经济结构和人的现代化进程，导致资源开发和利用的低效；而资源开发和利用的低效又反过来牢牢拖住了社会基础变革的进程。[①] 新时期，在探讨农业现代化与新型城镇化关系时，除了交通、水利等基础设施等"硬件"外，还需关注人的素质及生产组织等农业生产"软件"的系统提升。"十三五"期间，贵州省在脱贫攻坚期间对农村教育的倾斜性政策和技能培训，农业产业扶贫项目的落地实施与初步发展，以及农民工在外出务工期间积累的经济资本和市场经营能力，使农村的社会基础结构较 20 世纪 80 年代发生了根本变革，进而成为了下一阶段乡村振兴和农业现代化的基础条件。

（一）农村劳动力整体教育水平提升，提高了劳动者素质

"十三五"期间，贵州省成为在西部地区率先实现县域内义务教育基本均衡发展的省份之一，学前教育普及率超过全国平均水平，全面免除中职学生学费，本科院校、高职（专科）学校分别达到 29 所和 46 所，贵州大学实现部省合建。[②] 脱贫攻坚期间基础教育的投入和对贫困家庭学生的资助政策，减少了因贫辍学情况的发生，提高了农村劳动力的受教育程度。2015—2019 年，贵州省 6 岁及以上人口平均受教育年限从 7.85 年提高到 8.64 年，15 岁及以上人口平均受教育年限从 7.97 年提高到 8.86 年（见表 3-2）。

表 3-2　2015—2019 年贵州省 6 岁、15 岁及以上人口平均受教育年限

年份	2015	2016	2017	2018	2019
6 岁及以上人口平均受教育年限（年）	7.85	8.03	8.23	8.46	8.64
15 岁及以上人口平均受教育年限（年）	7.97	8.11	8.28	8.58	8.86

资料来源：历年《贵州统计年鉴》。

---

① 王小强、白南风：《富饶的贫困：中国落后地区的经济考察》，四川人民出版社 1986 年版，第 92 页。

② 贵州省人民政府：《政府工作报告：2020 年和"十三五"工作回顾》，贵州省人民政府官网，http：//www.guizhou.gov.cn/xwdt/gzyw/202101/t20210126_66465413.html，2021 年 1 月 26 日。

受教育程度是影响劳动力素质的基础因素，提高农村劳动力的受教育程度对于提升劳动技能、市场意识和市场竞争能力具有重要作用。但是，由于经济发展与城镇建设水平的限制，贵州省农村劳动力的受教育程度仍然低于全国平均水平。2018 年全省 6 岁及以上人口平均受教育年限为 8.46 年（见表 3-2），比全国平均水平 9.26 年少 0.8 年；2019 年，贵州省 6 岁及以上人口本科及以上受教育程度人口占比 3.85%，比全国平均水平 6.91% 低 3.06%，而未上过学的人口比例 10.22% 却为全国平均水平 5.11% 的两倍（见表 3-3）。中国社会科学院发布的《人口与劳动绿皮书：中国人口与劳动问题报告》预测，2025 年我国 6 岁以上人口平均受教育年限将达到 10.62 年。[1] 以此来看，贵州省的农村劳动力受教育水平与全国的差距仍然十分明显，仍需久久为功。

表 3-3　2019 年全国及贵州 6 岁及以上人口受教育程度统计

	6 岁及以上人口	未上过学	小学	初中	普通高中	中职	大学专科	大学本科	研究生
全国	1016417	5.11	25.29	37.29	13.01	4.73	7.67	6.27	0.64
贵州	25671	10.22	35.22	34.93	8.24	3.07	4.47	3.76	0.09

资料来源：《中国统计年鉴 2020》。

（二）产业扶贫与技能培训，提高劳动力专业技能

　　无论是扶贫开发还是脱贫攻坚时期，贵州省均将产业扶贫作为贫困地区脱贫的根本出路进行推进。2016—2020 年，中央和贵州省不断加大投入力度，累计投入财政专项扶贫资金 788.39 亿元，其中中央 451.9 亿元、省级 336.49 亿元，年均增长 21.59%。其中，产业扶贫作为"四场硬仗"[2] 之首获得了巨大投入：全省农担体系累计担保额达到 147 亿元，累计担保项目 69830 个；仅 2019 年至 2020 年，省级财政就安排农村产业革命专项资金 26 亿元，支持茶叶、牛羊等 12 个特色产业发展。[3] 按照"一县一业、一乡一特、一村一品"的要求，贵州省的

---

　　① 张车伟：《人口与劳动绿皮书：中国人口与劳动问题报告》，社会科学文献出版社 2020 年版。

　　② "四场硬仗"是指产业扶贫、以农村公路"组组通"为重点的基础设施建设、易地扶贫搬迁、教育医疗住房"三保障"四项扶贫任务。

　　③ 伍华、杜娟：《中央和省级财政不断加大力度支持贵州脱贫攻坚 5 年间投入专项扶贫资金 788.39 亿元》，《贵阳晚报》2020 年 12 月 16 日。

产业扶贫项目不断落地实施，并加强对农村劳动力的专业技能培训，这些措施均有效提高了农村劳动力的专业技能。

2018 年，贵州省出台《贵州省农业产业脱贫攻坚三年行动方案（2018—2020 年）》，明确贵州省将深入实施贫困地区特色产业提升工程，到 2020 年，实现特色主导产业覆盖所有贫困村，通过产业扶贫实现 147 万贫困群众脱贫。2019 年明确提出以茶、食用菌、蔬菜、生态畜牧、石斛、水果、竹、中药材、刺梨等 12 个特色优势产业为主导产业，12 位省领导领衔推进特色产业发展。与农业产业扶贫项目相配套的资金、技术、产销、金融支持体系，为探索贫困农户与现代市场对接提供制度支持。贫困农户在产业扶贫项目的支持下，要么自我发展种植、养殖项目，要么跟合作社、企业等结成利益联合体，共同应对市场风险。无论以哪种方式，贫困农户均参与到面向市场的农业产业项目中。农村第一书记与扶贫工作队员、乡村两级干部与农户家庭一起，在农业产业项目的实施中积累经验、总结教训，探索适合本地特色的农业产业。虽然部分农业产业项目因为种种原因而难以形成规模效益，但是这些产业探索带来的农业干部和群众劳动技能的提升，却沉淀为下一步贵州农业产业发展的人力资本，为下一阶段的乡村振兴和新型城镇化发展提供能力支撑。

此外，贵州省在产业发展中将农业产业技能培训作为产业扶贫的重要内容配套推进。农户在调整种植结构或发展农业产业中，在农业农村部门、人社部门提供的培训中，在发展农业产业的实践中，在合作社、农业公司等市场经营主体的组织中，不断更新种植养殖技术，不断积累产业发展的专业技能和市场经验，逐渐从自给自足的传统农民向现代农业经营主体转变。

（三）农民工外出务工与返乡创业，积累人力资本

贵州省作为西部地区人口大省，因为交通不便、城镇经济不发达，大量农村年轻人选择外出务工，且以跨省长期务工为主。2018 年，贵州省农村劳动力期末在外就业人数达到 890.65 万人，其中在省外就业的人数达 614.51 万人。[1] 截至 2020 年 11 月，贵州省贫困劳动力跨省务工人数达 160 万人，大批建档立卡贫困家庭、易地扶贫搬迁家庭通过跨省务工实现脱贫。农民工大量外出务工，虽然

---

① 贵州省人力资源和社会保障厅：《贵州省 2018 年人力资源和社会保障事业统计公报》，贵州省人力资源和社会保障厅官网，http://rst.guizhou.gov.cn/zwgk/zfxxgk/fdzdgknr/tjxx/tjgb/201906/t20190619_63493793.html，2019 年 6 月 19 日。

在一定程度上造成了家庭"三留守"和村庄社会结构衰弱等社会问题，但是从客观结果来看，不但能够增加家庭收入、提高农村生活质量，而且能够在适应现代化工作和生活中提高人力资本，加速生活方式的现代化转型。

随着乡村振兴战略的全面实施和贵州省内城镇的快速发展，越来越多的农民工选择返乡创业，他们所积累的专业技能、信息和市场的嗅觉、多年打工的积蓄等，提高了他们返乡撬动农业产业发展的人力资本、经济资本，为乡村农业产业振兴提供了契机。例如，"贵州省第四届返乡农民工创业之星"王怀梅，因为家庭贫穷，18岁便进入广州一家皮鞋厂打工，凭着心灵手巧和吃苦耐劳的精神，短短两年便从裁剪工升职到车间主任。十年下来，她省吃俭用，拼命干活，积攒了十多万元。2007年，她毅然放弃了高薪的鞋厂管理职务，决定回乡创业。回乡之后，她跑过运输、开过缝纫店和品牌服装店，但这些小生意都很难有大发展。2012年，她在某农场看到猕猴桃挂果诱人，品尝后口感特别好，于是在息烽县找到没有特色产业支撑、经济落后的温泉镇兴隆村，开始种植猕猴桃。她首先将猕猴桃种植专家请到兴隆村，然后把当地的泥土带到了省农业科学院检测机构，还去多个地方考察学习，2014年拿出所有积蓄与家里五姊妹合资200万元，注册成立了息烽兴源永富猕猴桃专业合作社，在息烽县温泉镇兴隆村流转500余亩土地，开始种植猕猴桃。[①]

像王怀梅这样的外出务工者，在多年的闯荡、打拼中，积累了丰富的市场经验。因此她回乡创业后，会先请专家进行种植适宜性评估和土壤检测，然后才开始种植。乡村振兴阶段，贵州省900多万外出务工人员，均有可能成为返乡创业的致富带头人，是农业现代化的重要人力资源。

第二节 "现代农业型"城镇的典型案例及其特征

交通和水利条件的改善，破除了贵州山地农业现代化发展的瓶颈，提高了贵州省农业综合生产能力和市场化程度，促进了农业现代化发展。2018年以来贵

---

① 李星：《猕猴桃托起创业梦——记息烽县温泉镇兴隆村致富领路人王怀梅》，当代先锋网，http://www.ddcpc.cn/szx/201806/t201 80629_ 143020. shtml，2018年6月29日。

州省进行的农业产业结构调整，即为推动粮食种植向面向市场、城镇的经济作物、蔬菜种植转变。2018 年以后，贵州确定了茶叶、食用菌、蔬菜等十二大农业特色优势产业，均是从粗放量小向集约规模转变、从"提篮小卖"向现代商贸物流转变的现代化产业。在这一过程中，由于现代信息技术的应用、农产品深加工技术的改进，贵州省的农业产业逐渐突破第一产业的业态，主动向第二、第三产业拓展，从而形成一二三产业融合发展的"第六产业"，即"1+2+3＝6"或"1×2×3＝6"。农业产业的融合发展，既打通了农产品种植、加工、销售的完整产业链条，具备了很强的劳动力吸纳能力，又提高了农产品的附加值，为地方经济贡献了稳定的税收，从而催生出了一批极具活力和发展前景的"现代农业型"城镇。

一、农业特色优势产业发展与城镇化的关系

2018 年，贵州省确定 12 个农业特色优势产业。2020 年，贵州省茶叶、辣椒、火龙果、刺梨、薏仁等种植规模居全国第一，马铃薯种植规模居全国第二，中药材、荞麦种植规模居全国第三，蓝莓和蔬菜种植规模居全国第四，农业现代化初具规模。如果仅从现代农业发展的角度来看，农业产业发展的"八要素"与"五步工作法"即为在政府的强力干预下推进农业现代化发展的关键举措。"八要素"指产业选择、培训农民、技术服务、资金筹措、组织方式、产销对接、利益联结、基层党建这八个农业产业发展的要素，而"五步工作法"指政策设计、工作部署、干部培训、监督检查、追责问责五个方面的政府责任。为了更快地推进农业产业发展，贵州省还实行 12 位省领导领衔推进 12 个农业特色优势产业发展的方式，以坝区农业结构调整为重点进行。但是，如果将贵州的农业特色优势产业放到更长远的农产品种植历史和区域城镇发展中来看，贵州进行的农业供给侧结构性改革，正是对农业现代化与新型城镇化良性互动历史机遇的适时回应。换言之，正是贵州乃至全国城镇化进程的加深，才使得贵州的农业特色优势产业发展成为可能。

贵州发展农业产业的优势，已经在第二章有所交代，根据地形地貌与民族分布，可以将贵州划分为黔西北、黔西南、黔中、黔东南、黔东北五个板块，不同板块在历史演进中形成了具有优势的农产品。贵州省的农业特色优势产业区域分布既与各板块的优势农产品一脉相承，又呈现出了当前阶段现代农业发展的特征。例如，黔西北的牛、羊、黑毛猪使得毕节成为肉牛、生猪产业的主要发展区域，黔西南的经济林、林下菌菇优势使得黔西南州成为园林水果的主要发展区域，黔东北的经济林木、水系资源使得铜仁成为茶叶、中药材、生态渔业和生态家禽的主要发展区域等（见表3-4）。

表3-4　贵州十二个农业特色优势产业的发展情况统计

产业类型	累计种植、养殖	产量	主要发展区域
茶叶	投产茶园615万亩	茶叶24.5万吨，产值380.4亿元	遵义、铜仁、黔南州、黔西南州
食用菌	22.4亿棒	59.7万吨	毕节、黔东南州、黔西南州
蔬菜	1101.7万亩	蔬菜1418.1万吨	贵阳、安顺、毕节、黔南州
肉牛	肉牛出栏73.83万头；羊出栏125.03万只	牛肉产量9.65万吨；羊肉产量2.11万吨	贵阳、遵义、安顺、毕节
特色林业	以竹、油茶、花椒、皂角为代表的特色林业已完成138.62万亩新造和改培		遵义、黔东南州
园林水果	果园面积达861.9万亩	水果126.9万吨	六盘水、毕节、黔东南州、黔南州、黔西南州
生猪	存栏1188.29万头；累计出栏898.05万头	猪肉产量78.91万吨	贵阳、遵义、毕节、六盘水、黔南州
中药材	637.5万亩	中药材20.8万吨	加工在贵阳、铜仁、黔东南州
刺梨	200万亩		六盘水、安顺、毕节、黔南州
生态渔业		水产品产量12.1万吨	铜仁、黔西南州
辣椒	累计种植面积644.7万亩	辣椒产量66.2万吨	遵义、安顺、铜仁
生态家禽	累计出栏0.7亿只	禽肉产量11.87万吨；禽蛋产量12.19万吨	毕节、铜仁、黔东南州

资料来源：贵州广播电视台推出的专题片：《唤醒千年沉寂的土地——2020年贵州农村产业革命纪实》，2020年7月20日。

贵州十二个农业特色优势产业的发展定位，在一定程度上突破了原有的地域限制，其产业发展面向的潜在市场，甚至已经越出贵州省域而延伸至全国乃至全球市场。其中，蔬菜、肉牛、生猪等大宗农产品生产，往往以本地县城、地级市或省会贵阳等城镇为主要市场。但是蔬菜产业也是发现了长三角、珠三角夏秋季节普遍高温且易受暴雨和台风影响的机遇，以填补长三角、珠三角城市群的市场缺口而进行统筹布局的。而水果产业则是充分利用贵州亚热带气候和高山气候的优势和一年四季出产水果的特点，如三月樱桃、五月蓝莓、六月李子、八月火龙果、九月猕猴桃、十一月百香果等，致力于打造我国南方重要的精品水果产区。而辣椒产业更是充分利用贵州辣椒香味不可复制的特点，出口到全球 30 多个国家和地区。

通过对十二个特色优势产业地域分布的初步分析可以发现，贵州特色优势产业的发展，既延续了历史长时期形成的优势产品，又以省内的县城或全国乃至全球的市场为目标市场组织生产销售。"坝区种蔬菜、辣椒、食用菌，坡地种茶叶、果树、中药材、刺梨，山上养牛羊，林下发展生态种植养殖"的农业产业发展方式，既充分尊重了贵州农业产业发展的区域差异，又充分利用山地地形进行立体种植，提高了土地利用的总体效益，创新出了山地农业产业发展的新模式。

二、农业现代化促进新型城镇化的县域案例

贵州十二个农业特色优势产业的发展，一方面得益于交通水利等基础"硬件"的改善和生产组织等"软件"的系统提升，另一方面得益于贵州被纳入全国的市场供求体系而凸显出的现代山地特色农业优势。在前工业化时代，贵州的农业以农民自给自足为主，山地地形限制了规模农业的发展；但在工业化后期，良好的生态环境条件和污染程度较低甚至未被污染的水土，却成为贵州生态农产品生产的理想之地。施坚雅对中国基层市场结构呈现"六边形"特点[①]的论断，建立在农民在村庄附近的集市进行交易的前提下，但是当前中国的农村大部分都像很多贵州农村一样，被整合成为一个远超村庄区域的国际、国内大市场，这样小农产品就有了做成大产业的可能。

其实，贵州省的茶叶、辣椒、薏仁米等农产品，已经做成国内甚至国际的"大产业"，其市场竞争力之强、农业现代化水平之高，已经具有支撑区域性乡镇甚至县城发展的潜力。本部分通过贵州省湄潭县（茶产业）、兴仁县（薏仁米产业）和虾子镇（辣椒产业）以小农户与村庄共同体为社会基础的农业现代化与新型城镇化的互动关系，显示出了这种"农业现代型城镇"发展的内在逻辑与潜能和空间。

---

① 施坚雅：《中国农村的市场和社会结构》，史建云、徐秀丽译，中国社会科学出版社 1998 年版。

案例一：湄潭县的茶产业发展与城镇发展

湄潭县位于贵州北部，距遵义市区 58 公里，总面积 1865.54 平方公里。全县矿产资源贫乏，工业基础薄弱，是典型的内陆山区农业县，无大城市作依托，系武陵山片区区域发展重点县。但是湄潭县土地肥沃，山川秀丽，气候适宜，生态环境优良，为茶树生长提供了较好的自然条件，被誉为"贵州茶业第一县"和"云贵小江南"。20 世纪 80 年代开始，湄潭县始终坚持"五在茶"（优势在茶、特色在茶、出路在茶、希望在茶、成败在茶）理念，不断推进茶产业发展。目前，湄潭县不但成为全国茶园面积第一大县，还借力"互联网+"，与电子商务、创意产业、文化旅游等相融合，形成一二三产业融合发展的良性趋势。当地流传的口号从"走，到湄潭当农民去！"改为"做一个幸福的农民！"，均是湄潭县"因茶而兴，因茶而富"的生动表征。

2000—2019 年，全县茶园面积从不足 3 万亩扩展到 60 万亩，覆盖全县 15 个镇（街道）、120 个村（居），涉茶农户 8.8 万户、人口 35.1 万人。2019 年茶叶产量 7.25 万吨，综合产值 139.45 亿元，全县农村居民人均可支配收入达 14726 元，其中 50% 以上来自茶产业。① 湄潭县利用业已建立的茶园基础，积极开发茶具、食品、饮料、医疗、保健、化妆品，先后研发了茶多酚茶叶籽油、茶香酒、茶树花、茶足爽、茶面膜等 13 类茶深加工产品，延伸了茶产业加工链，提高了茶叶深加工附加值。2018 年全县茶叶生产、加工、营销企业及加工大户 538 家，其中年产值 500 万元以上的企业 350 家，国家级龙头企业 4 家，省级龙头企业 22 家，市级龙头企业 25 家。作为"中国驰名商标"和国家农产品地理标志保护品牌，"湄潭翠芽"的品牌价值达 102.17 亿元。② 2019 年以茶叶加工为主的湄潭经济开发区，工业总产值达 28 亿元，实现 6300 余人就业，茶叶加工企业达 566 家。此外，湄潭县利用本地优越的自然条件，积极探索乡村旅游，实现了"茶旅一体化"发展。湄潭县现已建成"中国茶海"、"象山茶植物博览园"、"贵州茶文化生态博物馆"、"中国现代茶工业遗迹博物馆"、天下第一壶茶文化公园国家

---

① 黄娴：《贵州省湄潭县：做强茶产业　蹚出致富路》，《人民日报》2020 年 10 月 26 日。

② 湄潭县政府办公室：《湄潭县：茶产业撬动一二三产融合发展》，贵州省人民政府网，http：// www.guizhou.gov.cn/xwdt/dt_ 22/df/zy/201811/t20181113_ 1898996.html，2018 年 11 月 13 日。

AAAA 级景区、中国茶海、300 里茶桂风情带等景区景点，成为湄潭县标志性风景名胜区。例如，兰馨茶庄园位于湄潭县兴隆镇 AAAA 级景区——翠芽 27°景区核心之翠芽一路环线，是兰馨茶业有限公司打造的茶旅文化主题庄园。庄园自 2015 年起开始提供"认购"服务，消费者可以认购一定面积的茶园，并可以来庄园劳动、休闲，体验茶园生活，同时可以在体验馆购买茶香型白酒、腐乳、腊肉等特色农产品。如今种茶的地方正在实现"新三变"——"茶区变景区、茶园变公园、茶山变金山银山"。"客来敬茶"已普遍成为茶乡人民待客礼仪，以观茶、采茶、制茶、品茶和茶艺表演为主的茶旅一体化发展模式逐步形成，以旅游业为龙头的第三产业迅猛发展。2019 年，全县接待游客 625.84 万人次，实现旅游收入 53.61 亿元。云贵山茶庄、天下第一壶茶文化主题公园等成为热门景点，一个完整的茶产业布局正在形成。

案例二：兴仁市——薏仁米产业

兴仁市地处贵州省西南部，黔西南州中部，是滇、桂、黔三省接合部的中心市。全市总面积 1785 平方公里，辖 11 个镇、1 个民族乡、4 个街道，总人口 57.8 万，有汉族、布依族、苗族、彝族、回族、仡佬族、瑶族等 16 个民族，占全市总人口的 23.3%。从清朝起，黔西南州百姓便栽培兴仁薏仁米，作为食用、药用和交易换取生活用品的主要来源。现在，兴仁已成为全国最大的薏仁米种植基地、加工中心，被誉为"中国薏仁米之乡"。

兴仁市的薏仁米产业，同样是通过生产、加工、销售于一体的产业化推进将农业"小产业"做成"大文章"的。生产环节，收集薏仁种质资源 500 多份，2020 年全市种植面积达 35 万亩，实现了乡镇（街道）全覆盖，种植面积占全国种植面积的 30% 以上。全市薏仁米种植群众达 50274 户 198612 人，带动建档立卡贫困户 1 万余户 4.6 万余人。2019 年，薏仁米价格上涨幅度大，农户收益平均每亩增加 800 元左右，薏仁米收入占贫困户年收入的 27.7% 以上，户均年收入 5000 元以上。[1] 加工环节，兴仁市共有大薏仁米企业 560 余家，其中泛亚实业、聚丰薏苡、华丰薏苡等行业领头企业 10 余家，加工贸易企业 400 余家，从事加

---

① 江兴勇：《一颗颗薏仁米垒成的农业产业支柱——兴仁市"靠米吃米"大力发展薏仁米产业》，《黔西南日报》2020 年 10 月 4 日。

工、销售的人数近2万人，年加工能力35万吨，综合年产值近50亿元，成为了全国最大的薏仁米加工中心。销售环节，兴仁市已建成薏仁米工业园区，汇聚周边县（市），吸收云南、广西等省（区）以及越南、老挝、缅甸、柬埔寨等东南亚国家和地区的薏仁米，成为全国最大的薏仁米销售集散市场。年销售白米40余万吨，系列产品主要销往国内各大、中城市，出口到韩国、日本、英国、美国、澳大利亚等国家和地区。[①] 为进一步开发薏仁米衍生产品，延长产业价值链，提升产业价值，兴仁市加强与中国科学院、中国农科院、中国农业大学、贵州大学、贵州食品工程职业学院等科研院所的合作，组建"兴仁薏仁米"专家委员会和研发中心，已研发出薏仁食品、薏仁药品、薏仁保健品、薏仁化妆品等产品49种。获产品发明专利35项、外观设计专利16项、实用新型专利53项，正在受理审核的发明专利7项、实用新型专利12项。

三、"现代农业型"城镇发展的特征

湄潭县、新蒲新区与兴仁市的现代农业发展与新型城镇化均呈现出相互促进的理想状态。在三个县（市、区）的核心区域，甚至有以现代农业为主要产业和收入来源的乡镇。如果仔细分析这些"现代农业型"乡镇的特征，就会发现有诸多相似之处。

第一，充分发挥"山地特色"传统农业资源。茶叶、辣椒、薏仁米等，均是种植历史悠久的山地特色品种，这是现代农业能够具备国内乃至国际市场竞争力的前提条件。蓝绍敏同志在"贵州生态美食品·吃出健康好味道"农产品（食品）深加工高成长企业产品推荐会上，指出了贵州优越的农业生产条件：贵州是我国唯一一个兼具低纬度、高海拔、多云雾、无污染的省份；雨热光同季，光热水配合好，作物生长季长，病虫害少；贵州少数民族众多，在历史长河中形成了大量民族特色食品制作工艺，具有浓郁的特色风味和民族风情。贵州的农业现代化，需立足于贵州农业资源优势。

第二，坚持小农户与现代农业有机衔接，注重农户内生力培养。农户家庭承包是中国农业生产经营的基础性制度安排，农地承包及与此相关的小规模经营具

---

① 兴仁市人民政府：《"兴仁薏仁米"产业发展情况简介》，兴仁市人民政府网，http：//www.gzxr. gov. cn/wsfw/ggfw/zsyz_ 45090/tzhj_ 45091/202012/t20201207_ 65512413. html，2020 年 2 月 7 日。

有中国特色。① 有研究表明，在工业化、城镇化浪潮下，中国农民普遍采用"以代际分工为基础的半工半耕"生计模式②，进而构成了农民积极参与城镇化建设的经济社会基础。务工收入可以增加家庭收入，解决致富问题；在村务农则满足了农民家庭生计稳定和避险的需求。③ 贵州省的农民在外出务工时也普遍采用了这种"半工半耕"模式，青壮年劳动力外出务工，老人、妇女则留守在家照顾孩子。虽然这是农民在适应城镇化进程中的不得已选择，但是在新型城镇化视域下，这种农户家庭生计模式反而具有现代农业发展的特殊优势和潜力。"留守"与"离土"，构成了"农业"与"产业"衔接的基础。留守在家的老人、妇女并没有放弃土地种植，他们的农耕实践，延续了老辈人的农耕智慧，保留了传统农作物品种、农耕技术和农事生活，从而保存了农耕时代较为完整的社会文化体系，而不同民族的文化体系都蕴含着人与自然和谐共处的生态观，因此对民族传统文化和乡土知识的开掘与应用，是实现农业可持续发展的有效路径。④ 而外出务工的经历所带来的信息识别、市场拓展和风险承担能力，则是农业产业从小农家庭经营、内部消费向专业经营、以市场为导向的现代农业发展的要件。如果现代农业发展能够为返乡创业人员提供必要的支持，原来的工农分离、城乡割裂的家庭生计模式就具有了重新整合的条件，进而能够为一二三产业相衔接提供坚实的社会基础。

农户正是深谙品种种植经验的经营者，他们以家庭种植为基础，逐步向种植大户、农业合作社、农业公司等多种经营主体身份转变，从而增加了农产品附加值，增加了地方经济活力。家庭经营能力较弱的农户可以重点从事农产品种植，或通过为其他农户"打工"的方式获得劳动报酬；而经营能力较强的农户，则可以在政府和其他市场主体的支持下，向农业产业链高附加值的方向拓展，如通过开办茶叶加工厂、成为辣椒经纪人等方式增加收入。这样，小农户既能保留农产品种植的地方智慧，在具备一定的经营能力后又可以越出种植而获得产业链高端的利益，从而使得农户与现代农业发展相衔接。农户的多样化经营，避免了单

① 张红宇、张海阳、李伟毅、李冠佑：《中国特色农业现代化：目标定位与改革创新》，《中国农村经济》2015 年第 1 期，第 5 页。

② 贺雪峰：《小农立场》，中国政法大学出版社 2013 年版。

③ 夏柱智、贺雪峰：《半工半耕与中国渐进城镇化模式》，《中国社会科学》2017 年第 12 期，第 120 页。

④ 孙庆忠：《乡土社会转型与农业文化遗产保护》，《中州学刊》2009 年第 6 期，第 111 页。

纯地引进大型企业造成的产业发展风险较高、农户利益受损等问题。因农业现代化增收的农户在城镇居住条件、公共服务的吸引下，根据家庭的产业经营状况和自身能力选择乡镇或城市居住，但始终未切断与乡土社会的联系，这为城乡良性互动的新型城镇化提供了可能。

第三，现代农业逐步由第一产业向"第六产业"转型升级，从劳动密集型产业向知识密集型产业转型，为新型城镇化提供产业支撑。湄潭的茶、新蒲新区的辣椒、兴仁市的薏仁米产业，均在形成一定的种植规模，并将产业向第二、第三产业延伸，以提高现代农业附加值、增加农户收入。这样，种植规模小、经济效益低的种植业获得了新的发展机会，"第六产业"特征凸显，农村种植、城镇加工交易，城乡旅游协同发展，密切了乡村跟城市的关系，使得城乡在融合发展中共同受益。为了使现代农业向高附加值领域拓展，三县市无一例外地都在加强跟国内外高端科研院所的合作，一方面保留本地传统品种资源、改良产品品质，另一方面加强农产品的深加工和新型产品研发。例如，湄潭在 2018 年开始实施"欧标茶园"建设，到 2020 年已建设"欧标茶园"8 万余亩，通过"公司+合作社+基地+农户"模式，推广绿色防控 10 余万亩，开展有机肥（茶叶专用肥）替代化肥行动覆盖茶园 20 万亩。对产品质量的追求推动了生产组织方式的变革，农户分散种植经营向村集体组织转变，农户单一管理向村集体、公司、专家共同参与管理转变。现代农业向第六产业转变的过程中，乡村、城镇被有机结合起来，城乡相互支撑、融合发展的趋势更为明显。

第四，在新技术的支撑下，现代农业的市场范围向全国乃至全球拓展，因此农业现代化与新型城镇化的互动也融入了更大的区域。传统家庭式种植农作物，往往主要用于家庭消费，用于市场交换的比例较低。但是农业现代化的发展，使得农业生产的市场导向加强，城乡"生产—消费"互动的范围在"互联网+"等现代信息技术的支持下，拓展到了更广阔的范围。例如，湄潭的茶已经逐步从国内向国际市场拓展；新蒲新区的辣椒城已经发展成为中国最大的辣椒集散交易中心，我国首个干辣椒批发价格指数——中国遵义朝天椒（干椒）批发价格指数也于 2018 年正式上线运行，极大地提升了贵州及遵义辣椒的定价权和话语权；兴仁市已成为全国最大的薏仁米销售集散市场。因此，农业现代化的发展绝不是指"种植产业化"。2020 年 8 月，习近平总书记在经济社会领域专家座谈会上发表了重要讲话，指出要推动形成以国内大循环为主体、国内国际双循环相互促进的新发展格局。贵州省的现代农业发展，要考虑能够为"内循环""双循环"贡献什么，"山地"特色带来的绿色生态农产品，无疑是贵州现代农业的最大"比较优势"。具体来说，贵州现代农业发展的优势主要体现在三个方面：①工业化、城镇化发展缓慢，因此水源、土壤、空气污染较小，形成了绿色生态产业发展的"后发优势"；②独特的山地立体种植，为多样化经营提供了可能，降低了绿色产业发展的风险；③"互联网+"等现代信息技术的应用，改变了传统农产品市场依赖"批发—零售体系"的销售方式，为绿色生态农产品整个产业链条的品质管理提供了可能。在这样的市场结构中，特色农产品的销售往往会打破传统"层级市场"的限制，原来立体结构的市场呈现扁平化特征，因此为城镇化的发展带来了新的机遇。

第三节　农业现代化与新型城镇化发展的挑战、机遇与政策建议

虽然贵州省的农业现代化已经聚焦十二个农业特色优势产业并取得初步发展，也有一些农业现代化促进新型城镇化的典型案例，但客观地分析贵州的农业现代化与新型城镇化的关系，可以发现贵州的农业现代化只是在有限的区域、有限的产品上取得了突破，农业现代化尚未形成绝对的市场竞争优势和稳定地位，也不具备支撑农村经济可持续发展、农民不断增收的强大能力，仍然需要加大扶持力度、久久为功。此外，农业现代化对新型城镇化具有促进作用，在乡镇、村寨一级可以促进区域性农产品种植基地、加工中心或交易市场的形成，从而促进新型城镇化的发展，但县级、市级的新型城镇化绝不能仅靠单一的农业现代化来推动，而需探索"抓一接二连三"的一二三产业融合发展之路。贵州的农业现代化与新型城镇化面临哪些挑战、机遇，如何充分发挥两者相互促进的作用，是本章研究的核心问题。

一、农业现代化与新型城镇化发展的挑战

虽然贵州省的农业现代化与新型城镇化良性互动发展的硬件、软件与制度条

件已经初步建立，各地也总结出了一些成功的经验，但是绿色生态农业现代化如何发展，山地特色新型城镇化如何发展，两者又如何实现良性互动，却仍然处于初步探索阶段，无论在学理上还是实践中均未形成成熟的经验。中共十九届五中全会确定了"十四五"时期的主要目标及实现奋斗目标的 12 方面具体举措，其中"优先发展农业农村，全面推进乡村振兴"以及"优化国土空间布局，推进区域协调发展和新型城镇化"是对于农业现代化与新型城镇化关系的直接相关的表述。贵州省的新型城镇化建设，应在坚持"以人为核心的城镇化"的基础上，将农业现代化放在乡村振兴的指向中进行统筹考虑，特别是应在巩固拓展脱贫攻坚已有成果的基础上，推进农业农村现代化。然而，当前贵州省的农业现代化与新型城镇化的良性互动仍然面临诸多挑战。

（一）农业具有弱质性，难以形成城镇化的产业支撑

从经济学的角度来看，农业是弱质产业，农业生产不仅面临着自然风险，也面临着市场风险。[1] 对于贵州省这样的山地区域而言，农业的弱质性问题更为突出。山地地形限制了农业产业规模，贵州省着力推进的产业结构调整、农业园区建设也仅仅是在 500 亩以上坝区才能实行，绝大多数的农村依然是农民家庭经营，这决定了贵州省的农业现代化发展，只能走"小而精"的道路，而无法复制东部地区的农业产业化经验。

在自然风险方面，贵州省是全国自然灾害最严重的省份之一，"十三五"期间贵州自然灾害多发频发，自然灾害事故占全省总事故的 70%左右，而且汛期持续时间长，加之山区河流坡陡流急，又多强暴雨，洪水破坏性较大。同时，由于贵州省森林覆盖率高，森林防火任务也很繁重。"十三五"期间，全省各类自然灾害累计受灾人口 2541.95 万人次，紧急转移安置 90.58 万人次，因灾死亡、失踪 324 人，因灾直接经济损失 90.51 亿元。[2] 经济风险方面，贵州省山地特色现代农业发展较慢，十二大农业特色优势产业市场竞争力仍然较弱，农业产业规模小、规模化经营程度不高，大中型龙头企业不多，农产品加工带动能力不强，品牌农业和效益农业发展较慢。山地多样化的种植难以在种植养殖、田间管理、病虫害预防等方面采取统一的经营管理措施，因而会增加农业现代化服务的成本。

---

① 朱启臻、韩芳、张晖：《工业反哺农业的经济社会分析》，《林业经济》2008 年第 11 期，第 44-48 页。

② 黄军：《全力保障人民群众生命财产安全——"十三五"时期贵州安全生产防灾减灾救灾成效显著》，《贵州日报》2020 年 12 月 17 日。

总体来说，农户、企业甚至农业园区抗自然风险和市场风险的能力均较弱，农业生产的弱质性问题依然会长期存在。

此外，虽然农业现代化具备打通第一产业到第三产业完整产业链条的潜力，但是与工业生产和服务业相比，农业产业在生产总值、税收贡献、劳动力吸纳等方面的弱质性依然明显，对新型城镇化的支撑能力相对较弱。2019 年，湄潭县发展生态茶园 60 万亩，茶叶产量 7.25 万吨，综合产值 139.45 亿元；以茶叶加工为主的贵州湄潭经济开发区，工业总产值达 28 亿元。但是，茶叶加工工业仅占整个经开区工业总产值的 40% 左右，仅能容纳 6300 余人就业。再加上湄潭长期坚持"藏富于民"的战略，对茶叶种植、加工、销售企业等实行多种税收优惠政策和扶持政策，因此茶叶产业贡献的地方税收就更为有限了。仅仅依靠农业产业发展，难以像工业和服务业发展一样为城镇建设提供充足的税收与财政。

（二）组织碎片化，可能导致产业收益分配不公

农业产业的碎片化问题，指农业经营主体以分散的小农户为主，难以形成规模，也难以贯通种植养殖、加工、销售的诸多环节。在我国实行家庭联产承保责任制的基本国策下，小农户如何与大市场对接的问题，一直是我国农业产业面临的挑战。在回答如何解决这一问题时，当前主要有三种观点：一是"外部视角"，通过外部经营主体，如龙头企业等，将分散经营的农民组织起来，企业为农户提供必要的生产服务和销售订单，实现规模生产；二是"内生视角"，通过农民内部合作，如成立专业合作社，为农户提供从种植到销售的生产服务；三是"衔接视角"，最典型的方式为"龙头企业+合作社+农户"，这也是贵州当前十二个农业特色优势产业所采取的主要方式。但是，对于贵州这样的山地农业区域而言，三种方式均容易导致城乡利益分配不公的问题。"外部视角"会通过引入国有资本或社会资本，通过流转农民土地实行规模化经营，农民则获得土地流转收入、务工收入和销售收入。但是，这种合作方式的前提是产业能够在短期内获得较好的经济效益，否则硬性的土地流转收入和较高的雇工成本可能会拖垮企业的资金链。但农业产业本身就是收益时间较长、自然与经济风险较高的产业类型，很多理想化的农业产业项目均以失败告终。"内生视角"，虽然强调了小农户的主体性，但是却忽视了贵州省的社会基础结构，大量青年人外出务工或从事服务业工作，导致农村劳动力流失严重，在家务农的很多都是因疾病、残疾或照顾家庭而滞留下来的人员。依托这些农村劳动力发展现代农业，本身就带有很强的

"扶贫"性质，希望农民在村集体或合作社的组织下主动适应市场竞争，其难度可想而知。"衔接视角"虽然在一定程度上规避了前面两种视角的问题，但是产业经营的最大利润往往被外部资本获得，留给农民的收益极为有限。

因此，贵州省的农业现代化，必须要解决两个问题：一是"能够发展成为产业"，这需要政府和市场主体具有更高的前期投入、更大的发展耐心和更完善的服务体系来支撑；二是产业发展能够促进城乡融合，农业现代化不是在简单地流转农民的土地的基础上进行"规模种植"，而是在种植养殖、生产加工、销售等环节均形成具有一定市场规模的完整产业链，既让留守在家的农民获得不低于外出务工的收入，又让在城镇居住，从事第二、第三产业的农民在获得体面生活的同时享受完善的农业生产经营服务。目前，贵州省的农业发展很多都还处于"发展成为产业"的阶段，市场规模、市场竞争力都不强，现代农业碎片化的问题将长期存在。而贵州省的新型城镇化建设仍然处于基础设施建设时期，大规模的资本投入到房地产市场，导致地方债务居高不下，而城镇化建设的诸多方面均需要财政投入，最终使得很多县市难以获得足够的资金投入到农业产业发展中。

（三）产业链条长，内生城镇的载体功能不强

现代农业链条较长，既是产业发展的优势，又对城镇的"三大载体"功能提出了更高的要求，但是贵州省的城镇发展当前却难以有效回应这些要求。流通载体方面，贵州省的城市规模较小，城乡人均收入水平低于全国平均水平，因此对农产品的需求和消费能力也较弱。2019年，贵州省城镇居民人均可支配收入34404元，仅为全国（42359元）的81.22%，因此对于本地农产品的需求也滞后于全国平均水平，贵州省的农业产业势必要融入全国更广阔的循环体系中。

加工载体方面，贵州省的农产品加工企业小、散、弱状况突出，很多企业均是家庭作坊或小微企业，抗市场风险能力较弱。2019年，《农民日报》发布了"2019农业产业化龙头企业500强"榜单，贵州省仅有6家企业上榜，其中有4家是医药企业。在农业产业发展较好的安顺市，总体来看也普遍存在小、散、弱问题，全市省级以上龙头企业74家，占全省（574家）的12.89%，农产品展品多、商品少，粗加工多、精加工少，加工转化率48%、商品率65%，农业整体质量效益较低。

服务载体方面，贵州省新型城镇化建设需要大量的政府投入，因此能够用于农产品研发、产业科技推广、现代农业技术人才培养的投入就极为有限，现代农

业人才不足的问题突出。住黔全国政协委员、贵州省农科院副院长黄宗洪在2020年有三个提案，其中关注的一点是农村科技人才队伍的问题，他通过调研指出，"前一段时间提的十二大产业，一县一业，一乡一品，但是我们到平塘、镇宁、黄平等县、乡镇调研时，就发现没有这方面的专业技术人才来支撑这个产业"。目前，基层农业科技人才队伍存在的问题主要有四个方面：一是基层农技人员数量不足、结构性矛盾突出；二是人才储备与培养跟不上，基层既吸引不来也留不住高层次农技人才；三是农技人员工作繁杂，极少参与专业培训、继续教育的机会；四是工资待遇低、职称晋升慢成为突出问题。[①] 除了农业科技人才，现代农业发展需要的经营管理、市场营销等方面的专业人才也严重不足。

二、贵州农业现代化与新型城镇化同步推进的战略机遇

农业现代化虽然具有向"第六产业"转变、向一二三产业融合发展的可能，但是同样对产业发展的制度、资金、人力、市场等提出了更高的要求。从贵州省农业产业的发展历程来看，省内城镇化难以为农业产业化提供流通载体、加工载体、服务载体"三大载体"功能，贵州省的现代农业发展需纳入全国城镇发展中考量，全省现代农业的发展也始终与国家以及对口帮扶省市地区和社会力量的支持密不可分。

2000年，国家提出西部大开发战略，当时贵州农业产业发展的关键是加强农村基础设施建设，增加农民收入。以道路、水利为主的基础设施建设，彻底打破了山地农业产业发展的瓶颈，使贵州的农业产业具有了突破地域限制而与全国市场对接的基础。2004年，贵州省发布了《关于加大力度实施西部大开发战略的若干意见》，提出加快推进新型工业化、农业产业化和城镇化的步伐，将"农业产业化"提高到与工业化、城镇化同步发展的重要地位。同时，该意见提出"把保持良好的生态环境作为立省之本，更加注重农业与农村经济发展，注重社会事业发展，注重节约资源和保护环境，努力实现加快发展和全面发展、协调发展、可持续发展的有机统一"。这指明了贵州省"生态立省"的发展方向。2012年，"国发2号文件"明确提出"发展现代农业"，并提出了四个方面的发展意见：一是调整农业种植结构，使贵州的农业产业越出自给自足的状态；二是提高

---

① 倪淑琴、陈鹏：《黄宗洪：关注农村科技人才队伍问题》，多彩贵州网，http://www.gog.cn/zonghe/system/2020/05/17/017613065.shtml，2020年5月17日。

农业产业化水平，以龙头企业带动农业产业的市场拓展能力；三是健全农业服务体系，为农业产业化的发展提供技术支撑；四是向农业的深度和广度进军，提高农业产业的综合附加值。2020年以后，贵州的农业现代化与新型城镇化发展再次迎来了新的发展机遇。

（一）新西部大开发战略与"高质量发展"

新西部大开发战略使现代农业获得了"高质量发展"的契机。2020年，新西部大开发战略提出"高质量发展"的理念，表现在农业现代化方面有三方面特征：一是现代化的产业体系；二是支撑现代化产业体系的人才资源"新型农民"；三是加强农业开放合作。这一战略虽然尚以"指导意见"的方式提出，但是对于贵州省下一阶段的发展已经提出较为明确的定位：发展市场导向、一二三产业深度融合的第六产业。

贵州省的农业现代化发展方向，必须与国家的区域大战略保持一致，立足山地实际，实现绿色发展。以"第六产业"形态发展的农业现代化，不但能够打破传统小农经济难以与现代市场对接的难题，而且可以避免盲目照搬西方农业发展模式，促进农村农产品生产加工、商贸物流等小城镇的崛起，同时能够为周边县市及其他地区的城市提供高品质特色农产品，形成城乡互动的新模式。

（二）对口帮扶与东西部协作制度

上海、江苏等对贵州省的持续稳定的对口帮扶，以及"黔货出山"方面的政策支持，使得贵州省能够借助东部地区的"互联网+"技术、现代物流与商贸、大数据系统等市场资源，形成东西部互助协作的"内循环"雏形。2016年，习近平同志在银川主持召开东西部扶贫协作座谈会时强调，东西部扶贫协作和对口支援，是推动区域协调发展、协同发展、共同发展的大战略，是加强区域合作、优化产业布局、拓展对内对外开放新空间的大布局，是实现先富帮后富、最终实现共同富裕目标的大举措。脱贫攻坚期间，上海、江苏等东部地区省份对于贵州省农业现代化的帮扶，不但在"黔货出山"过程中起到重要的支撑作用，而且其催生出的大数据、传媒、现代物流和文创体系新业态等城市要素，已经成为贵州农业现代化的加速器，也是农业现代化的有机组成要素之一。

在东西部扶贫协作的发展过程中，东部地区不只是提供农业产业项目资金、产业技术，而且通过消费扶贫、电商扶贫等方式，为农产品销售构建了完整的物流链条，拓展了农产品消费市场，使农业产业真正从"帮扶"向"协作"转变。

（三）国内国际"双循环"战略与新发展格局

宏观方面，我国提出的新西部大开发战略、"双循环"格局等国家战略部署，为贵州省的农业现代化与新型城镇化良性互动提供了契机。2020年中共中央、国务院印发的《关于新时代推进西部大开发形成新格局的指导意见》中提出"推动农村一二三产业深度融合，促进农牧业全产业链、价值链转型升级"。同年5月，中共中央政治局常委会会议首次提出"深化供给侧结构性改革，充分发挥我国超大规模市场优势和内需潜力，构建国内国际双循环相互促进的新发展格局"。从"循环"的视角来看，贵州的农业现代化能够为全国的新发展格局做出的贡献主要包括三个方面：一是青山绿水的自然生态环境；二是健康营养的农产品；三是与旅游、康养等新业态相结合的农业文化体验基地。

微观方面，贵州省在农业现代化发展的硬件、软件方面获得较大发展，脱贫攻坚取得决定性胜利，如何巩固并拓展脱贫攻坚成果，需要新的发展思路。贵州农业现代化的发展，既不能照搬东部地区经验，采用大规模土地流转、大农业发展的方式，也不能固守小农家庭经营、自给自足的状态。如何通过对"山地"资源的综合利用保证农户获得必需的粮食、蔬菜等农产品，并在适宜发展农业产业的地区推进农业现代化经营，继续将扶贫产业做大做强，巩固十二大特色优势农业产业，走出一条不同于东部的新型城镇化道路，是贵州实现经济转型的重要契机。

三、农业现代化与新型城镇化协同发展的政策建议

为了更好地发挥地域生态农业产业优势，充分利用国家西部大开发、东西部对口帮扶、国内国际"双循环"等战略机遇，建议贵州省在以下三个方面着力推进。

（一）确立将农业现代化与"四化同步"提升作为全省发展战略突破口的共识

贵州省在"十四五"规划中确定了高质量发展的"四个轮子"：新型工业化、新型城镇化、农业现代化、旅游产业化。但是，对于这"四个轮子"的发力重点、内在关联，尤其是在巩固拓展脱贫攻坚成果与乡村振兴有效衔接时期，如何平衡城镇与乡村发展的关系，如何形成城乡融合的高质量发展路径，仍未达成高度共识。生态农业现代化发展，农产品延伸到二三产业，是新型工业化的重要组成部分；生态农业现代化发展，不但能够为城市居民提供健康、安全的生态农产品，满足本地居民的生活需求，而且能够有机融入全国市场，特别是成为珠三角、长三角、成渝双城经济圈的农产品保障基地；农业现代化能够真正发展山地特色高效农业、提高农业质量效益和竞争力、推动农村一二三产业融合；农业现代化能够为旅游产业提供美食、旅游产品，现代农业本身也可以作为旅游景观而助推农旅一体化。因此，确立农业现代化与新型城镇化同步提升的共识，特别是强调城镇对于农业现代化的服务功能，能够促进贵州特色优势农业产业的巩固提升，形成区域发展的新增长极。

（二）制定基于"大国小农"的农业现代化发展规划并进行持续政策倾斜

陈锡文指出，"大国小农"是中国悠久历史传统留给我们的独特遗产，更是相当长时期内难以根本改变的基本国情。因此，在相当长时期内，除了流转、集中承保土地的经营权以发展耕地的规模经营外，还要以发挥生产性社会化服务的方式，为一家一户的小农户提供先进农业技术装备服务，以实现现代农业技术装备的服务规模，使小农户与现代农业有机衔接。[①] 贵州省农业现代化的基础更是"大国小农"，2019 年仍有 1074.91 万人从事农业生产，短期内仍以家庭经营为主，新型农业经营主体数量有限。因此，贵州的新型城镇化建设，应更加强调对于农业生产的社会化服务功能，特别是农产品市场拓展和农业生产科技服务两个方面。在全国性农产品供过于求的市场环境下，如果只注重调整农业产业结构而忽视了生态农产品市场拓展，农业现代化将面临挤占农民自给自足空间、不可持续等重大风险。因此，建议以东西部对口帮扶、"互联网+"线上线下销售结合为主要方式，拓展贵州农产品销售渠道，建立"以需定供"的现代农业发展模式，降低农业现代化转型的风险。同时，建议加强城镇科研机构、农业农村部门对农业现代化的技术支持，探索完善院士工作站、科技特派员等科技服务制度，对小农户生产经营提供必要的农业生产科技服务，引导农户按照现代生态农业的标准、要求进行生产。建议针对现代农业发展需要，汇聚全国的农业研发、推广人才，聚力突破，提高农业品质。

（三）建立以"人的现代化"为核心的新型城镇化指标体系，保障农民的发展主体性，促进城乡融合发展

当前的城镇化指标体系，仍然以"常住人口城镇化率"作为核心指标，这

---

① 陈锡文：《准确把握现实国情 走中国特色社会主义乡村振兴道路》，转引自陈锡文、韩俊：《农村全面小康与实施乡村振兴战略研究》，中国发展出版社 2020 年版，第 3 页。

一指标体系仍然将进城视为农民的必然选择而忽略了很多农村流动人口在外出务工一段时间后会回到家乡附近的城镇定居，或者回到村里，就业和生活处于"城乡两栖"状态的"第三条城镇化之路"①。新型城镇化应用"人的现代化"矫正"人口的城镇化"指标体系，从人口素质、生产经营、生活方式和观念等维度重新界定"新型城镇化"内涵，充分尊重农民的自主选择权和经济、社会、文化主体性，让他们自由选择生产生活方式。日本首先提出的"第六产业"带来了生产方式的明显变化，主要表现为农村小型家庭工艺制作坊蓬勃兴起，这是科技、工艺、文化艺术与本土材料相结合的一种一二三产业融合生产和发展的模式，与自然生态共存，又能满足人们对美好生活的追求。② 这样的农业，对劳动者、生产者以及经营者的素质、能力和行为方式提出了更高的要求。农业新业态的从事者，不仅必须具有较高的文化素质、较强的经营能力，还必须有很强的创新意识和较宽的眼界视野。从事农业新业态的人，既可能是乡村传统的农业从业人员，也可能是外出务工返乡创业人员，还可能是有志于这一行业的城镇人员。③ 因此，建议贵州在三个方面着力：首先，建议以清镇职教城为人才培养基地，为农业现代化培养更多农村科技人才；其次，继续加强对农村劳动人口的农业生产技能培训，提高劳动力的生产技能；最后，通过深化农村制度改革，吸引外出务工人员、省内外专业技术人才、经营管理人才等入黔创业，提高农业现代化、专业化水平。

---

① 王春光：《第三条城镇化之路："城乡两栖"》，《四川大学学报（哲学社会科学版）》2019 年第 6 期。

② 王春光：《迈向共同富裕——农业农村现代化实践行动和路径的社会学思考》，《社会学研究》2021 年第 1 期。

③ 林万龙：《加快农业新业态发展需要跳出三大传统思维》，《经济日报》2021 年 4 月 22 日。

第四章　新型工业化与新型城镇化

　　虽然贵州新型城镇化的发展应该放在城乡融合的发展框架之中来统筹考虑，但这并不意味着贵州的发展要完全脱离西方国家和东部沿海地区的城镇化路径，更不意味着贵州就要完全放弃工业化。无论是西方国家还是我国东部沿海地区，工业化均是城市化的根本动力。以工业经济为主体的资源配置机制与过程，将必然使走上现代化之路的国家和地区发生根本的变化。① 2000 年前后，理论界对"城镇化滞后于工业化"② 的问题大体上形成共识③，因此加快城镇化成为社会经济发展的战略选择。与此同时，党的十六大报告中提出"走新型工业化道路，大力实施科教兴国战略和可持续发展战略"，具体内涵为"坚持以信息化带动工业化，以工业化促进信息化，走出一条科技含量高、经济效益好、资源消耗低、环境污染少、人力资源优势得到充分发挥的新型工业化路子"。新型工业化战略的提出，不但是经济增长方式的调整，更为贵州新型城镇化的转型奠定了基础。

　　贵州省作为典型的西部地区内陆省份，无论是工业发展还是城镇建设都有其特殊性。从工业发展特征来看，贵州省工业发展起步很晚且深受国家"三线建设"的影响，工业化水平相对于东部地区较低，因此对城镇化的支撑作用较弱。2019 年，贵州省地区生产总值中工业部分为 4546 亿元，但其中工业总产值占比仅为 75%，还有 25% 为农业产值；第二产业就业人员 376 万，仅占全社会就业人员的 18%。④ 从城镇化特征来看，贵州省"工业基础弱、外出打工经济"的特

---

　　① 赵新平、周一星：《改革以来中国城市化道路及城市化理论研究述评》，《中国社会科学》2002 年第 2 期，第 138 页。

　　② 胡鞍钢：《人口与发展：中国人口经济问题的系统研究》，浙江人民出版社 1989 年版。

　　③ 温铁军：《中国城市化道路与相关制度问题》，《开放导报》2000 年第 5 期。

　　④ 资料来源：《贵州统计年鉴 2020》。

点，使得其工业化进程滞后于城镇化进程。脱贫攻坚以来贵州省城镇化率迅速提高，2013—2017 年连续 5 年增速在全国保持前三；但是常住人口城镇化率仍低于全国平均水平，2019 年在全国排名第 28 位。[1] 换言之，贵州省工业化与城镇化的关系与东部沿海地区有显著不同，工业化与城镇化"后发性"特征以及工业化滞后于城镇化、新型工业化与新型城镇化"同步化"特征明显。因此，如何跨越"先污染，后治理"的发展路径依赖，充分发挥"后发优势"；如何解决工业化滞后于城镇化的问题，促进两者协调发展；如何探索出一条新型工业化与新型城镇化相互促进的新路，为本章的核心问题。

第一节　贵州省的工业类型与新型城镇化

一、新型工业化与新型城镇化的分析框架

传统的城镇化理论，往往认为城镇建设与工业发展具有"双向互动"的关系，如刘易斯的二元经济理论[2]指出，经济发展的本质在于维持生计的部门（农村）劳动力不断向城市资本主义（工业）部门迁移，最终实现城市经济的快速发展和农业劳动力地域范围上的转移。后来兴起的人口流动理论，如刘易斯—拉尼斯—费模式等，均延续了二元经济理论的基本判断。但是在传统城镇化理论中，"人"要么作为工业发展的劳动力，要么作为城市需求的消费者而存在，对人的需求、人的发展的关注不足。党的十八大以来，新型城镇化"新"在以人为核心，"新"在人的城镇化。在此视域下，城镇建设与工业发展的关系，就必须要加入"人"的元素，形成"城镇—工业—从业者"三元分析框架（见图 4-1）。

---

① 林韬、陈彩媛：《西南地区城镇化与工业化发展关系特征及其政策启示》，《现代城市研究》2020年第 2 期，第 117-124 页。

② 刘易斯：《二元经济论》，施炜等译，北京经济学院出版社 1989 年版。

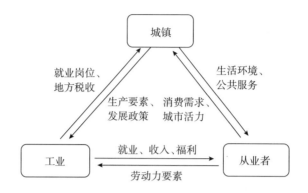

图 4-1　"城镇—工业—从业者"三元分析框架示意图

资料来源：笔者整理。

由此框架可知，工业相关从业者不仅是工业发展的人才支撑，工人的有效消费需求还是保证城市活力和城市吸引力的关键。不断满足从业者对美好生活的需求，是新型工业化和新型城镇化的根本出发点和落脚点。工业发展在吸纳当地劳动力的基础上，需要为工人提供稳定的就业、收入和福利；而城镇应该为工业相关的从业者提供宜居的生活环境、完善的公共服务和社会保障。这里的工业相关从业者不仅包括在当地居住的市民，还包括在本地就业的外来务工者，以及企业发展不可或缺的外部高技术人才和管理人才。从业者、城镇与工业之间形成一种三元良性互动的关系。

工业化与城镇化的"双向互动"关系，建立在"工业化能够有效吸纳劳动力"这一假设的基础上。但是中国学者却发现中国的城镇化长期滞后于工业化[1]，其中的重要原因之一即为中国资本密集型的产业结构导致非农产业的就业比重上升较慢，对城市化的带动作用较弱。要研究新时期贵州新型工业化与新型城镇化的关系，不得不考虑贵州特殊的工业发展历史所形成的特定结构。

贵州省在中华人民共和国成立前几乎没有现代工业，虽然抗战时期广西、重庆的企业后撤，贵州成为陪都重庆的屏障和国际援助战略物资的重要中转点，大批量的机关、学校、企业迁到贵阳，电力、机械、化工、水泥、玻璃、烟草、火柴、造纸、印刷、皮革等工业蓬勃发展，促使贵阳在 1941 年设市[2]，但这仅是县

---

① 王小鲁、樊纲：《中国经济增长的可持续性：跨世纪的回顾与展望》，经济科学出版社 2000 年版。
② 史继忠：《抗战时期贵阳商业的繁荣》，《贵阳文史》2020 年第 1 期。

花一现，抗战结束后大部分企业又搬回原地。直到中华人民共和国成立后，特别是"三线建设"实施以来，贵州的工业体系才逐步建立。以"城镇—工业—从业者"的框架来看，贵州依靠工业支撑的城镇主要有三种类型：原"三线建设"型工业城镇、矿产资源型工业城镇和绿色产业型工业城镇。

二、原"三线建设"型工业城镇

20 世纪 60 年代"三线建设"时期，全国将近 20 个省市的一百多个工厂搬迁到贵州，大批干部、技术人员和生产人员进入贵州，代表当时三大尖端技术的喷气动力、电子及遥控系统都建在贵州，为长期处于经济边缘地带的贵州带来了一次特殊的发展机遇。贵州三大军工基地 061（航天基地）、011（航空基地）、083（电子工业基地）分别建在遵义、安顺和都匀。全省的工业分布大体构成了以贵阳市为中心，向四方呈辐射状的基本格局，形成了六盘水市[①]、遵义市、安顺市、都匀市、凯里市等一批工业基地。[②] 1964—1978 年的"三线建设"，不仅为贵州城镇发展提供了经济动力，而且改善了贵州城镇发展的交通、电力等基础设施，提高了贵州城镇公共服务水平，推动了中心城市贵阳的发展，使遵义、安顺等古老城镇焕发了新的活力，促进了新兴工业城市六盘水的崛起。[③]

这些工业企业从地域分布上虽然集中在几个市域，但各自隶属于不同的管理部门，而且相对独立、封闭，并未在原料、市场、物流等方面形成区域性的城市增长极。如果用"城镇—工人—从业者"框架进行分析，原"三线建设"型工业城镇存在诸多不协调之处。

首先，贵州"三线建设"遵从"靠山、分散、隐蔽、进洞"的方针，所建立的大多数企业都被设在远离城镇、远离城市的小山沟里，从而使得贵州工业经济在发展过程中无法发挥工业化吸纳农村剩余劳动力和带动城市基础设施建设发展的作用。[④]

其次，由于"三线建设"时期的工业布局主要是为了满足国家的战略需求，

① 虽然六盘水市也是在"三线建设"中崛起的城市，但是其发展的前提是其丰富的煤炭资源，其城市发展与转型路径也与贵阳、遵义、安顺、都匀等城市不同，因此将其与铜仁均划归"矿产资源型工业城镇"一类。

② 《贵州工业》编辑委员会：《贵州工业 1949—1989》，贵州人民出版社 1989 年版，第 8—9 页。

③ 王佳翠：《三线建设与贵州城镇发展（1964—1978）》，《凯里学院学报》2015 年第 4 期。

④ 霍博翔：《三线建设时期贵州工业化研究》，贵州财经大学硕士学位论文，2016 年。

航空、航天、电子等工业发展均通过铁路、公路被纳入全国的工业体系，很多三线企业长期以"单位制"形式运转，不但有职工食堂、宿舍，而且建有企业小学、医院、技工学校等公共服务设施，处于独立封闭状态，与市场、城市脱节，省内各种工业体系的集群、协同程度不高，没有形成从原材料到商品的完整产业链条，因此难以形成对周边地区的有效辐射。

最后，原"三线建设"型工业城镇因为国家的支持而迅速发展，在加速贵阳、遵义、安顺发展的同时，也拉大了与其他地区的工业发展差距。如表 4-1 所示，2019 年贵阳市、遵义市各项经济指标均领跑全省，特别是贵阳市的企业所得税高达 46.43 亿元，是铜仁市的 12.51 倍，一个作为"三线建设"的核心城市，一个作为艰难转型的矿产资源型工业城镇代表，反映出贵州工业发展不均衡的现实。在《2020 中国城市综合经济竞争力报告》中，贵阳、遵义、六盘水、安顺分别排名第 54 位、第 153 位、第 168 位、第 231 位，其他地级市排名均在300 位以后。

表 4-1　2019 年贵州省各市（州）主要经济指标统计

单位：亿元

地区	地区生产总值	工业增加值	一般公共预算收入	企业所得税
贵阳市	4039.60	869.00	417.26	46.43
六盘水市	1265.97	512.24	106.81	4.19
遵义市	3483.32	1417.48	254.45	20.79
安顺市	923.94	232.12	64.65	4.58
毕节市	1901.36	403.55	130.25	7.74
铜仁市	1249.16	216.23	63.55	3.71
黔西南州	1272.80	330.12	109.69	5.71
黔东南州	1123.04	139.69	60.76	4.46
黔南州	1518.04	429.08	110.65	6.78

资料来源：《贵州统计年鉴 2020》。

尽管由于特定的历史背景，"三线建设"遵循"靠山、分散、隐蔽"的原则，加之"先生产，后生活""低标准"等政策的影响，对贵州城镇发展的增益有限，但"三线建设"推动了贵州类型不同、功能互补、规模不等的城镇的发展。具体表现在三个方面：第一，"三线建设"打破了贵州城镇交通闭塞、经济落后的状态。以铁路建设为先导的贵州"三线建设"，以贵阳为中心，以六盘水、遵义、安顺、都匀、凯里为重点，沿铁路干线向四方呈辐射状态展开的发展格局，拓展了贵州城镇空间。第二，改变了贵州城镇的产业结构，增强了城镇的科技支撑。随着交通、电力与能源工业的发展，航天、航空、电子工业带动了贵州运输业、建材工业、冶金工业、机械设备等行业的发展，这些行业的发展为贵州城镇的拓展和兴起提供了强有力的支撑。第三，提高了贵州城镇公共服务水平，植入了现代城镇文明。"三线建设"前贵州城镇的基础设施、公共服务水平落后，导致经济社会等综合承载能力非常脆弱，难以支撑城镇化。"三线建设"推动了贵州工业同城镇基础设施的协调发展以及公共服务和经济社会等的协同发展，利用航空、航天、电子工业的科技和人才等优势推进了城镇基础设施建设，增加了城镇基本公共服务供给。比如电力配套设施的建设，医院、医务室或诊疗门诊部等的建设，企业子弟中小学和基地技工学校的建设，有效增强了城镇综合承载能力。[①]

改革开放以后，随着原"三线建设"企业改革创新，民营经济在装备制造业、医药业、特色食品业等重点产业中的份额不断扩大，促进了相关产业的蓬勃发展，增强了全省工业经济活力。尤其是西部大开发开始之后，贵州更注重于轻工业的发展，电力、煤炭、饮料、烟草、医药等主要行业对贵州工业增长有着较大的拉动。

三、矿产资源型工业城镇

贵州省矿产资源极为丰富，重晶石、锰矿、磷矿、铝土矿、煤炭保有资源储量分别居全国第一位至第五位，金矿保有资源储量居全国第十三位。[②] 依托于矿业发展而形成的煤电、煤化工、磷化工、微粉加工产业、锰系合金业等优势产业，推动了六盘水、遵义、毕节等城市的发展。即使到 2019 年，贵州省规模以上工业总产值在 500 亿元以上的产业中电力、煤炭、化学、有色金属等传统产业仍然位居前列（见表4-2）。

---

① 王佳翠：《三线建设与贵州城镇发展（1964—1978）》，《凯里学院学报》2015 年第 4 期。

② 贵州省国土资源厅、贵州省发展和改革委员会：《贵州省矿产资源总体规划（2016—2020 年）》，2017 年 11 月。

表4-2 2019年贵州省规模以上工业总产值统计

工业类别	电力、热力生产和供应业	酒、饮料和精制茶制造业	非金属矿物制品业	煤炭开采和洗选业	计算机、通信和其他电子设备制造业	化学原料和化学制品制造业	有色金属冶炼和压延加工业
规模以上工业总产值（亿元）	1413.40	1284.73	1140.84	983.21	632.76	608.51	528.35

资料来源：《贵州统计年鉴2020》。

依托于矿产资源而形成工业城镇的发展逻辑大致是：交通条件改善—大型国有公司进入—民营企业发展—城镇集聚。虽然贵州省的矿产资源是其显著优势，但是这种矿产资源型工业城镇也面临很多问题。第一，以重工业为主的经济结构吸纳就业人数较为有限。贵州矿产资源开发企业多为国有企业，员工来自全国各地，对地方税收与劳动力吸纳的贡献均较为有限；为国有企业做配套或由之带动的地方小型工业企业、运输企业等，虽然可以促进地方就业，但是部分企业仍存在拖欠工人工资、不缴纳养老保险等问题，对于城镇化的推动作用也不够强劲。再加上近几年严打私挖滥采、关停地方小煤矿、不断深化兼并重组等政策的深入实施，资源型企业能够容纳的就业人数就更有限了。第二，矿产资源型工业城镇环境污染风险较高，城镇生活环境需要持续改善。矿产资源型工业城镇，往往会因重工业发展而产生"三废"问题，降低城镇生活质量。比如六盘水市，该市是典型的能源原材料工业城市，21世纪初随着资源开发的全面起步和经济发展的不断提速，矿产资源浪费严重、水质持续下降、污染物排放总量居高不下等严重的生态环境问题随之而来，2007年甚至登上国家环保总局"区域限批"名单。虽然六盘水市按照国家建设生态文明战略的部署不断偿还生态环境方面的欠账，探索绿色能源原材料城市发展之路，但是环境污染的风险始终存在。第三，矿产资源枯竭，可能导致整个城镇经济支柱垮塌，使城镇发展陷入停滞。最典型的即为地处武陵山深处的铜仁市万山特区。在"中国汞都"铜仁，从明朝时期万山汞矿就已建成，中华人民共和国成立后现代化的汞工业企业——贵州汞矿建立，随后万山成为我国第一个行政特区。2000年以后汞矿政策性关闭，导致铜仁市的城市发展重心不得不从老城区转移到谢桥新区，经历城镇发展的阵痛。笔者对盘州市红果街道调研的成果，也体现出了矿产资源型工业城镇的特点。

案例：盘州市红果街道

红果街道辖7个居委会（2个在主城区，5个在郊区），常住人口超过4万人，户籍人口2.48万人。其中，农业人口1.68万人，占户籍人口总数的67.7%。街道共有7个煤矿、7个洗煤厂，吸纳的就业岗位约1.1万人，其中一半以上来自云南、湖北、四川、重庆等省市，县域范围内就业的只有2700多人。本地居民，男人一般到煤矿上班，工资在6000~20000元不等；妇女到洗煤厂工作，每个月工资3000元左右。一个4口之家，如果男人在煤矿工作，妇女就在家带小孩。此外，当地有2000多人为煤矿跑运输，几乎均是本地人。

红果街道的煤炭产量占贵州省的1/20、盘州市的1/5，但依托地方煤矿吸纳的劳动力也仅有1.1万人，再减去云南、湖北等其他地区的劳动力，能够吸纳的本地劳动力就更少了。目前，盘州市正在落实"立足煤、依托煤、跳出煤、超越煤"的发展思路，构建新型产业体系，加快构建"煤电+"现代工业集群，积极引进和培育大健康、山地旅游等现代服务业，推动三次产业融合发展。这正是矿产资源型工业城镇寻求新发展路径的尝试。

四、绿色产业型工业城镇

贵州的新型城镇化被冠以"山地特色"，充分体现出对省域特点的强调。贵州省域高原山地丘陵占92.5%，素有"八山一水一分田"之说，是中国唯一没有平原的省份。这样的"山地特色"，在传统城镇化发展时期被视为阻碍生产要素流动和工业发展的制约因素，但在新型城镇化视域下却成为城镇发展的巨大优势。正是由于贵州工业发展滞后，其"好山、好水、好空气、好土壤"才得以保留，良好的生态环境成为发展优质、高效、生态、安全农产品的理想之地。以酱酒、茶叶、辣椒、刺梨等为代表的生态特色食品、药品加工业，成为山地特色加工制造型小城镇的经济支撑。绿色产业是生态文明时代的新兴产业，目前靠这一产业支撑的往往是一些地级市以下级别的城镇，城镇的规模并不大。但是这些绿色产业型工业城镇既是推进生态文明建设、打好"污染防治攻坚战"的重要"战场"，又是培育绿色发展新动能、实现高质量发展的新发展极，因此极具发展的活力与前景。最典型的代表莫过于仁怀市与湄潭县。

案例一：仁怀市酱酒产业与城镇发展

仁怀市被誉为中国的"酒都"，是"因酒兴城"的典型代表。2019 年，全市地区生产总值 1297.04 亿元，其中国有白酒工业完成销售产值 884.16 亿元[①]，占全市 GDP 的 68.17%。仁怀市 85 平方公里的白酒核心产区内，有涉酒企业 2900 余家，其中白酒生产企业 346 家，拥有酒类注册商标 4300 多件。[②] 此外，仁怀市还利用国酒文化、酱香文化、红色文化、盐运文化，以茅台酒镇为核心的世界名酒旅游带和国内知名山地旅游目的地、国家级工业旅游创新示范区，引领一二三产业融合发展。2019 年，仁怀共接待游客 1224 万人次，实现旅游综合收入 160.84 亿元。[③] 茅台镇和仁怀市酱酒产业发展的基础在于赤水河流域独特的生态气候和微生物体系形成的独特酱酒酿造环境。正是这种自然条件的独一无二性，才使得仁怀市成为中国乃至世界的酱酒核心产区。

案例二：湄潭县茶产业与城镇发展

湄潭县充分利用当地"茶乡"的优势发展茶产业。2019 年，湄潭县发展生态茶园 60 万亩，茶叶产量 7.25 万吨，综合产值 139.45 亿元；以茶叶加工为主的贵州湄潭经济开发区，工业总产值达 28 亿元，实现 6300 余人就业。[④] 截至 2020 年 6 月，全县茶叶生产、加工、销售等企业共计 725 家，年产值 500 万元以上的企业有 51 家，农业产业龙头企业国家级 4 家、省级 22 家、市级 24 家，小型加工厂、加工大户达到 674 家。[⑤] 此外，湄潭的茶产业发展进入提质增效和产

① 仁怀市统计局办公室：《2019 年仁怀市国民经济和社会发展统计公报》，仁怀市人民政府网，http：//www.rh.gov.cn/xxgk_ 500535/szfxxgkml/sjtj/tjgb/202006/t20200604_ 60886175.html，2020 年 6 月 4 日。

② 仁怀市政府办：《仁怀改革开放四十年酒业发展综述》，仁怀市人民政府网，http：//www.rh.gov.cn/ljrh/jyfz/202003/t20200312_ 55028389.html，2020 年 3 月 12 日。

③ 《仁怀：打造世界酱香白酒产业基地核心区 引领经济高质量发展》，中国食品财经观察，https：//baijiahao.baidu.com/s? id=1677006669123752158&wfr=spider&for=pc，2020 年 9 月 25 日。

④ 黄娴：《贵州湄潭依托乡村资源，激发内生动力——做强茶产业 蹚出致富路》，《人民日报》2020 年 10 月 26 日。

⑤ 杨刚、吴凡：《一缕茶香飘四海——湄潭县茶产业发展扫描》，《遵义日报》2020 年 7 月 7 日。

业融合阶段，2019 年建成欧标茶园 5.6 万亩，雨林联盟认证茶园 1.2 万亩，接待游客 543.9 万人次，实现旅游收入 48.1 亿元。[①]

从新型工业化与新型城镇化的关系来看，绿色产业型工业城镇往往是围绕贵州省的山地特色农产品发展而来。从产业链条来看，绿色产业型工业城镇将特色农产品生产、加工、物流链条打通，逐步向农旅一体化方向发展，具有实现一二三产业融合的潜质。从税收和就业贡献度来看，农产品加工和物流企业往往由本地生发出来，具有较强的本地劳动力吸纳和税收贡献能力。虽然农产品加工制造也在不断进行"机器替代人力"的转型升级，但是由于这类工业企业往往跟农村集体经济组织（如合作社）或小农户合作，因此能够带动的本地就业远超过前面两种工业类型。湄潭县的口号从"走，到湄潭当农民去"转变为"在这里，做一个幸福的农民"，就体现出"城镇—工业—从业者"良性互动的特征。需要注意的一点是，农产品加工制造企业多为私营小型作坊，如果政府和行业不加以规范，一些企业往往会一味追求盈利、扩能，不注重品质、品牌、技术、营销，甚至会损害地方品牌的形成。比如仁怀市虽然是全国乃至世界酱香白酒基地的核心区域，但是也仅有"茅台"这一个国家级白酒品牌，众多小酒厂、小作坊经济贡献比例偏小，也难以经受市场考验，往往需要政府更为长期稳定的生产经营服务政策。

第二节　贵州省工业产业集群与新型城镇化

2000 年以后，随着西部大开发战略的实施，特别是《国务院关于进一步促进贵州经济社会又好又快发展的若干意见》（国发〔2012〕2 号）的出台，贵州的工业发展逐步向新型工业化转变。2010 年，贵州省提出"重点实施工业强省战略和城镇化带动战略"，调整长期形成的偏重（主要是能源和原材料工业）的产业结构，改变重工业吸纳农村劳动力较少、消耗大量资金、积累能力较差的工业弊端，延长产业链。与之配套的措施即是在城市乃至县城兴建工业园区，一方

---

① 湄潭县人民政府：《湄潭县 2020 年政府工作报告》，湄潭县人民政府门户网，http://www.meitan.gov.cn/zwgk/zfgzbg/202001/t20200114_43057980.html，2020 年 1 月 14 日。

面使部分企业"退城进园",实现产业转型升级,解决企业用地紧张、环境污染的问题;另一方面通过招商引资,吸引外部企业入驻,特别是承接东部地区产业转移,以此实现经济由粗放型增长向集约型发展转变,推进产业集群、企业集聚、资源集约节约利用。

虽然通过工业园区建设推进工业强省的战略在实践中遭遇种种困难,"产城分离"问题突出,但是贵州省及时调整园区战略,以"产城融合、错位发展、产业集群、集约节约、生态绿色"五大方向为目标,推动全省工业园区提质增效、转型升级,更加注重产业集群的协作配套效应,逐渐培育起一批特色优势产业集群①,形成了城市经济发展的新引擎,带动了小城镇乃至农村的发展,在一定程度上显现出"新型工业化"与"新型城镇化"战略的互动特征。

一、工业园区建设与"产城分离"

贵州省的工业园区建设,最初是为解决工业污染问题而提出的。2007 年贵州省政府工作报告中提出,加强中心城市和重点工业区的环境整治,在 13 个中心城市实施"绿地""蓝天""碧水"等环保工程,大力发展城市清洁能源,加快污染物集中治理设施建设,推动生产企业向"三废"治理条件相对完备的工业园区集中。2010 年,贵州省召开第一次工业大会,提出"工业强省"战略。随后,《贵州"十二五"工业发展规划》提出,建 200 亿元以上的工业园区 9 个,分别位于贵阳、遵义、安顺、黔东南和毕节,建 100 亿元以上工业园区 23 个,100 亿元以下的园区因地制宜建设。2012 年起重点实施"511 产业园区培育计划",即培育 5 个千亿元级园区、10 个百亿元级园区和 10 个以民营经济为主体的园区。2013 年出台《关于支持"5 个 100 工程"建设政策措施的意见》,将打造 100 个产业园区作为推动贵州省区域经济发展、产业调整和升级的重要途径。

工业园区建设确实促进了贵州工业发展的集聚发展。2011—2017 年,全省规模以上工业总产值从 1997 亿元增加到 9703 亿元,6 年内增加将近 4 倍(见

---

① 2021 年 3 月,贵州省发展和改革委员会印发通知,认定 9 个产业集群为第一批特色优势产业集群,即贵阳贵安大数据产业集群、遵义市酱香白酒产业集群、六盘水市新型能源化工产业集群、安顺市特色旅游产业集群、毕节市清洁能源产业集群、铜仁市互联网平台经济产业集群、黔南州磷化工绿色高效利用产业集群、黔西南州铝合金新材料产业集群、黔东南州大健康医药产业集群。

表4-3）。2016年，园区内规模以上工业企业数量占全省比例就达到70%，一批具有产业特色的工业园区，开始发挥工业园区聚集产业发展功能和示范效应。例如，以发展特种车辆和装备制造为龙头的小河—孟关装备制造业生态工业园、以高新科技为主导产业的贵阳麦架—沙文高新技术产业园区、以化工为主导产业的福泉市磷化工新型工业化示范基地、以名优白酒为主导产业的仁怀名酒工业园区等省级工业园区，已经具备了一定的经济规模和实力，初步显现了园区的集聚效应。①

表4-3　2011—2017年贵州省工业园区发展情况统计

年份	2011	2013	2014	2016	2017
新入驻规模以上企业数（个）	969	2250	2260	2107	—
规模以上工业总产值（亿元）	1977	5120	6928	9568	9703
新增就业（万人）	—	22	23	15	14

注：统计口径：2016年之前"规模以上"统计口径为500万及以上；2016年以后为2000万元及以上。

资料来源：笔者整理。

但是，部分工业园区，特别是县城建设的工业园区，却存在诸多发展问题。第一，产业结构不合理。产业园区主要发展传统能源、资源产业，存在产品附加值低、污染系数高和能耗高等问题。第二，企业规模偏小，产业集聚不明显。同质化竞争严重，上下游产业发展分散，难以形成规模效应。第三，产城缺乏互动。工业园区重点强化"八通一平"等基础设施建设，但与产业园区密切配套的教育、文化、医疗、安全和社会保障等公共服务大多分布在县城，与园区发展脱节。此外，工业园区还存在融资难与政府债务问题突出、经营管理与技术人才总量不足、规划落实难等问题。②

从"城镇—工业—从业者"分析框架来看，工业园区的"产城分离"有两个方面的表征：对于本地居民而言，企业"退城入园"本身就将城市的生产功能特别是工业"剥离"，增加了工人的通勤时间和成本；对于外来务工者和高技

---

① 李轩烨：《工业园区建设带动贵州省城镇化发展研究》，贵州大学硕士学位论文，2015年。

② 张团聚：《贵州省县域工业园区在产业结构转型中的问题研究》，《对外经贸》2016年第3期，第76-77页。

术人才而言，工业园区的基础设施与公共服务配套较弱，工业园区购物、娱乐、就医、上学等日常生活均不方便。例如，百鸟河数字小镇作为贵州省数字经济示范小镇，引进了百度等大数据企业入驻，虽然数字小镇环境优美，但小镇并没有咖啡馆、酒吧、购物中心等完善的生活配套服务，导致在小镇工作的年轻人很不适应，每到周末，他们会直接到贵阳市内消费。"产城分离"，既增加了本地市民的生活成本，又降低了工业园区对外来务工人员特别是高端人才的吸引力。此外，贵州工业园区的地形地势特点决定了其建设成本远高于平原地区，加之园区资金回收周期较长，往往需要地方政府债务性融资，工业园区建设导致的地方债务①问题突出。因此，后期工业园区发展不再追求数量，也不再要求县县有工业园区，工业园区开始转型升级。

二、工业园区调整与"产城融合"

针对工业园区存在的诸多问题，贵州省在 2018 年出台了《关于推进工业园区健康发展的指导意见》，按照"转型升级一批、整合归并一批、淘汰退出一批"的方式对园区数量进行了调整，2019 年省级统一调度的工业园区从 107 个减少到 95 个，其中省级及以上园区 71 个（含国家级园区 6 个）。同年还出台了《推进产业园区工业高质量发展综合考评办法》，以推进产业园区持续健康发展。2019 年，产业园区提质增效成效初显。第一，投入产出比（工业总产值与工业固定资产投资之比）提高到 3.2∶1，企业"两头在外"、产业"为他人做嫁衣"、低利税招商的情况正在减少。第二，产值规模持续增长，50 亿元以上的产业园区 59 个，其中 1000 亿元以上园区 1 个，实现了零的突破。第三，脱贫支撑作用显著，产城融合不断推进，全省规上服务业和限上商贸业营业收入达 2999.84 亿元，吸纳就业 130 万人。② 同年，《贵州省十大千亿级工业产业振兴行动方案》出台，明确了基础能源、清洁高效电力、优质烟酒、新型建材、现代化工、先进装备制造、基础材料、生态特色食品、大数据电子信息、健康医药十大核心产业。十大工业产业入园，使园区承载能力不断增强，产业集聚、企业集群不断深入。2019 年，十大工业产业规模以上营业收入占全省的比重

---

① 贾舒凡：《贵州省工业园区建设与地方债务问题浅析》，《商》2015 年第 25 期，第 157 页。

② 贵州省工业和信息化厅：《关于 2019 年度全省产业园区综合考评情况的通报》（黔工信园区〔2020〕52 号）。

为 74.34%，利润总额占全省的比重达 87.28%，税收总额占全省的比重为 61.78%。①

从"工业园区"向"产业园区"的转变，既是贵州工业强省战略实施后的主动调适，也是产城融合的重要战略举措。随着基础产业退城进园，新兴产业落户园区，产业园区的集聚效应愈发明显。产业园区包括工业园区、经济开发区、高技术产业基地、综合保税区等不同的类型，地域范围已经突破"工业生产地"的限制而向"承一接二连三"方向延伸，发展模式从单一、孤立的园区发展模式转变为多元化、产城一体化的发展模式，工业化、城镇化"双轮驱动"的发展特征更加凸显。

但是，工业园区与十大工业产业叠加，也造成了一些新型城镇化发展的潜在问题。首先，加剧了城市、城镇之间的两极分化。从园区排名来看，2019 年贵州省排名前 15 位的重点园区中，贵阳和遵义各拥有 5 个、3 个，数量多于其他市州；从综合产值来看，小河—孟关装备制造业生态工业园区产值超过 1000 亿元，贵阳国家高新技术产业开发区和仁怀名酒工业园区产值在 500 亿元以上，排名前三的产业园区均在贵阳市和遵义市（见表 4-4）。而产业园区与城镇在空间上的叠加，将进一步拉大贵州省内部的地区差距。

表 4-4　2019 年贵州省重点园区分布统计

地区	重点园区	园区数量
贵阳市	小河—孟关装备制造业生态工业园（含花溪工业园区）（1） 清镇铝煤生态工业基地（7） 修文产业园区（8） 贵安综合保税区（11） 白云铝及铝加工基地（13）	5
遵义市	仁怀名酒产业园区（2） 苟江和平循环经济产业园区（3） 汇川机电制造产业园区（12）	3
黔南州	龙里产业园区（4） 福泉产业园区（5）	2
安顺市	西秀产业园区（6）	1

① 贵州省工业和信息化厅：《关于 2019 年度全省产业园区综合考评情况的通报》（黔工信园区〔2020〕52 号）。

续表

地区	重点园区	园区数量
黔西南州	兴义市清水河—威舍产业园区（9）	1
六盘水市	水月产业园区（10） 贵州红果经济开发区（14）	2
铜仁市	碧江区循环经济产业园区（15）	1

资料来源：贵州省工业和信息化厅官网。

其次，各园区内部产业集聚效应仍有待提升。由于特殊的自然地理条件和政策历史因素，贵州省工业布局相对分散，区域之间缺少分工协作，经济关联性不强，尚未形成有效的区域结构。现有的工业园区仍然没有彻底解决这一问题，多数工业园区没有形成规模和相对完整的产业链，园区缺少分工协作，功能趋同现象比较普遍。从行业来看，贵州省工业发展呈现出行业分布不均和地区分布不均两种现象。[①]

最后，部分工业园区在技术升级的过程中，本地高技术人才不足与普通工人数量过剩的问题同时存在。例如，位于贵阳高新技术产业开发区的时代沃顿科技有限公司是一家典型的高新技术企业，主要从事反渗透和纳滤膜产品的研发、制造和服务；2019 年销售收入 7.1 亿元，在中国的反渗透膜市场占比高达 22%，产品远销全球 130 多个国家和地区；企业员工共 600 多人，其中研发人员 100 多人，占比将近 25%，本科及以上学历占比 94%。然而，这样一家高新技术企业仍然面临人才缺乏的窘境：贵州省内高分子材料、化学等相关专业的人才难以满足企业需要，因此企业往往要面向全国招聘。但是由于贵阳市城市区位与发展水平等原因，企业在吸引对口的专业技术人才方面仍然存在困难。而与此同时，企业对于一线工人的要求更强调忠诚度而非学历，因为生产过程的机械化程度极高，因此在招聘时更倾向于大专学历的技工而排斥本科生。这样，产业园区的发展，虽然能够促进本地产业升级，却同时面临专业技工不足和普通工人数量过剩的问题，给新型工业化与新型城镇化良性互动带来了潜在的挑战。

---

① 张翊红：《贵州新型城镇化进程中的产业支撑研究》，贵州大学博士学位论文，2016 年。

第三节　贵州新型工业化与新型城镇化
良性互动的问题与建议

以"城镇—工业—从业者"分析框架来看贵州的主要工业城镇类型和工业园区发展情况，就会发现新型工业化与新型城镇化良性互动面临的突出问题和矛盾之处。本节将从工业基础、工业结构、产业转移三个方面分析问题产生的根源，并就未来贵州新型工业化发展的区域构想展开讨论。

一、贵州新型工业化与新型城镇化良性互动存在的问题

（一）薄弱的工业基础，难以形成支撑新型城镇化的强劲动力

新型工业化对于新型城镇化的主要支撑有两个方面：一是为城镇居民提供就业岗位和稳定的收入、福利；二是为地方财政贡献税收，增加地方经济活力。但贵州省薄弱的工业基础与就业吸纳能力，难以形成支撑新型城镇化的强劲动力。

工业创造就业岗位的能力依赖于企业的总体数量和吸纳就业能力两个方面。2018年末，贵州省共有工业企业法人单位52755个，比2013年末增长82.7%；但从业人员仅有123.44万人，甚至比2013年末下降11.5%。[1] 同年，全省农村劳动力在外就业人数达到890.65万人，其中省外就业人数为614.51万人，[2] 跨省务工的贫困劳动力人数为160万，比全省工业企业从业人员多36.56万人。在地方经济活力贡献方面，2015—2019年，工业对于地区生产总值增长的贡献率从30.3%下降到27.1%（见表4-5），这进一步加剧了贵州工业化滞后于城镇化的特点。

---

[1]　贵州省统计局：《贵州省第四次全国经济普查公报（第三号）》，毕节市七星关区人民政府网，http：//www.bjqixingguan.gov.cn/zfxxgk/fdzdgknr/tjxx_5620533/pcgb/202007/t20200730_61930748.html，2020年3月25日。

[2]　黔南州人力资源和社会保障局：《贵州省2018年人力资源和社会保障事业统计公报》，黔南人力资源和社会保障局网，http：//rsj.qiannan.gov.cn/zwgk/xxgkml/tjxx/201907/t20190715_25815839.html，2019年7月2日。

表 4-5 2015—2019 年三次产业及工业对地区生产总值增长的贡献率

单位:%

年份	2015	2017	2019
第一产业增加值	15.5	14.9	13.6
第二产业增加值	38.2	36.5	36.1
工业	30.3	28.1	27.1
第三产业增加值	46.2	48.5	50.3

资料来源：历年《贵州统计年鉴》。

如果从全社会就业人员情况来看，2015—2019 年，贵州省一半以上的劳动力仍从事第一产业经营，第二产业就业人员仅增长 60.69 万人，占全社会就业人员的比例仅增长 2%（见表 4-6）。[①]

表 4-6 2015 年、2019 年贵州省全社会就业人员就业情况统计

		2015 年		2019 年	
		就业人员数量（万人）	所占比例（%）	就业人员数量（万人）	所占比例（%）
按产业分	第一产业	1161.54	59.67	1074.91	52.45
	第二产业	315.38	16.20	376.07	18.35
	第三产业	469.73	24.13	598.42	29.20
	合计	1946.65	100.00	2049.40	100.00
按城乡分	城镇	739.41	37.98	987.69	48.19
	乡村	1207.24	62.02	1061.71	51.81
	合计	1946.65	100.00	2049.40	100.00

资料来源：历年《贵州统计年鉴》。

2018 年末，全省第二产业和第三产业法人单位从业人员 587.30 万人，其中第二产业的从业人员为 197.52 万人，占比仅为 33.63%。个体经营户从业人员 382.68 万人，位居前三的行业是：批发和零售业 183.13 万人，占 47.9%；住宿和餐饮业 66.39 万人，占 17.3%；居民服务、修理和其他服务业 39.46 万

---

① 贵州省统计局、国家统计局贵州调查总队：《贵州统计年鉴 2020》，贵州省统计局网，http：// hgk. guizhou. gov. cn/publish/tj/2020/zk/indexch. htm，2020 年 11 月 16 日。

人，占 10.3%。① 换言之，虽然贵州省的常住人口城镇化率从 2015 年的 42.01%
提高到 2019 年的 49.02%，但是大部分劳动力在城市从事不稳定的服务业，工业
吸纳劳动力就业的能力较弱。

（二）特殊的工业结构，导致新型城镇化产城融合存在区域差异

从贵州的工业发展史来看，其工业体系是出于"国家战略"的需要而建立
的，而非地方城市经济社会发展的自然结果。因此，工业结构呈现出明显的"国
强私弱"和"重强轻弱"的特征。2015—2019 年，贵州省的国有企业和私营企
业均有所发展，但是 2019 年国有控股企业的工业增加值比重仍然比私营企业高 1
倍以上；贵州省的轻重工业结构虽有所调整，但直到 2019 年重工业总产值占比
仍高达将近七成（69.13%）（见表 4-7）。

表 4-7　2015 年、2019 年贵州省规模以上工业增加值及总产值统计

	2015 年			2019 年		
	规模以上工业增加值比重（%）	规模以上工业总产值（亿元）	规模以上工业总产值比重（%）	规模以上工业增加值比重（%）	规模以上工业总产值（亿元）	规模以上工业总产值比重（%）
轻工业	38.80	2760.50	25.58	47.20	3224.40	30.87
重工业	61.20	8032.72	74.42	52.80	7220.80	69.13
合计	100.00	10793.22	100.00	100.00	10445.19	100.00
国有控股企业	45.30	4156.73	—	56.20	4720.84	—
私营企业	25.80	—	—	26.50	—	—

资料来源：历年《贵州统计年鉴》。

在税收贡献方面，贵州依然主要依靠"烟酒煤电"等传统工业，十大工业
产业尚处于初步培育期。从营业收入来看，非金属矿物制品业，酒、饮料和精制
茶制造业，电力、热力生产和供应业，煤炭开采和洗选业的营业收入分别为
1325.28 亿元、1231.76 亿元、1218.64 亿元和 1075.27 亿元，四个行业的营业收
入占全省企业营业总收入的将近一半，为 44.69%。而从利税额度来看，贵州省
的四大纳税大户为"烟酒煤电"，四个行业贡献的税金共 679.66 亿元，占所有工

---

① 贵州省统计局：《贵州省第四次全国经济普查公报（第二号）》，贵州省人民政府网，http：//
www.guizhou.gov.cn/zfsj/tjgb/202003/t20200325_55628769.html，2020 年 3 月 25 日。

业行业的 77.49%。贵州特殊的工业结构，使得新型城镇化推进中产城关系面临不同的挑战（见表4-8）。

表4-8　贵州省工业发展的主要类型及产城融合面临的挑战

工业类型	传统产业	高新产业	生态产业
十大千亿级工业产业类型	基础材料产业、基础能源产业、清洁高效电力、现代化工产业	先进装备制造产业、大数据电子信息产业、新型建材产业	生态特色食品产业、健康医药产业
产业基础	铝矿、锰矿、煤矿、磷矿工业开采、加工基础	"三线建设"时期，航空、航天、电子信息等工业基础	苗族、侗族等民族食品加工，苗医苗药等民族医药，未受污染的山地生态环境
产业特征	资源密集型、资本密集型、技术密集型	资本密集型、技术密集型	劳动力密集型
产城关系（环境污染、税费缴纳、劳动力就业等方面）	重工业为主，依赖地方资源，吸纳劳动力有限，但能增加地方税收，带动地方中小企业发展	高新技术产业，吸纳本地劳动力极为有限，主要依赖高精尖人才，未来产业的增长点	立足于贵州省山地特色，如生态特色食品产业、健康医药产业、大数据电子信息产业，能够有效吸纳地方劳动力，实现一二三产业融合，增加地方税收
产城融合面临的挑战	工业污染、资源枯竭，导致城市不宜居	产业技术研发、人才储备瓶颈，城市难吸引人、难留住人	产业分散，难形成规模效应，工人待遇较差，难以带动城镇消费

资料来源：笔者整理。

从产城关系来看，传统产业"国强私弱""重强轻弱"的特征，能够吸纳的地方劳动力有限，其产生的环境污染导致城镇生活品质下降，且面临资源枯竭的潜在风险。高新产业虽然依托于"三线建设"时期的技术基础，也是未来产业的增长点，但是产业延伸需要大量的技术研发投入和专业人才储备，而且这些高端人才对城市生活品质的要求更高，城市难吸引人、难留住人的问题突出。生态产业立足于贵州工业发展滞后、生态环境良好的山地特色，能够打通从生态农产品种植、加工销售到乡村旅游的一二三产业链条，应是贵州新型城镇化建设的重点内容。但是如何应对产业分散、规模效应不明显的问题，同时让产业发展的成果惠及乡村、农户，是需要考虑的问题。

（三）承接东部地区产业转移，可能面临企业"再转移"的风险

贵州省的工业发展战略之一即为承接东部地区的产业转移，利用本地的土地、劳动力等价格优势，带动本地就业和税收增长。但是，产业转移战略可能面

临企业"再转移"的风险。虽然东部地区的产业升级过程中确实有部分制造业企业西迁，但是这些企业均是寻求生产成本最低的地方进行生产。虽然当前贵州工业发展有电力和劳动力两方面的优势，但是依赖电力的企业本身必为高耗能重工业企业，而劳动力价格的优势则会因为全国劳动力市场的形成和劳动力成本的均质化而不断弱化。此外，所谓的"劳动力价格"优势，又会造成工人社会保障体系的不完善，影响工人家庭的消费支出，因而与"人的城镇化"的理念有所冲突。

案例一：铜仁·苏州产业园 B 鞋厂

2012 年，B 鞋厂从深圳转移过来。因为考虑到深圳的产业升级，制造业发展会变得更为困难，所以 2008 年以后产业转移就成为公司战略。政府在土地、税收方面给予一定的优惠，这是企业转移的主要原因。从生产成本来看，企业生产的原料要从深圳运过来，因此物流成本增加，但是在铜仁可以获得相对较低的劳动力优势。新手需经过一个月培训，培训后每个月可以拿到 3000 元的工资，一年后每月工资 4500 元左右，最多的能拿到六七千元。公司只有 1/3 的工人缴纳养老保险，因为工人不交社保每个月可以多拿到 300 元工资，这跟工人的流动性、社保观念有关。企业会给其他的工人买意外险。厂里有七八十个贫困户，企业每个月会给扶贫补贴。这个厂房是企业自己设计的，有宿舍、食堂、员工活动中心，员工活动中心里有健身房。宿舍一间不超过 6 人，有空调、冲凉房、阳台，免费吃住。

案例二：铜仁市大龙经济开发区 D 公司

D 公司是一家从湖南引进的企业，2013 年底落户大龙开发区，2014 年正式投产，是一家集打火机研发、生产、销售于一体的劳动密集型出口企业，主要生产点火枪、打火机、电子防风机、砂轮机、多功能机五大系列 80 余种产品。目前，企业生产的原料（如机壳）主要从韩国采购，销售以出口为主，每天产量500 万只，每年 15 亿只，2019 年产值 4.42 亿元。企业共有工作人员 1300 多人，以本地居民为主。企业选择大龙经济开发区的主要原因有两点：一是生产成本降低，特别是劳动力成本，虽然每个月工人工资 4000 元左右，但是只为工人缴纳工伤保险，其他保险均"含"在工资里面。二是铜仁市与湖南社会文化相近，便于企业管理。D 公司的入驻带动了整个打火机生产的产业链、供应商的入驻，目前共有 12 家上下游企业，如陶瓷厂、电子厂、包装厂，带动就业人口 5000 余人。

无论是 B 鞋厂还是 D 公司，均是东部地区梯度产业转移的典型企业。它们搬入产业园区的主要原因是地方政府的土地、税收政策红利，以及相对较低的劳动力成本。但是，这样的"劳动密集型"企业，也会因为产业升级而进行"机器替代人力"。例如，D 公司就在 2013 年引进了新的生产工艺，通过自主研发，并对外采购部分自动化生产设备，完成了自动化生产的初步转型，并且于 2018 年实现了全自动化生产，产量增加了 40%，但工人减少了 80%。此外，随着中国对外开放程度的提高，部分企业开始在全球进行产业布局，产业转移地点扩展到东南亚等地区，这对于中西部地区是潜在的风险。

二、贵州新型工业化推进新型城镇化的政策建议

（一）根据不同城镇的区位优势与发展阶段，确定差异化的发展策略

新型城镇化过程中，从产城分离到产城融合是大势所趋。[①] 由于"三线建设"时期的"山、散、洞"布局、易地扶贫搬迁推动的快速城镇化、资源枯竭导致的城市衰落、职住分离造成的"产城分离"问题在贵州省不同城镇均有不同方面的呈现，而当前贵州的工业发展已经进入园区式集聚发展的阶段，虽然这一过程才刚刚起步，因此在贵州的新型城镇化建设中，不仅要考虑产业与城市的关系，而且要考虑产业园区与不同城市区域的关系。基于此，形成如下分析表（见表 4-9）。

表 4-9 贵州省新型工业化支撑新型城镇化发展的产业园区与城市区域关系

工业类型	传统产业	高新产业	生态产业
产业发展定位[②]	能源基地、资源深加工基地	以航空航天为重点的装备制造基地和国家级大数据综合试验区	独具特色的医药养生基地

---

① 夏永祥：《从产城分离走向产城融合》，《同舟共进》2017 年第 4 期。
② 产业发展定位，根据 2016 年出台的《贵州省"十三五"工业发展规划》整理而成。

续表

工业类型	传统产业	高新产业	生态产业
工业园区[①]类型	矿产资源型工业园区、绿色转型导向型工业园区	龙头企业集聚型工业园区、高新技术导向型工业园区	民族特色产业工业园区、生态工业园区
贵州省第一批特色优势产业集群（9个产业集群）	六盘水市新型能源化工产业集群、毕节市清洁能源产业集群、黔南州磷化工绿色高效利用产业集群、黔西南州铝合金新材料产业集群	贵阳贵安大数据产业集群、铜仁市互联网平台经济产业集群	遵义市酱香白酒产业集群、安顺市特色旅游产业集群、黔东南州大健康医药产业集群
产业集群特征	发散型：产业园区以资源矿产所在地为核心向外拓展	内聚型：产业园区集中于黔中城市群周边，具有较强的内聚特点，与东部沿海地区的高新产业园区具有相似性	桥接型：产业园区是连接第一产业和第三产业的"桥梁"，具有鲜明的山地生态和民族特色
核心区域	六盘水、毕节、黔南州、黔西南州	贵阳、遵义、安顺、铜仁	遵义、安顺、黔东南州
新型城镇化建设重点	改造、提升传统产业，深加工，提高市场竞争能力。打造重要城镇（地级市、县城）节点，提升城镇生活品质，提高产城融合程度	积极融入国家产业发展战略，加快战略性新兴产业培育，壮大城市化"引擎"。由"城市圈"逐步过渡到"城市群"，提高城市辐射带动能力和产城协作程度	加强山地特色产业，特别是生态农产品、医药研发与市场拓展，培育"城乡圈"（县城—乡镇—农村）与特色小城镇

资料来源：笔者整理。

综上所述，传统产业园区的新型城镇化建设应以改造、提升传统产业，实现精深加工为主，提高产业的市场竞争力。同时，在保护好生态环境、处理好工业污染的同时，打造重要城市节点，提高城镇生活品质，让高端技术人才愿意留在本地。高新产业园区以贵阳—遵义—安顺形成的黔中城市群为核心，其新型城镇化建设应积极融入国家的产业发展战略，壮大城镇化的引擎。当前黔中城市群仍处于初步发展期，应重点考虑"城市圈"，即城市核心区和外围区域的关系，通过城市核心区的向外拓展，建设新城区，辐射带动周边发展，进而逐步过渡到"城市群"，不可操之过急。同时，在产业发展过程中，要提高单项产业内部资本、人才、技术的集聚度，以及不同城市相关产业之间的关联。生态产业园区与之前两种园区不同，不仅需要依托良好的山地特色生态环境，还需要依托高端研

---

① 此部分工业园区的分类，参见伍国勇：《贵州工业化推进战略研究》，贵州大学出版社2014年版。

发来提高产品的附加值。新型城镇化建设中，短期可依托县城、乡镇建设加工基地、交易中心，并依靠对口帮扶、网络销售等拓展销售途径，提高农产品的知名度；长期则必须依靠科研院所、高校和农产品公司来进行深加工，增加产品附加值。

（二）以生态产业为重点突破口，撬动新型城镇化的增长点

从贵州省确定的第一批特色优势产业集群来看，传统产业、高新产业面临的首要问题是"转型升级"，而"生态产业"则作为朝阳产业越来越受到关注。从"从业者—工业—城镇"分析框架来看，生态产业不但因为"桥接"一二三产业而具有强劲的劳动力吸纳能力，而且随着城镇化的发展和人们对安全健康食品、生态优美环境的追求而具有产业发展后劲。贵州省工业和信息化厅公布的《2019贵州省生态特色食品产业发展白皮书》指出，2019年贵州省生态特色食品产业完成总产值1083.9亿元，成功迈入"千亿级"台阶，加工环节直接就业人员17.42万人，这充分证明了生态产业的发展潜力。贵州省确定的十二个农业特色优势产业，如果均能在新型工业化的战略推动下，构建起从种植、加工到销售、研发的完整产业链条，将有望成为贵州新型城镇化推进的新产业支撑。

建议确定以生态产业为重点突破口，坚持高标准、高品质、高效益，撬动新型城镇化的增长点的发展共识与政策定位。首先，建议市县级建立产业园区、县城或乡镇建立初加工厂、村级为生产单元，构建起"生产—加工—销售"的完整产业链条。在产业园区或加工厂建设方面，给予一定的土地、金融、政策优惠，实现生态产业发展市县乡村统筹布局推进。在十二个农业特色优势产业的基础上，延长产业链，提高农产品附加值。其次，充分发挥"互联网＋"等新技术优势，为生态产业赋能。在完善生产地交通、物流等设施和仓储保鲜冷链设施的基础上，充分利用东西部对口帮扶、电商销售等新渠道的优势，拓宽生态农产品的新型销售渠道。在生态产业品牌打造上，建议实行"区域品牌＋自有品牌"的品牌建设模式，如毕节以打造"毕节马铃薯""威宁洋芋"区域品牌为核心，与打造七星关区"鸿智达"、大方"油杉河"、织金"幺贵"、赫章"银泉""阿西里西"等自有品牌相结合，提高生态农产品的品牌知名度与美誉度。在此基础上，探索生态产品加工生产与休闲旅游、健康养生等新业态的关联，进一步实现一二三产业的融合。最后，加强贵州省内外科研院所在生

态产业的研发、技术推广等方面的合作，实现生态产业与科学研究、普及和精深加工的结合。

（三）强化人才培养与人才引进政策，做好产业发展的人才支撑

贵州省的工业发展已经进入产业结构调整、集群化发展阶段，这一阶段的基本特征是：技术密集型特征越来越明显，机器替代人力不断推进。在这样的发展背景下，如果只注重新型工业化发展而忽视产业升级对低技能劳动力的排斥，可能造成"产城分离"的负面结果。为此，建议贵州省强化人才培养与人才引进政策，做好新型工业化的人才支撑。

对于传统工业而言，由于多年的产业发展与技术研发，已经在相关领域积累了一定的技术基础，因此迫切需要技术的转型升级；对于高新产业而言，贵州省本土培养的人才难以满足产业发展的需求，因此要以人才引进为抓手，做好产业发展的人才储备；对于生态产业而言，以加强具有本土知识的技能人才培养为重点。为此，建议贵州省发挥生态环境优美的优势，在贵阳、遵义等大城市继续推进传统产业和高新产业的科技合作基地、院士工作站、国家重点实验室等建设，强化外部科技支撑。2020 年末，贵州省拥有国家级科技合作基地 5 个，院士工作站 90 个，国家重点实验室 5 个。同时，建议在农业产业区推进工作站、实验室建设，就近开展生态科技创新。例如，毕节市聘请国家马铃薯产业体系首席专家金黎平博士为本市马铃薯产业科技顾问，积极建设毕节试验区威宁县马铃薯育种工作站和毕节市马铃薯工程实验室，开展马铃薯品种资源创新和新品种选育研究。此外，建议贵州省针对重点产业，通过合作办学、建设分院、校企共建等方式，建设面向产业发展的综合性大学和职业院校，在加强基础研究、高技术人才培养的同时，深化产学研对接，为新型工业化培养更多具有专门技术的人才。

第五章　旅游产业化与新型城镇化

　　虽然工业化是城镇化初期的根本推动力，但城镇化发展产生的"集聚效应"特别是人口集聚，又使得生产性服务业和生活性服务业成为吸纳就业的主要产业，使城镇化进入成熟期。[①] H. 钱纳里等提出的"发展型式"也指出，工业化初期，工业发展所形成的集聚效应对城市化有较大的带动作用；但当居民收入达到一定水平，工业化接近和进入中期阶段之后，城市发展的主要动力就转变为服务业而非工业。[②] 贵州的新型城镇化，如果放在整个中国城镇发展的大区域、大格局、大背景下进行考量，则呈现出"西部地区后发型城镇化"特征。换言之，贵州省的新型城镇化，与东部沿海地区的后工业时代、城镇成熟转型期同步。因此，如果贵州省能够结合自身实际，"借力"发达城市对于现代服务业的新需求，或许可以在农业现代化、新型工业化等"内生性"动力外，寻找到"外源性"新型城镇化驱动力。而贵州省独特的自然、历史文化和民族资源优势，特别是类型丰富、独特性强、聚集度高、开发潜力大的旅游资源，恰恰为满足城市居民的休闲度假、文化旅游、健康养生等新需求和促进本地旅游产业化提供了可能。

---

　　① 李慧中：《服务业发展：不在速度在结构》，《大众日报》2015 年 6 月 3 日。
　　② 霍利斯·钱纳里、莫伊思·赛尔昆：《发展的型式：1950—1970》，李新华、徐公理、迟建平译，经济科学出版社 1988 年版。

第一节 贵州旅游产业化发展的资源优势与产业基础

贵州是我国旅游地类型最丰富、聚集度较强的地区，无论是自然旅游地、历史名胜旅游地、城市观光旅游地，还是民族风情旅游地，都应有尽有。

一、贵州旅游产业发展的独特资源优势

（一）世界及国家级旅游资源与景区

贵州旅游资源具有鲜明的地域特点，等级和品位较高，其中喀斯特地质地貌旅游资源在世界范围内具有代表性和垄断性，如黄果树瀑布、织金洞、荔波小七孔、梵净山等都是驰名中外的旅游胜地。其中，有世界自然与文化遗产地 5 个。2018 年 7 月 2 日，梵净山成为我国第 53 处世界遗产、第 13 处世界自然遗产，是贵州继"中国南方喀斯特"——荔波、"中国丹霞"——赤水、"中国南方喀斯特"——施秉之后第 4 处世界自然遗产地，也是贵州省首个单体独立申报的世界自然遗产项目。至此，贵州成为我国世界自然遗产数量最多的省份（见表 5-1）。

表 5-1 贵州省世界自然和文化遗产地名录

序号	名称	批准时间	备注
1	中国南方喀斯特世界自然遗产（包括云南石林喀斯特、贵州荔波喀斯特、重庆武隆喀斯特三处）	2007 年 6 月 27 日	联合申报
2	中国丹霞世界自然遗产（包括湖南崀山、广东丹霞山、福建泰宁、贵州赤水、江西龙虎山、浙江江郎山六处）	2010 年 8 月 1 日	联合申报
3	广西桂林、贵州施秉、重庆金佛山、广西环江	2014 年 6 月 23 日	四部分组成的"中国南方喀斯特"二期作为"中国南方喀斯特"扩展项目列入《世界遗产名录》
4	中国土司世界文化遗产（包括湖南永顺土司城遗址、贵州播州海龙屯遗址、湖北唐崖土司城遗址三处）	2015 年 7 月 4 日	联合申报

序号	名称	批准时间	备注
5	梵净山世界自然遗产	2018 年 7 月 2 日	单体申报

资料来源：联合国教科文组织：《世界遗产名录》。

除了世界级别的旅游资源外，贵州国家级别的旅游资源和景区也逐年增长，现有国家 5A 级景区 8 个、国家重点风景名胜区 19 个、国家地质公园 10 个、国家级自然保护区 9 个、国家级森林公园 28 个、国家级水利风景名胜区 32 个（见表 5-2、表 5-3）。

表 5-2　贵州省国家 5A 级景区名录

序号	名称	批准时间
1	贵州黄果树风景名胜区	2007 年 5 月 8 日
2	龙宫风景名胜区	2007 年 5 月 8 日
3	毕节市百里杜鹃景区	2013 年 9 月 27 日
4	黔南州荔波漳江景区	2015 年 7 月 13 日
5	贵阳市花溪青岩古镇景区	2017 年 2 月 24 日
6	铜仁市梵净山旅游景区	2018 年 10 月 29 日
7	黔东南州镇远古城旅游景区	2020 年 1 月 7 日
8	遵义市赤水丹霞旅游区	2020 年 12 月 29 日

资料来源：贵州省文化和旅游厅：《贵州省 A 级旅游景区名录》（2021 年）。

表 5-3　贵州省国家地质公园名录

序号	名称	所在地区	地质公园级别
1	织金洞国家地质公园	毕节市	世界级（2015 年），国家级（2004 年）正名
2	贵州兴义国家地质公园	黔西南布依族苗族自治州	国家级（2004 年第三批）正名
3	绥阳双河洞国家地质公园	遵义市	国家级（2004 年第三批）正名
4	赤水丹霞国家地质公园	遵义市	国家级（2011 年第六批）正名

序号	名称	所在地区	地质公园级别
5	贵州六盘水乌蒙山国家地质公园	六盘水市	国家级（2005年第四批）正名
6	贵州思南乌江喀斯特国家地质公园	铜仁市	国家级（2009年第五批）正名
7	贵州紫云格凸河地质公园	安顺市	国家级（2018年第八批）资格
8	贵州黔东南苗岭国家地质公园	黔东南苗族侗族自治州	国家级（2009年第五批）正名
9	贵州关岭化石群国家地质公园	安顺市	国家级（2004年第三批）正名
10	平塘国家地质公园	黔南布依族苗族自治州	国家级（2005年第四批）正名

资料来源：根据国家林业和草原局、国家公园管理局公布的资料数据整理。

（二）历史文化名城、名镇、名村

遵义、镇远作为贵州省两个历史文化名城，保存文物特别丰富，具有重大历史文化价值和革命意义，在旅游市场上具有强大的感召力。另外，国家住房和城乡建设部公布的第一批、第二批中国特色小镇，贵州榜上有名，共入选15个特色小镇（见表5-4）。

表5-4　贵州省中国特色小镇名单名录

序号	时间	名单
1	2016年10月11日（第一批5个）	贵阳市花溪区青岩镇、六盘水市六枝特区郎岱镇、遵义市仁怀市茅台镇、安顺市西秀区旧州镇、黔东南州雷山县西江镇
2	2017年8月22日（第二批10个）	黔西南州贞丰县者相镇、黔东南州黎平县肇兴镇、贵安新区高峰镇、六盘水市水城县玉舍镇、安顺市镇宁县黄果树镇、铜仁市万山区万山镇、贵阳市开阳县龙岗镇、遵义市播州区鸭溪镇、遵义市湄潭县永兴镇、黔南州瓮安县猴场镇

资料来源：中华人民共和国住房和城乡建设部官网。

在由国家住房和城乡建设部与国家文物局从2003年起共同组织评选的中国历史文化名镇名村中，青岩古镇、上郎德苗寨等村镇因保存文物特别丰富且具有重大历史价值或纪念意义，能较完整地反映历史时期传统风貌和地方民族特色而榜上有名（见表5-5）。

表5-5 贵州省中国国家历史文化名镇名村名录

序号	名称	地区	评定年份
1	贵州省贵阳市花溪区青岩镇	贵阳市	2005
2	贵州省习水县土城镇	遵义市	2005
3	贵州省黄平县旧州镇	黔东南苗族侗族自治州	2007
4	贵州省雷山县西江镇	黔东南苗族侗族自治州	2007
5	贵州省安顺市西秀区旧州镇	安顺市	2009
6	贵州省平坝县天龙镇	安顺市	2009
7	贵州省赤水市大同镇	遵义市	2014
8	贵州省松桃苗族自治县寨英镇	铜仁市	2014
9	贵州省安顺市西秀区七眼桥镇云山屯村	安顺市	2005
10	贵州省锦屏县隆里乡隆里村	黔东南苗族侗族自治州	2007
11	贵州省黎平县肇兴乡肇兴寨村	黔东南苗族侗族自治州	2007
12	贵州省赤水市丙安乡丙安村	遵义市	2009
13	贵州省从江县往洞乡增冲村	黔东南苗族侗族自治州	2009
14	贵州省开阳县禾丰布依族苗族乡马头村	贵阳市	2009
15	贵州省石阡县国荣乡楼上村	铜仁市	2009
16	贵州省三都县都江镇怎雷村	黔南布依族苗族自治州	2010
17	贵州省安顺市西秀区大西桥镇鲍屯村	安顺市	2010
18	贵州省雷山县郎德镇上郎德村	黔东南苗族侗族自治州	2010
19	贵州省务川县大坪镇龙潭村	遵义市	2010
20	贵州省江口县太平镇云舍村	铜仁市	2014
21	贵州省从江县丙妹镇岜沙村	黔东南苗族侗族自治州	2014
22	贵州省黎平县茅贡乡地扪村	黔东南苗族侗族自治州	2014
23	贵州省榕江县栽麻乡大利村	黔东南苗族侗族自治州	2014
24	贵州省花溪区石板镇镇山村	贵阳市	2019

资料来源：根据中华人民共和国住房和城乡建设部与国家文物局公布的资料数据整理。

（三）传统村落与少数民族村寨

贵州苗族、布依族、侗族的聚居区山水风光优美、民族风情浓郁、民族文化资源丰富多姿，极具开发潜力。中华人民共和国住房和城乡建设部公布的国家级传统村落名单显示，贵州传统村落每次申报后获批数量均位居全国前列。2019年，贵州历次获批的传统村落总数超过云南，位居全国第一（见表5-6）。

表 5-6　贵州省国家级传统村落信息统计

批次	数量（个）	获批时间	同批次数量比	全国排名
第一批	90	2012 年	90/646	1
第二批	202	2013 年	202/915	2
第三批	134	2014 年	134/994	2
第四批	119	2016 年	119/1598	5
第五批	179	2019 年	179/2666	5

资料来源：中华人民共和国住房和城乡建设部官网。

除了传统村落总数位居全国第一，贵州国家级少数民族特色村寨数量同样位居全国第一（见表 5-7）。

表 5-7　贵州省国家级少数民族村寨信息统计

批次	数量（个）	获批时间	数量比	全国排名
第一批	62	2014 年	62/340	1
第二批	151	2017 年	151/717	1
第三批	99	2020 年	99/595	1

资料来源：中华人民共和国国家民族事务委员会官网。

贵州传统村落与少数民族特色村寨不仅数量位居全国第一，还在以下三个方面独具特色：

（1）完整。由于特殊的地理环境与历史条件，贵州部分区域的村落（寨）文化资源保存完好。除了富有地域环境和文化特色的村寨聚落景观、物质性公共空间，还包括当地组织制度以及宗教信仰活动。由此，当地物质文化、组织制度以及精神文化相互建构为一个整体，通过年复一年的农耕生产、日常生活以及频繁的节庆活动延续与再现。

（2）鲜活。贵州传统村落与少数民族特色村寨文化不仅保存完整，且以村民的生产、生活、文化娱乐活动为载体，鲜活地彰显出多样化的民族特色。20世纪 80 年代，贵州创造性地推出村寨博物馆，以郎德苗寨为代表的少数民族特色村寨因历史文化积淀深厚、文化遗迹保存完好和鲜活的生产、生活及持续开展的公共文化活动而被增列为全国重点文物保护单位。20 世纪 90 年代，国外兴起的生态博物馆理念与行动实践主张建立以特定区域为单位、没有围墙的"活态博物馆"。它强调保护、保存、展示自然和文化遗产的真实性、完整性和原生性以及人与遗产的活态关系。1997—2004年，贵州因村寨文化完整而鲜活，代表中国与挪威王国合作，在贵州六枝梭嘎、黎平堂安、锦屏隆里、花溪镇山四个古老村寨建立生态博物馆，形成了具有独特自然环境和文化遗产的生态博物馆群。

（3）连片。除了完整、鲜活的特征外，因特殊的地域环境、族群关系等原因，贵州无论是传统村落还是少数民族特色村寨，往往呈现连片或带状特征。如黔东南巴拉河流域两边的苗族村寨群落、清水江流域两岸的苗汉杂居村寨群落、从江县连片梯田及梯田周边村寨。一些地方民族村寨往往以一个中心村为依托，散居在中心村周围，形成"众星捧月"格局，如雷山县西江苗寨、黎平县肇兴侗寨、台江县施洞村，这些村寨不仅是当地中心村，还是周围村寨的市场中心、政治中心、文化活动以及社会交往中心。它们不仅在空间上相连，也在社会交往、婚姻关系、市场交换等方面保持着密切联系。

旅游商品是旅游业的重要组成部分，是推动旅游高质量发展、乡村振兴与民族发展的重要抓手。贵州拥有着得天独厚的自然生态资源以及璀璨绚烂的民族文化，这是发展旅游商品的坚实基础。经过长期的传承与发展，贵州已经形成一批具有鲜明地域性和民族性特征的旅游商品系列，且种类不断丰富。据初步统计，贵州省共有重点旅游商品1361个，涵盖旅游工艺品类、旅游特色食品类、农副土特产品、地方名酒类、旅游茶品类、旅游饮品类等13个种类，其中排名前3位的分别是旅游特色食品类、旅游工艺品类、农副土特产品类，占比分别为21.68%、21.60%和16.02%（见表5-8）。贵州丰富的物产为丰富旅游产品业态、增加旅游消费额、提高旅游综合经济效益提供了重要支撑。

表5-8 贵州旅游商品类型数量及占比

序号	旅游商品类型	数量	占比（%）
1	旅游特色食品类	295	21.68
2	旅游工艺品类	294	21.60
3	农副土特产品类	218	16.02
4	地方名酒类	58	4.26
5	旅游茶品类	133	9.77

序号	旅游商品类型	数量	占比（%）
6	旅游饮品类	32	2.35
7	旅游纺织品类	125	9.18
8	旅游电子类	1	0.07
9	旅游陶瓷、金属、玻璃品类	35	2.57
10	旅游竹木品类	17	1.25
11	旅游个人装备品类	81	5.95
12	旅游纪念类	30	2.20
13	旅游设计创意类	28	2.06
14	其他类	14	1.03
15	合计	1361	100.00

资料来源：贵州省文化和旅游厅、北京颐和文旅规划设计院：《贵州"十四五"旅游商品发展规划》，2020年。

　　过去的贵州长期被"天无三日晴""地无三尺平""人无三分银"的地域文化形象所笼罩。加上严重的石漠化、水土流失、交通不便的劣势，很多地方陷入人口膨胀—生态破坏—经济贫困的恶性循环之中，使得贵州一度成为中国贫困面最大、贫困人口最多、贫困程度最深的省份。党的十八大以来，贵州建立了国家生态文明建设试验区，坚持守好发展和生态两条底线，按照创新、协调、绿色、开放、共享的新发展理念指导发展，把绿水青山变成"金山银山"。2021年生态文明贵阳国际论坛开幕式上，中共中央政治局常委、全国人大常委会委员长栗战书指出，贵州的生态文明建设，是中国生态文明建设成就的一个缩影。如此高的评价充分说明了近些年来贵州在生态文明建设方面取得的巨大成就。

　　综上所述，贵州旅游资源独特性强，村寨旅游资源聚集度高，旅游商品类型多样，旅游开发潜力大。这些极具少数民族特色文化的旅游资源，跟贵州天蓝、地绿、水清、气净的良好生态环境一起，对东部城市居民乃至国外游客构成了强大的吸引力，旅游开发中，若能以县城为联系外地游客的"主阵地"，以旅游景点附近的乡镇为旅游服务业的"枢纽"，以旅游景点或古村寨为"节点"，围绕中心村及周边村寨挖掘资源，充分利用村寨原有的历史传统与社会关联，实现村寨旅游连片、整体式开发，不仅能充分发挥旅游业的带动作用，还将形成"产业链本地化"格局，推动旅游城镇化发展。

二、贵州旅游产业发展的基础

贵州丰富、独特的旅游资源，随着交通、信息等基础设施的完善，具有发展成旅游产业、转化为经济资本、增加人民收入的巨大潜力。贵州地处中国西南内陆地区腹地，是中国西南地区交通枢纽，长江经济带重要组成部分。"十三五"期间，贵州交通基础设施建设大踏步前进。入选首批交通强国建设试点，高铁通车里程 1527 公里，省会贵阳成为全国十大高铁枢纽。贵州省高速公路通车里程 7607 公里，全国排名第五。机场年旅客吞吐量突破 3000 万人次，高等级航道里程突破 1000 公里。这为贵州旅游业高速增长提供了重要基础条件。

21 世纪以来，为了加快贵州省旅游业的快速发展，贵州省委、省政府决定从 2006 年起每年由全省的九个市州轮流举办全省旅游产业发展大会（以下简称"旅发大会"），借助"旅发大会"，整合和动员各方力量和资源、凝聚各方智慧，实现承办地基础设施、生态环境、接待服务和旅游产业发展等方面快速发展。"旅发大会"成为改善旅游发展环境、提升旅游影响力、增进旅游产业与其他产业融合的重要平台。通过连续举办 15 届旅游产业发展大会，贵州省旅游资源开发取得重大突破，全省旅游实现"井喷式"增长（见表 5-9）。

表 5-9　2015—2020 年贵州省旅游总人次与旅游总收入统计

年份	旅游总人次（万人次）	旅游总收入（亿元）
2015	37630.01	3512.82
2016	53148.42	5027.54
2017	74417.43	7116.81
2018	96858.12	9471.03
2019	113526.60	12318.86
2020	61781.49	5785.09

资料来源：历年《贵州统计年鉴》。

"十三五"时期，贵州交通优势以及以"旅发大会"为抓手的组织与制度优势共同推动着旅游业快速增长（见图 5-1）。2016—2019 年，全省接待外省入黔游客人次、旅游总收入年均增长 30% 以上。2019 年，全省旅游总收入跃居全国第 3 位，旅游产业增加值占全省 GDP 的比重增至 11.6%，初步实现了做大旅游业的要求。

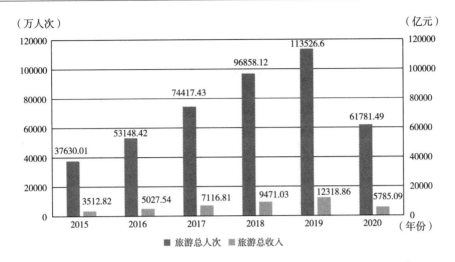

图 5-1 2015—2020 年贵州省旅游人次及旅游总收入

资料来源：贵州省统计局官网。

"十四五"期间，贵州将持续推进梵净山、黄果树、百里杜鹃、龙宫、青岩古镇、荔波樟江、镇远古城、赤水丹霞等 5A 级景区提质增效，推进赤水河谷、野玉海等国家级旅游度假区加快发展，同时推进织金洞、西江千户苗寨、兴义万峰林、朱砂古镇等 4A 级景区创建 5A 级景区，推进天河潭、肇兴侗寨、凤冈心栖茶海等省级旅游度假区创建国家级旅游度假区。"十四五"时期，贵州将大力推动新型工业化、新型城镇化、农业现代化和旅游产业化建设，"四个轮子"将转得更快、转得更好，更加注重推动旅游业高质量发展，持续深化旅游供给侧结构性改革，全面推进全域旅游提质升级，进一步打响"山地公园省·多彩贵州风"品牌，加快建设国际一流山地旅游目的地、国内一流度假康养目的地，加快由旅游大省向旅游强省迈进。

贵州旅游快速发展进程中，与游客流动相伴的资源、信息、资本、项目、技术、管理技能以及公共服务的聚集为旅游城镇化的形成提供了可能。以贵州省第三届"旅发大会"举办地——黔东南西江千户苗寨为例，其借助"旅发大会"创造了村寨旅游开发的"神话"，旅游业不仅成为了当地脱贫致富的主要途径，还实现了文化与旅游的深度融合，走出了一条旅游业带动小城镇可持续发展的新型道路（见表 5-10）。

表 5-10　贵州省历届旅游产业发展大会信息统计表

序号	时间	地点	主题	具体成效	总体成效
1	2006年9月16日	安顺黄果树瀑布旅游景区	"整合资源、创新发展"	①从"旅发大会"举办当年起，黄果树接待旅游人数连续几年实现了一年增长一百万的突破。②第一届"旅发大会"主会场所在地黄果树成为安顺市农民增收最快的区域，增收幅度平均达到10%。③2007年黄果树景区被评为国家5A级景区	1. 2016年，全省共接待游客5.31亿人次，旅游总收入达5027.54亿元，同比分别增长41.2%、43.1%，实现井喷式增长；2017年，全省接待游客次居全国第一位，标志着贵州旅游从全国中游跻身全国前三，入全国第一方阵；2018年，旅游业增加值占GDP比重达到11.3%，成为贵州重要支柱产业；2019年，贵州旅游持续多年井喷式增长。
2	2007年11月6日	黔南荔波县大七孔旅游景区	"整合资源、夯实基础、创新机制、加快发展"	①2007年，黔南州接待旅游总人数比上年分别增长40.78%和33.13%，2006—2012年全州接待旅游总人数与旅游总收入年均增长29.25%和27.59%。②2007年，荔波以旅游业为主的第三产业增长，仅旅游业一项就拉动城乡2万多人从事餐饮住宿服务、旅游商品生产和销售等。③2015年被评为国家5A级景区。④着力打拓"地球绿宝石"、风情黔南州的品牌，加强旅游合作，着力改善旅游交通条件，加快精品景区建设，建设贵州南部"金三角"国际旅游区	2. 从第五届开始，在推进举办地城市建设上，均取得了提速5年以上的显著效果；第七届以来，更加注重带动全区域发展。
3	2008年9月26日	黔东南西江千户苗寨	"建设生态文明、发展和谐旅游"	①西江苗寨农民人均收入从2007年的1700元增加到2012年的8000余元，其中来自旅游方面的收入占70%，旅游业成为当地脱贫致富的主要途径。②世界乡土文化组织推荐的世界十大"返璞归真、回归自然"旅游目的地首选地之一，联合国教科文组织基金会授予的全球18个生态文化保护圈之一，有着得天独厚的文化旅游资源。③充分挖掘厚重的国家级非物质民族文化，促进文化与旅游的深度融合，走出了一条"举办一个节会，打造一个品牌，开发一个景点，树立一个形象，带动一方经济"的文化旅游发展之路，经济实力在全省上合阶	3. "形成了保护一方山水、传承一方文化、促进一方经济、造福一方百姓、推动一方发展"的综合效应，成为助推全省经济社会全
4	2009年9月25日	遵义市	"弘扬长征文化、发展特色旅游"	①全年接待游客1373.8万人次，实现旅游综合收入110.17亿元，分别增长26.5%和35.2%，2008—2012年全市接待旅游总人数与旅游总收入年均增长维持在35.33%和40.52%的高位。②以遵义会议纪念馆为核心，对老城区进行了综合治理，环境得到整治，文物得到整修，旅游基础设施不断完善，建成了一批新兴的乡村旅游点	

续表

序号	时间	地点	主题	具体成效	总体成效
5	2010年9月15日	铜仁市梵净山	"转变旅游发展方式,推动产业优化升级"	①2010年,铜仁市全市接待旅游总人数与旅游总收入比上年分别增长46.87%和26.72%,2009—2012年全市接待旅游总人数年均增长维持在42.09%和49.54%的高位。②投入24.6亿元建设了83个旅游基础设施项目,4243栋重点景区公路沿线农舍得到改造,推动了梵净山休闲度假旅游区和新农村建设	面发展的重要平台,9个市(州)均建立了"旅发大会"机制,部分旅游资源富集的县市分别召开了"旅发大会",逐步形成了省市县三级"旅发大会"格局,平台效应正向纵深拓展。 4.全省旅游基础设施建设、旅游景区开发与保护,旅游市场开拓、旅游产业管理与经营,旅游人力资源的培养和提升都有了明显进步和保持了快速、健康的发展态势。 5.全省建成标准级以上乡村旅游村寨、农家乐经营户等2400余家,带动112万贫困人口受益增收。旅游业作为富民产业,为打赢脱贫攻坚战提供了强劲有力支持。 6.以"多彩贵州满意旅游痛客行"活动、厕所革命、"黔菜改革"行动,
6	2011年9月26日	黔西南兴义万峰湖湖红椿景区		①2011年,黔西南州接待旅游总人数与旅游总收入比2010年分别增长35.71%和58.81%,2010—2012年全州接待旅游总人数年均增长21.04%和50.47%。②投资53亿元建成旅游基础设施、市政设施和旅游道等建设。按常规3年才能建成的从兴义市主会场到红椿景区18公里长的景峰大道实际仅半年工期就施工结束;"旅发大会"后,兴义市城市中心区面积从过去的22平方公里扩大到73平方公里,为建设黔桂三省接合部百万人口城市奠定了坚实基础	
7	2012年4月23日	毕节市百里杜鹃	"磅礴乌蒙花海毕节"	①2012年,其旅游业迅速发展,全市共接待游客1875.26万人次,同比增长29.48%;实现旅游总收入162.96亿元,同比增长32.37%。②完成城市基础设施、交通基础设施、配套服务设施等建设项目314个,总投资521亿元	
8	2013年8月18日	六盘水明湖国家湿地公园	"创新业态,转型发展,打造贵州旅游发展升级版"	①旅游业繁荣发展。全年实现旅游总收入44.36亿元,比上年增长34.9%。②六盘水重点建设99个项目,省级旅游重点项目99个,A级景区从无到有,达到9家,旅游业增幅连续7年位居全省前列;夏季旅游接待人数和旅游总收入连年"井喷",旅游景区从2013年的27个,增加到2019年的499个,省级旅游度假区从无到有。③统筹谋划城市环境整治,旅游业发生巨大改观,功能性市场配套增强了,城市面貌发生巨大改观,助推六盘水从"煤都"到休闲度假旅游城市的整体转型,城市综合竞争力大幅提升	

续表

序号	时间	地点	主题	具体成效	总体成效
9	2014年8月15日	贵阳市青岩古镇	"开放引领，改革驱动，与时俱进打造贵州旅游发展升级版"	①全市全年旅游总人数7240.10万人次，比上年增长20.2%，接待国内游客7225.50万人次，比上年增长20.0%，其中旅游外国游客14.59万人次。旅游总收入874.39亿元，其中旅游外汇收入达5661.94万美元。②投入77亿元打造"1+12"旅游项目，重点推出一批新业态旅游精品，显著增强了贵阳作为旅游项目的地的核心竞争力	革命、旅游行业"不合理低价游"专项整治行动等，全面提升贵州旅游服务质量。7.多点支撑、多业共生，多业融合的大旅游产业格局正在形成。8.多彩贵州知名度，美誉度和客源市场占有率不断提升。9.国家旅游数据（次备）中心落户贵州，一批旅游电商平台得到培育和搭建，黄果树等一批重点镇、青岩古镇等旅游景区建设步伐明显加快
10	2015年7月9日	安顺云峰屯堡景区	"美丽乡村，让多彩贵州更精彩"	①2015年，安顺市全年旅游总人数3901.64万人次，比上年增长22.9%，其中国内游客3890.42万人次，增长23.0%；旅游总收入378.35亿元，增长23.1%。②大力实施"市域景区化，服务标准化，产品多元化，营销数字化"四大工程，重点旅游景区道路和配套设施，景区智慧旅游系统，游客接待综合服务等不断升级。③以黄果树、龙宫为中心，辐射大屯堡、格凸河、坝陵河、环夜郎湖、花江大峡谷、关岭地质公园、黄果树等周边景点的黄果树大旅游圈初步形成，安顺旅游升级版的打造初见成效。全市9个"省级100个旅游景区"建设项目，截至2015年5月，完成投资额22.47亿元，占全年计划的59.41%，占全年计划的。引进旅游招商项目6个，已开工79个，签约资金123.8亿元，实际到位资金8.4亿元。93个建设项目中，已完成42个重点项目，完成投资169.7亿元。④累计整理绿化面积10万平方米，栽种香樟、桂花、银杏等乔木2000余株，灌木300万株	
11	2016年5月10日	遵义仁怀茅台镇	"推进产城景融合，开创全域旅游新格局"醉美山水，谱写多彩贵州新篇章"	①全年接待游客8430.7万人次，实现旅游综合收入792.73亿元，分别增长35.5%和44.9%。②会同遵义市，仁怀市谋划实施了一批总投资达905亿元的161个提升工程和建设项目。长达168公里的赤水河谷旅游公路设立了观光点、休息站和露营点，配备了自行车道，人行步道慢行系统。③旅行社有组织接待游客14万人次，全省旅行社接待游客同比增长82.27%	

续表

序号	时间	地点	主题	具体成效	总体成效
12	2017年11月7日	黔南州平塘县	"聚焦大射电·联通天地人"	筛选了91个重点建设项目，总投资达260亿元，重磅打造"中国天眼"景区	
13	2018年7月16日	黔东南州从江县銮里	"发展乡村旅游，助推脱贫攻坚"	①全年接待旅游总人数10807.59万人次，比上年增长15.6%；旅游总收入937.23亿元，增长20.5%。②2020年镇远古镇被评为国家5A级景区。③大力推进"厕所革命"，新建旅游公厕100座以上	
14	2019年9月28日	毕节织金县平远古镇	"促文旅农商融合，走旅游扶贫新路"	①全市接待境内外游客12100万人次，同比增长21%。其中，接待国内游客12090万人次，接待入境游客10万人次。实现旅游总收入1107亿元，同比增长33%。②全市涉旅在建项目共36个，同比增长5%。百里杜鹃景区、织金洞旅游景区4A级旅游景区、6家景区通过国家4A级景区景观质量评审。建功创建国家4A级旅游景区。黔西南中果河旅游景区成成85座旅游圆所拜投入使用。评定3个乡村旅游村，其中甲级旅游村11寨5家，五星级农家乐3家，精品级客栈2家。旅游招商引资签约项目11寨5家，到位资金4.3亿元。纳入贵州旅游精准扶贫云系统356个村，受益6.12个，到位资金4.3亿元。纳入贵州旅游精准扶贫云系统356个村，受益6.12万贫困人口	
15	2020年9月21日	六盘水市盘州市	"旅游新使命，健康新生活"	举行贵州省文化旅游产业招商推介会，大会共签约项目75个，合同投资额达550亿元，涵盖休闲度假、餐饮住宿、户外运动、文化创意、生态特色食品等8个类别	

资料来源：根据贵州省旅游与文化厅、贵州省统计局、安顺市人民政府、黔西南依族苗族自治州人民政府、黔东南苗族侗族自治州人民政府、遵义市人民政府、铜仁市人民政府、黔西南州人民政府、毕节市人民政府、六盘水市人民政府、贵阳市人民政府提供的资料数据整理。

第二节　旅游产业化助推新型城镇化的理论逻辑与现实可能

贵州在新型城镇化建设中，要将旅游产业化作为经济增长方式的重要支撑来进行考虑，并不是异想天开，也不是一厢情愿，而是在根据贵州城镇化发展的现状和潜力进行理论与实践分析的基础上作出的合理推断。贵州工业、农业产业发展的"弱质性"与城镇化推进的"后发性"特征，决定了贵州必须寻找城镇化推进的"新力量"；而贵州省旅游产业经过多年发展，特别是"旅游小镇"建设，则为旅游产业化助推新型城镇化奠定了坚实的实践基础。

一、旅游产业化助推新型城镇化的理论逻辑

按照西方学者区域增长极理论以及我国东部沿海经济发达地区区域经济发展的实践经验，城镇化通常发生在区位优势明显、交通便利、资源富集、有产业支撑的区域。在这个过程中，工业化成为城镇化的根本动力。若按这样的理论逻辑与实践经验，贵州除像盘州、水城等地借助煤炭资源获得城镇化的结构要素来源，并没有工业化的基础和条件。即便是贵阳、安顺等地曾依靠国家"三线建设"奠定了工业化基础，但随着国家战略转移，"三线建设"时遗留的工业化遗产因科技人员的大量外流、技术含量不够高，很难获得工业化竞争优势。不仅如此，近年来国家对环境污染整治力度的加大使得依靠粗加工工业推动城镇化发展的路径遭遇政策约束与限制。因此，在原有工业城镇化的基础上，有必要引入新的推动力量，加快贵州城镇化建设。

如果说工业化并非贵州城镇化发展的根本推动力量，那么，是否可以考虑将农业产业化视为贵州城镇化的根本推动力量？答案是否定的。贵州高原山地居多，全省地貌由山地、丘陵和盆地构成，其中92.5%的面积为山地和丘陵，盆地面积不足10%；耕地面积少，素有"八山一水一分田"之说。除像遵义湄潭、安顺平坝等极个别区域可以依靠坝区实现农业规模化生产进而推动城镇化发展以外，贵州省域内绝大部分区域因喀斯特山地自然切割形成的碎片化耕地条件、改

革开放后因家庭联产承包责任制的推行形成的以小农户为生产经营单位与不发达的交通条件叠合，使得广大农村地区的农业生产难以转换为规模化产业竞争优势，形成人力、资源、产品与公共服务集聚，推动农业城镇化发展。

除了工业化、农业化推动形成的城镇化外，各地基层政府所在的集镇具有中心带动与服务功能。然而，改革开放以来，随着大量农村务工人员的外出，曾经热闹的集镇逐渐变得冷清与惨淡，集镇更多凸显基层治理功能，原有的经济、文化、社会功能不断萎缩。很多乡村集镇不到中午十二点，赶集人员早已离去。除春节因大量外出务工人员返乡形成短暂性热闹氛围以外，日常集镇往往冷冷清清，无法聚集资源与人气。脱贫攻坚政策实施以来，一些生态环境恶劣、交通不便的贫困区域的贫困户在地方政府支持下，从山间搬迁至城镇集中安置，形成移民搬迁小镇。地方政府虽为移民小镇居民修建了公共设施，但因这样的小镇同样不能集聚资源和人气，部分贫困户经常在移民小镇与原有居所来回往返，或依旧通过外出务工获取生计来源。因不能集聚资源与人气，移民小镇发展同样举步维艰，往往有城（镇）无市，没有生命力。

贵州这样的西部少数民族贫困省份，长期以来因不发达的经济水平、落后的交通条件反而孕育了富集、多样且厚重的文化资源。从传统村落的数量来看，位居全国第一。少数民族特色村寨的数量同样位居全国前列。这为贵州旅游城镇化的形成和发展奠定了坚实的资源基础。近年来，在地方政府的助推下，一批以传统村落、文化小镇为载体的旅游城镇不断兴起。与工业城镇化、农业城镇化及移民城镇化相比，旅游城镇化具有不可比拟的优势。旅游业作为一项特殊的产业，具有生产与消费同步、关联带动作用强的簇群经济特征。在旅游城镇化发展过程中，因外来游客的流入带来人员、信息、资本、管理技术以及公共服务的聚集，从而形成区域性支柱产业并带动农业、加工业、服务业的整体性发展，使农村剩余劳动力向第三产业和旅游城镇转移。

对来自广大农村的贫困农民而言，贵州旅游城镇化有着特殊的社会功能与价值。中华人民共和国成立以来，计划经济体制时期形成的城乡二元结构的制度壁垒塑造的城乡差异与改革开放后市场经济逐步向西部地区扩散，共同牵引着贵州这样的西部少数民族贫困地区的农民流向城市或东部发达地区，导致贵州广大农村、城镇空心化，产业发展与乡村治理的社会基础严重缺失。旅游城镇化进程中孕育的商机不断牵引着原有城镇、村落（寨）外出务工的青壮年劳动力、能人精英返乡创业、就业，城镇的经济、社会与文化功能得以复兴与再造。从社会转型成本的角度来说，旅游城镇化的过程意味着无须将广大贫困地区农民推到城市中去接受现代化的洗礼。不仅如此，城乡二元结构形成的制度壁垒使外出务工人员不得不担负高额的教育、医疗等费用。旅游城镇化进程中，逆向流动带来的不仅仅是外出务工人员的回归，同时包括外来资本、信息、管理技术的流动以及村寨土地、房屋资产的升值。"在地"的现代化，不仅有利于降低当地人的流动成本，还使得他们可以将乡村生活技能、日常爱好转换为旅游生存资本，无须进行额外的人力资本投资，并能获得良好的生计来源。尤其是对少数民族村镇的妇女而言，他们利用女性能歌善舞的优势，能较为轻松地融入到旅游服务中。这样，旅游城镇化创造了"离土不离乡"的生计方式，旅游城镇及周边村寨居民白天到景区旅游公司、农家乐、酒店上班，或自我寻求商机创业，晚上返回家中住宿，照顾家中老人和小孩。在此过程中形成的"亦农亦旅"家庭角色分工，使得家庭成员一方面可以通过参与旅游解决家庭开支市场化的问题，另一方面可以利用家庭生产的农产品解决生活中吃的问题，无须通过额外的货币解决家庭日常开支。这样，吃饭靠种田，花钱靠旅游成为当地农民的真实生活写照。

旅游城镇化对我国整体城镇化进程具有重要的价值和意义。旅游城镇化一方面可以确保当地人有充分的就业和获益机会，另一方面可在一定程度上降低城市化进程中社会保障的巨大压力。旅游城镇化进程中，城镇及周边村落（寨）农民除了能享受旅游业发展形成的红利外，他们同时能继续在农村享有获得土地使用权的身份。这样，旅游城镇化进程中的农民作为"能动的主体"嵌入中国式城乡二元结构中，形成了"以代际分工为基础的亦农亦旅、半工半耕"生计模式。在这样的家庭再生产过程中，农民避免了城乡之间双向流动带来的高额的经济与社会成本，农村社会也保持了有序分化和稳定，避免了发展中大国普遍出现的城市"贫民窟"现象及由此引发的政治社会动荡，形成了独具贵州特色和优势的渐进城镇化。

二、旅游产业化助推新型城镇化的现实可能

20 世纪 80 年代以来，贵州省著名国家重点风景名胜区黄果树景区周边，因大量中外游客的到来，吸引了景区周边居民前往景区附近为游客提供向导讲解、旅游商品销售、摄影、餐饮等服务。随着旅游市场规模的不断扩大和地方政府力

量的推动，最终在黄果树景区附近形成了黄果树旅游小镇。这对于丰富黄果树景区旅游产品业态，延长游客停留时间，增加游客消费额，从而有效解决景区周边居民就业，带动当地农民脱贫致富无疑具有重要的社会经济意义。

除了依托自然景区形成的旅游小城镇以外，贵州特殊的历史文化发展进程与革命传统形成的古城（村）镇及其包含的古遗迹、文化遗产为旅游城镇化的自然形成与良性发展提供了重要载体和资源凭借。在市场需求的刺激和地方政府的积极推动下，贵州各地分别形成了以历史文化为主题的旅游城镇，如镇远古城、青岩古镇、天龙古镇、隆里古镇、下司古镇等旅游城镇；以民族文化为主题的旅游城镇，如西江苗寨、肇兴侗寨、施洞古镇等；以革命历史传统为主题的旅游城镇，如以遵义会议会址为载体的遵义古城、以黎平会议会址为载体的黎平古城、遵义市习水县土城镇。

21世纪以来，在贵州旅游业蓬勃发展的基础上，为了把旅游业尽快培育成战略性支柱产业，中共贵州省委在《关于制定贵州省国民经济和社会发展第十二个五年规划的建议》中就明确指出，贵州将加快建设旅游经济大省，大力实施品牌带动战略，加快发展一批专业旅游城市、旅游村镇、旅游文化商品集散地，推动旅游产品多样化、规模化发展。由此，旅游资源开发成为贵州城镇化建设的重要推动力量，旅游资源开发与城镇化建设被提到地方社会经济发展的战略高度。2012年，贵州省第一届小城镇建设发展大会召开，随即出台了《关于加快推进小城镇建设的意见》，强调将扶持100个各具特色的示范小城镇，全面推动贵州山地特色新型城镇化发展。其中，100个特色小城镇包含了27个专门的旅游景观型小城镇。另外，交通枢纽型、绿色产业型、商贸集散型、工矿园区型小镇实际上也为旅游城镇化发展提供了空间载体和资源基础。在此基础上，2013年贵州省出台了《关于支持"5个100工程"建设政策措施的意见》，其中涉及了100个产业园区、100个高效农业示范园区、100个旅游景区、100个示范小城镇、100个城市综合体。该意见明确提出将从土地政策、财政政策、金融政策、人才政策等七个方面予以"5个100工程"大力支持，这对于推动旅游与农业、工业的产业融合，加快旅游城镇化建设无疑具有重要意义。在上述政策的推动和支持下，贵州一批特色鲜明的旅游小镇获得了复兴和快速发展，典型如花溪区青岩古镇、雷山县西江苗寨景区、黎平县肇兴侗寨景区、西秀区旧州屯堡小镇。

"十三五"期间，贵州按照品牌引领、景城一体、功能提升的要求，实施

"旅游+新型城镇化"行动，重点做强 1 个国际山地旅游中心城市——贵阳，提升遵义、六盘水、安顺、毕节、铜仁、凯里、都匀、兴义 8 个区域性山地旅游枢纽节点中心城市，支持建设赤水、荔波、镇远、仁怀、平塘等 50 个山地旅游节点城镇，着力打造 70 个基础良好、特色鲜明、示范性强的历史文化型、景区依托型、主题型、交通枢纽服务型四类特色旅游小镇。在贵州山地旅游城镇体系建设中，进一步完善优化旅游城镇建设规划，促进城镇建设与旅游发展有机融合；强化城镇基础设施和服务设施建设，加强城镇环境整治和营造良好旅游环境，强化旅游咨询与客源组织功能，培育游憩商业街区和旅游综合体，完善城镇旅游公共服务体系；结合旧城改造和新区建设，建设历史文化、休闲购物、餐饮娱乐等不同类型特色旅游街区；突出城镇文化内涵和风貌特色，重视旅游节点塑造，建设体现城镇文化特色的文化场馆、体育场馆、城市公园、主题公园、博物馆等休闲场所，合理确定城镇景观风貌分区和景观视廊，积极打造一批具有国际影响力的山地旅游城镇品牌形象。

对贵州而言，旅游城镇化发展过程中形成的资源、生产要素与人员的集聚，以及城镇化进程中形成的商机与就业机会无疑对带动文化旅游资源富集区贫困农民脱贫致富具有重要价值。因此，脱贫攻坚政策实施以来，旅游扶贫成为贵州贯彻落实脱贫攻坚政策的重要抓手。为落实旅游扶贫的战略计划，贵州结合新的交通格局以及 14 个深度贫困县、20 个极贫乡镇和 2760 个深度贫困村的旅游资源分布状况，加快编制和完善全省旅游扶贫规划及各地县域旅游扶贫规划，重点将极贫乡镇新发现的新旅游资源予以规划与开发，解决极贫乡镇建档立卡贫困户的就业和收入问题。在全省旅游扶贫政策的大力推动下，贵州涌现出多个具有地方性、民族性的旅游小城镇，如丹寨万达小镇、雷山县大塘镇等旅游精品小镇。新诞生的旅游小镇作为旅游扶贫的重要力量，对丰富地方旅游产品内涵和带动当地贫困户脱贫致富发挥着重要作用。

脱贫攻坚结束后，"乡村振兴"正在被提上议事日程。脱贫攻坚与乡村振兴具有内在的逻辑关联，两者在目标、政策取向上前后衔接、高度重合，在内容上相互嵌入，在制度上相互依赖与借鉴。鉴于脱贫攻坚时期贵州旅游小城镇发展对于扶贫的重要价值和意义，旅游小城镇建设与发展将继续成为下一步贵州落实乡村振兴战略的重要抓手。例如，贵阳市清镇市红枫湖镇正充分利用红枫湖景区的资源禀赋优势和靠近贵阳市的交通区位优势，通过探索农村土地"三权分置"，调动农户、村集体以及社会资本参与乡村产业发展的积极性，为贵州即将推进的乡村振兴战略探索地方经验。

根据《中共贵州省委关于制定贵州省国民经济和社会发展第十四个五年规划和二〇三五年远景目标的建议》，"十四五"期间，贵州将实施特色小镇培育创建工程，以微型产业集聚区为空间单元，因地制宜发展先进制造类、数字经济类、商贸流通类、文旅康养类、体育运动类、创意设计类等特色小镇，构建产业特、功能强、形态美的生产生活生态"三生融合"空间；持续推进特色小城镇健康发展，实施"一镇一特"产业培育计划，深化改革创新，推动产业发展、综合整治、镇村联动等提质升级；到2025年，培育建设100个省级特色小镇和特色小城镇；持续推进青岩古镇、西江千户苗寨、大黄果树、大荔波、赤水丹霞、百里杜鹃、织金洞、环梵净山、万峰林、茅台古镇等旅游产业集聚区建设。

当然，虽然农业、工业均不能作为贵州城镇发展的根本力量，但也绝不意味着要将旅游产业化作为唯一的城镇化支撑力量。正因为贵州整体经济发展的"滞后性"、区域的"差异性"以及农业、工业、旅游业的"弱质性"，贵州的新型城镇化发展需在两个方面做出矫正：一是要坚持农业、工业、旅游业与新型城镇化"四个轮子一起转"，根据地方的不同资源禀赋对推进新型城镇化的力量进行搭配，形成发展合力；二是要将新型城镇化建设的关键节点从"城市群""城市圈"等延伸到县城、乡镇，以建设"城乡圈"来回应、支持"城市群""城市圈"，以此来带动广大乡村的发展与振兴。

第三节　贵州旅游产业化助推新型城镇化的问题与优化路径

一、贵州旅游城镇化的问题与矛盾

与全国绝大部分旅游小镇相似，贵州旅游小城镇往往由过去的区域性行政中心、历史文化与民族聚集地、工业制造与手工商贸地改造升级而来，空间与功能的相互叠合，旅游城镇化进程中利益主体的逐渐增多，使得传统向现代的过渡与转换中必然产生新的结构性矛盾，因而旅游城镇化进程中经济繁荣的背后总是潜藏着隐患与矛盾。

（一）旅游小城镇建设中的体制机制矛盾

贵州旅游小镇虽有旅游资源禀赋的优势，但因过去交通条件通达性差，公共基础设施供给不足，旅游市场潜力与商机尚未显现，加之小镇旅游资源产权特殊（尤其是国有产权、集体产权与私有产权的交织与嵌套），人力资本的产权难以界定，由此带来的高额的交易成本往往对外来的战略投资商难以产生吸引力，只能依靠地方政府或其下属的国有旅游公司作为开发与运营的主体。从实际运行状况来看，由地方政府及国有旅游公司推动实施的旅游小城镇建设虽在公共基础设施建设、产品业态的丰富与完善、市场营销等方面取得了明显的成效，但政企不分的体制弊端在旅游城镇化进程中难以避免，限制了旅游城镇化的发展。例如，由贵旅集团买断天龙旅游公司经营权后"二次开发"的天龙屯堡古镇，旅游城镇化进程中虽有大量项目资金的注入，并带有国有企业的体制优势，但经济资本与政治体制的优势最终并未转换为市场与旅游经济优势。从市场绩效来看，贵旅集团介入后，甚至未能赶上与天龙村有较强社会关联并带有社区性质、投资规模较小的天龙旅游公司时期的市场规模。

（二）旅游城镇化发展中产品结构单一、文化内涵不足、旅游商品同质化现象严重

旅游产业是旅游城镇化可持续发展的重要保证。然而，贵州旅游城镇化进程中，由于对地方文化内涵理解不够，资源深度挖掘不足，加之缺乏有效的规划、管理与引导，导致旅游产品结构单一，大多处于到此一游的观光阶段，休闲度假以及深度体验的旅游产品严重缺失。部分颇有历史文化底蕴和革命传统的旅游城镇，因为讲解员水平有限，无法通过有吸引力的诠释激发游客的兴趣、延长游客逗留的时间。大多数旅游城镇的旅游商品属非在地化生产，来源于大城市小商品批发市场，完全脱嵌于当地自然环境与历史文化。有的旅游商品虽非在地化商品，却被标上地方文化符号标识，严重损害了当地文化形象与旅游品牌。在西江苗寨，常常听到带有浓厚的外地口音的经营者叫卖"苗药、苗药"。当外来游客询问他们是不是当地人时，他们却不假思索地回答："我就是当地人，按照苗族父子连名制计算方法，我们祖上已经居住在西江几百年。"实际上，经营者并非

当地人，他们经营的苗药也绝非源自当地。

（三）旅游小城镇发展中公共事务治理难度加大

首先，小城镇内部，住户之间因为区位、成员能力、家庭社会资本的差异往往导致收入不一，内部逐渐产生分化。其次，随着外来资本持有者、地方政府以及行业管理部门的进入，小镇居民与地方政府、外来企业之间因价值取向、目标与诉求差异，对公共事务往往持不同态度，因而存在着矛盾与冲突。如何管理好无血缘、亲缘的这部分人群，将他们转换为地缘共同体，无疑具有较高的难度。最后，随着旅游业的快速发展，旅游小镇自然成为利益密集区。利益密集区的公共事务，往往具有较强的关联性，正所谓"牵一发而动全身"，小事如果未能及时处理，往往容易引发全社会关注的群体性事件，影响旅游城镇的形象和旅游业的正常运行。

（四）旅游城镇化带动能力有限

城镇通常为农村政治、经济、文化甚至社会交往的中心，因此，旅游与城镇功能的叠加必然伴随和延伸城镇这一功能。然而，由于旅游规划、景区建设时产品业态布局、旅游线路设计等诸多方面的缺陷，旅游城镇化发展并未发挥出应有的带动作用，个别地方甚至反而因为城镇向景区功能的转换，给周边村寨居民的生产生活带来了诸多不便。例如，旅游人次规模超过黄果树景区的西江苗寨景区，除了解决城镇周边村寨农民的临时性就业以外，并没有将旅游商机与产业链惠及乡镇范围内的其他村寨。不仅如此，景区周边传统村落因受利益驱使，加快了房屋建设、改造的进程，妄图从西江苗寨规模化的市场范围中分走部分红利；但事与愿违，周边村寨居民不仅未能获得相应利益，甚至在旅游业尚未波及该地时，聚落景观与房屋外形已经面目全非，遭到破坏。再如黎平肇兴景区，该景区建成后，之前肇兴中心城镇通往周边村寨的道路被封堵，当地村民需要定期办理过往通行证方能通行，外来的探亲访友者因禁止通行，需要绕道而行，这给当地居民生产、生活带来了诸多不便。

（五）旅游小城镇发展中社区参与不足与过度参与问题并存

旅游小城镇发展中，社区居民的有效参与是旅游业可持续发展的重要保证。然而，贵州旅游城镇化进程中存在社区过度参与和参与不足并存的问题，危及旅游城镇化的可持续发展。过度参与表现为当地居民专注于旅游经营活动，将参与的内容聚焦于房屋出租、家庭旅馆经营、摆摊设点、到旅游公司就业等经营方面，对公共事务的关注度不够。村民对致富的渴望及对经营活动的过度参与对公共事务的关注形成强烈反差，不仅容易引发当地居民之间的矛盾与冲突，也增加了地方政府动员、组织村民参与公共事务的难度。例如，面对日益上涨的房租，当地居民不顾景区规划的要求，随意扩大、改变自家房屋结构与外形，影响了景区整体景观质量。参与不足首先表现为旅游城镇参与空间范围不足。景区主干道两侧是游客较为集中的区域，当地居民可以通过开门面、农家乐或出租房屋等利用自家房屋获取资产性收益；而住房位置偏僻，远离景区主干道的居民因区位劣势很难获得经营机会。其次是参与内容不足。地方政府快速推进的旅游城镇化进程中，一些事关旅游城镇化有序发展的公共事务治理未能及时进入到公共程序过程中，当地居民在景区重大事务以及事关自身利益的决策中未能充分有效地表达意愿，极端的个别居民选择将怨气发泄到景区环境和基础设施上，比如故意打砸路灯、破坏护栏、垃圾桶等。

二、贵州旅游产业化助推新型城镇化的优化路径

（一）加快旅游与相关产业的融合，丰富旅游城镇产品业态

丰富的产品业态与产业聚集是确保旅游城镇化可持续发展的重要保证。贵州旅游城镇化进程中，要挖掘地域文化，将地方自然、历史文化元素融入城镇化各项建设中，凸显地方文化特色。首先，结合贵州山地环境，瞄准绿色无公害和有机农产品，选择在"小而精、小而特、小而全"上做足旅游与农业深度融合的文章，让旅游业与农业、养殖业深度融合发展，通过产业要素优化组合凸显差异性和独特性。农业与旅游的融合不仅要着力于结果的融合，还应关注过程和细节。与工业生产要求的专业化、精密化加工过程不同，农业生产带有劳动密集型生产的特征，通过农业生产过程展示与参与式细节体验，不仅能增强农业生产过程与产品的诠释功能，让游客获得深度体验，增强游客的旅游商品购买欲望，增加旅游消费额进而提高旅游经济体量，还能实现资源的充分利用和优化配置，为当地农民致富提供产业支撑。其次，在加快农业与旅游融合的同时，旅游城镇化进程中还应考虑小城镇原有的传统和文化底蕴优势，加快旅游与传统手工业、加工业的融合，尤其要关注民族地区非遗+旅游，将原有的传统手工艺、加工业制作过程还原，将商品生产加工制作与游客体验融为一体，让游客在获得深度体验、感知地方文化的同时增强对商品的信任和购买信心。最后，以赤水河流域的

仁怀、习水、金沙等地为核心，以原料种植及仓储、白酒收储、包装印务、酒类销售、现代物流、酒旅融合为支撑的白酒产业生态圈，打造世界级酱香型白酒产业基地核心区，推动旅游与白酒产业深度融合，进一步丰富贵州旅游城镇的产品业态。

除了实现旅游与文化、农业、传统手工业/加工业深度融合外，一些新崛起的功能型城镇将为旅游城镇化发展注入新的活力。通过功能转化与流程再造，这些功能型小城镇转换为旅游小城镇，开展旅游活动的可能性较大。具体来说，可从以下三个方面着手：

（1）加强对现代商贸物流园区的改造，优化旅游购物环境，为游客提供购物服务。

（2）通过对花溪大学城、清镇职教园旅游功能的改造，积极提供研学旅游服务。

（3）推动贵州美食、动漫、娱乐、体育、古生物化石、"三线建设"等主题小城镇建设，为到访游客提供多样化服务。以贵州体育小城镇建设为例，体育特色小镇是体育产业转型与升级的表现，是集运动休闲、旅游观光、新型城镇化建设、新时代文化传承于一体的发展综合体，是体育产业小镇和美丽城乡建设的新举措，也是发展健康生态旅游的重要依托（见表5-11）。到2025年，贵州将重点打造10项具有影响力的体育品牌赛事，建设30个省级城镇体育旅游示范基地、30个省级景区体育旅游示范基地、10个特色体育小镇。

表 5-11　2020 年贵州省体育特色小镇创建名单及特色

名单	特色
六枝特区牂牁江体育特色小镇	拥有牂牁江国际滑翔伞训练基地、老王山国家生态型多梯度运动训练基地、云上牂牁生态康养基地等休闲体育场所，小镇依托天然的湖泊与多样的地形地貌特征，适合数量众多的户外休闲运动项目，其中众多项目以极限、探险为核心，适合滑翔伞、水上摩托、皮划艇、铁人二项等多项运动
花溪天河潭康养体育特色小镇	国家 AAAA 级旅游景区，是以典型喀斯特自然风光为主，以历史名人隐士文化、体育体验项目为辅的旅游风景区，体育体验项目有高空索道极限运动、溶洞探秘、户外拓展营地、太阳广场风筝运动、户外健步项目等
黄平旧州低空飞行康养体育特色小镇	以黄平县旧州机场为基础，围绕"飞行表演及体验、通航人才培训和通航运营"三大功能定位，推动体育旅游产业发展

续表

名单	特色
都匀国际足球小镇	集世界足球文化、足球赛事、青训、夏令营、球迷文化活动、休闲娱乐、户外活动、康体养身、研学旅游等为一体，是我国西南地区唯一一个具备规模、以足球为主题的特色文旅小镇

资料来源：根据贵州省体育局提供的资料整理。

（二）充分发挥旅游城镇的中心地位作用，带动周边村寨整体发展

旅游小城镇作为贵州农村政治、经济、文化中心，在信息、人才、资本、管理等方面具有聚集优势，这为旅游城镇发挥"龙头"作用、带动城镇周围村寨整体性发展打下了坚实基础。旅游城镇化进程中，应着力抓好规划设计，打破体制机制的限制，通过整合项目资源，优化空间布局，充分发挥城镇要素集聚和辐射带动能力，让中心城镇与周边村寨形成较强的产业关联，形成"产业链本地化"的态势。中心城镇周边村寨应结合自身资源优势，与中心城镇形成合理化分工，培育"一村一业"，为中心城镇提供餐饮等原材料供给。进而，通过内外差异化分工，将旅游小城镇建成具有细分高端且主题鲜明的产业特色、产城融合且功能多元、具有不同层次、互惠互利的经济共同体，推动区域经济整体发展。

（三）加快旅游小城镇与大中城市经济体的联系，构建新型"城乡圈"

小城镇是村落与现代城市的过渡形态，除了要加强与城镇周边村落的联系外，加强旅游城镇和大中城市、城市群的联系同样重要。20世纪80年代，无论是带有集体企业性质、利用乡镇企业发展起来的"苏南模式"，还是充分利用区位优势、得益于"前店后厂"的"珠江模式"，无不是利用与大城市之间的联系发展起来的。大中城市居民因城市环境、就业与工作压力，常常到边远地区的旅游小城镇寻求放松与休闲，城乡流动的可能性较大。因此，为了将可能转换为现实，可通过政府引导、社会组织参与，积极搭建城市居民小区与边远旅游城镇之间的连接通道，促进城乡人员流动、物资流通，缩小城乡二元结构，推动旅游城镇化和城乡一体化发展。

现代都市圈不仅是优质资源聚集地，同样也是客源市场输出地。在贵州旅游城镇化进程中，国内大中城市与贵州特色小城镇之间具有地域文化上的差异，容易产生旅游吸引力，生成旅游流，进而促进贵州旅游业的发展。因此，贵州旅游城镇化发展中，一方面利用与国内城市群气候、地域文化的差异，以及近年来交

通条件大幅度改善的优势便利，加大宣传力度，积极主动与大中城市游客群体对接另一方面借助脱贫攻坚时期，与东部发达城市建立的东西部协作关系，加强双方之间信息、人员、游客的互动与交流，将村落—城镇—大城市构成一个区域经济和社会发展的大系统。这是一个在社会主义的制度下实现的发展系统，是在国家体制优势安排下实现的协作，具有资本主义国家不具备的优势。

（四）搭建旅游城镇化发展中合作治理的空间和平台，注重人的城镇化

旅游城镇化发展中，利益主体的增多以及文化差异导致认同难度较大，信息不对称引发相互之间互不信任，决策偏好差异导致合作难度增加。为推动多方合作，需要以村镇重大事务为契机，构建公共事务协商的场域，为公共事务有效治理提供空间与平台。借助于这样的公共场域，各种不同意见与诉求得以充分表达，甚至展开对抗性交流，在此基础上达成的公共政策与制度规范具有较强的稳定性和权威性，易得到参与主体的普遍认可，能够降低集体行动与协同治理的成本。当然，公共性的生成不可能一蹴而就，需要逐渐推进。需要注意的是，城镇公共空间的功能存在差别，功能越丰富多样，满足人们需求越广泛，公共空间在城镇的价值与地位越高。换言之，公共空间的关联性越强，公共空间的地位越高，越发容易获得人们的关注。重要的公共空间甚至会产生集聚作用，不仅会产生公共空间资源和人力资源的集聚，更容易生成舆论等非正式制度。旅游城镇化发展中，地方政府如果能以这样的公共事务作为载体，或者将公共事务置于这样的场域，治理中充分考虑当地的历史、文化、社会结构以及居民利益，充分挖掘治理的地方性智慧，发挥城镇居民的主体性作用，通过民主决策、管理、监督实现公共事务的治理，将有助于培育共同体。另外，信息技术与大数据为公共事务治理提供了更加开放多元的公共平台，这一虚拟平台不受参与者时间和空间的约束而将参与者勾连并有效组织起来，借此表达参与者的诉求和意愿。在这样的治理背景下，地方政府应以网络空间为载体，及时发布与旅游城镇发展相关的信息，汇聚与旅游业发展相关的公共议题，动员居民参与公共政策的制定和修改、公共事务的管理与监督。

（五）构建合理的利益分享机制

旅游城镇化是以城镇及其周边村寨的地域环境以及当地人的生产、生活、娱乐为旅游吸引物而建构的活态旅游景区，具有不同于自然景区、人造景观的属性特征。在旅游城镇化进程中，当人的"人力资本"价值得不到实现时，"人力资

本"的所有者将通过降低自身人力资本价值，如不配合管理者、随意谩骂游客等方式表达不满，最终导致旅游市场失序，危及旅游业可持续发展。以人为主体的景区与新型城镇化发展中"人的城镇化"具有同构的一面，要求旅游城镇化进程中密切关注利益相关者的收益，通过制度性收益协调解决问题。在西江苗寨旅游发展过程中，面对收益不均的问题建立的"文化奖励基金"的分配方案，对激励当地村民保护村寨聚落景观、化解村民之间矛盾无疑具有重要的示范意义。针对旅游城镇化发展中利益分配不均等问题，考虑通过旅游空间线路的重构和游客流向的改变以及产业链的拓展与延伸寻求解决方案。

第六章　城镇体系建设与新型城镇化

在人类迈向现代化的过程中，城镇、城镇间交通连廊和城镇间联系流、相互联系区域等多个要素按一定规律组合而成的城镇网络，以及由小城镇、县城、小中大城市乃至城市圈、城市群等不同层次的城镇构成的城镇体系，逐渐成为城镇发展所关注的重要问题。新型城镇化发展，必然包括城镇、城市、城市群等层面与维度的建构、联动、变革、演进与发展。在经济欠发达、欠开发的西部少数民族地区贵州，新型城镇化是当前及今后相当长一段时间需要完成的发展任务，也是需要加强研究的重要议题之一。为了使新型城镇化的研究更为深入、客观、全面，本书将从城镇体系建设的角度来探讨新型城镇化，从城镇、城市、城市群等层面和纬度来考察贵州新型城镇化过程中面临的问题以及主要的做法及经验，并在此基础上探索下一步发展的可能路径。

第一节　新型城镇化视阈下贵州城镇
体系建设现状与问题

一、城镇体系建设的基础与城镇化早期进程

近年来，在国家相关政策大力倾斜和帮扶，以及贵州自身的经济发展的共同推动下，贵州的城镇化进程进入加速发展时期，城镇化率得以大幅提升。"十二五""十三五"期间，贵州社会经济与城镇化建设取得了重要的进展。"十二五"

期间，贵州省 GDP 年均增长率为 12.5%，实现了跨越式发展。到"十三五"期间，贵州经济延续了这一良好的增长势头，GDP 年均增长率为 10% 左右。受益于经济的快速增长，"十二五""十三五"期间，贵州城镇化人口增幅较大。2010 年，贵州省城镇常住人口为 1174.78 万人，城镇化率为 33.81%。到 2015 年，贵州省城镇常住人口增加到 1482.74 万人，城镇化率增加到 42.01%，年均增幅为 1.64%。到 2019 年，贵州省城镇常住人口增加到 1775.97 万人，城镇化率增加至 49.02%，年均增幅为 1.75%。

但是，贵州城市发展和城镇化发展面临着一些限制性条件。首先，贵州城市发展和城镇化有着自身的特殊性。与东部、中部地区的城市发展和城镇化不完全相同，贵州城镇的出现及发展一开始就有着自身的发生学逻辑和发展历程。相关研究表明，贵州重要城镇的出现及发展主要是明清以来的事情，并与当时的治所、驻屯、通道有着密切的关系，带有鲜明的政治、军事色彩，经济辐射力较弱，文化传播范围有限。[①] 受地理环境和社会经济等多重因素的影响，在 20 世纪前的 70 余年里，贵州的城镇、城市经历堪称艰辛近代化转型。[②] 改革开放以来，贵州城市在国家和市场等因素影响下经历了很大的发展变迁。[③] 可以这样说，20 世纪 90 年代特别是改革开放以前是低速度、低水平、低质量的发展，甚至在 20 世纪 70 年代还一度陷入短暂停滞的状态，真正的较快速度的发展是最近 10 余年的事情。

其次，贵州城市发展基础薄弱。受农业约束较大，城镇规模普遍较小，受落后的交通条件限制，城镇较为分散，城镇间联系较少，当地人的生计方式与附近农村无实质性区别。产业结构上，很多小城镇乃至县城的第一产业占据了非常大的比重。1990 年，贵州建制镇中八成以上的经济收入来自传统的农业种植。虽然，贵州也有一些城市和重要城镇的产业属于工业导向型和资源导向型，但受资源的局限，城镇经济的波动性较大，并对资源存在很大的依赖性，市场竞争乏力，具有产业层次低端、产业结构不合理、第三产业发展极为有限的特点。[④]

最后，贵州城镇化发展长期滞后于全国发展平均水平，增幅较为缓慢。截至

① 范松：《黔中城市史：从城镇萌芽到近代转型》，贵州人民出版社 2012 年版。
② 范松：《黔中城市史：近代化的艰辛历程》，贵州人民出版社 2013 年版。
③ 范松：《黔中城市史：建设循环经济生态城市群的征程》，贵州人民出版社 2015 年版。
④ 杨昌鹏：《贵州城镇化理论与实践研究》，华中师范大学博士学位论文，2012 年。

2000 年，贵州城镇常住人口为 896.49 万，城镇化率为 24.01%，首次突破 20% 的重要节点，但仍远低于同期 36.22% 的全国城镇化率。也就是从这个时候开始，贵州城镇化发展正式进入起飞阶段，发展速度有所增加，但直到 2010 年，贵州省的城镇化率才达到 33.81%，但远低于同期 49.90% 的全国城镇化率。换句话说，用了 10 年的时间才实现了 9.8 个百分点的增加，年均增幅为 0.98%，明显低于年均 1.27% 增幅的全国水平。2011—2020 年，贵州城镇化率实现了从 35% 到 50% 的较快增长，年均增幅约为 1.5%，明显高于同期全国城镇化率 1.32% 的年均增幅。但是，贵州省常住人口的城镇化率与全国的水平却存在 11.6 个百分点的差距。这就意味着贵州新型城镇化尚有很多工作需要考虑。

二、城镇体系的结构及影响

经过多年的发展，贵州已经形成由大城市、中等城市、小城市和建制镇等组成的城镇化体系。据初步统计，"十三五"期间，贵州城镇数量约 700 座。截至 2018 年，从建成区人口规模来看，有Ⅰ型大城市 1 座，即省会城市贵阳，人口为 330 万人；Ⅱ型大城市 1 座，即遵义，人口为 160 万人；中等城市 3 座，即六盘水、毕节、安顺，人口分别为 81 万人、64 万人、58 万人；Ⅰ型小城市 4 座，即凯里、兴义、铜仁、都匀，人口分别为 48 万人、38 万人、32 万人、25 万人；Ⅱ型小城市 5 座，即清镇、仁怀、赤水、盘州、福泉，人口分别为 17 万人、15 万人、14 万人、13 万人、10 万人；县城 15 万人口以上的有 2 座，即威宁和六枝，人口分别为 19 万人和 16 万人；县城 10~15 万人口的有 10 座；其他的县城人口均在 10 万人以下。此外，还有 600 多座规模大小不等的建制镇。

但是严格来说，贵州城镇化体系方面也存在一些值得注意的问题。首先，贵州城市规模最大的只达到Ⅰ型大城市标准，且数量仅为 1 座，相当一段时期内不可能出现特大城市，也不可能出现 2 座及以上的Ⅰ型大城市。其次，作为唯一的Ⅰ型大城市的省会贵阳，形成了一城独大的格局，这与广东、浙江、江苏、福建、山东、湖南、四川、陕西等省份的城镇化体系有着根本的区别。事实上，华东、华南、华中省份的大城市格局宛若满天星斗，而贵州的大城市格局则是一枝独放。从联动区域和辐射周边的角度来看，一枝独放的贵阳的影响实在有限。从某种意义上说，这种大城市在发展过程中常常还直接或间接地对省内距离较近的小城市起到吸附作用，把一些原本可以支持小城市发展的资源"吸引"过来，从而影响或制约了城镇化整体水平的提升。

三、城镇体系的经济发展基础及城镇化水平

"十二五""十三五"期间，贵州的城镇化发展步入了快车道。截至 2019 年，全省的城镇化率达到 49.02%，在"十三五"收官之年突破 50% 的重要关口。贵阳、遵义、六盘水、毕节、安顺等大中型城市拓展速度很快，城镇人口增幅较大，城镇化建设的软硬件方面均有所改善，城市治理方面的能力也得到不同程度的提高，正在向好的方向转变，整体水平得到很大的提升。然而，区域不平衡性和差异性的特征也格外明显。

第一，全省不同地区的城市经济发展情况不相同，城市发展质量区别很大。在城市经济方面，贵州省内不同区域的经济规模、产业结构、支柱产业等不相同。

在城市经济规模上，2019 年贵阳市 GDP 为 3878.26 亿元，名列第一，遵义市、毕节、六盘水分别为 3051.43 亿元、1462 亿元、1377.74 亿元，分别名列第二、第三、第四，第五名至第九名分别是黔南州、黔西南州、铜仁市、黔东南市、安顺市，分别为 1287.5 亿元、1045.92 亿元、994 亿元、899.31 亿元、766.4 亿元。在结构上，2019 年贵阳市的第二、第三产业占比均超过 25%，遵义、六盘水两市的第二产业均在 20% 左右，遵义、毕节、六盘水三市均在 10% 以上。至于支柱产业，贵阳主要有信息技术、烟草、装备制造及汽车零配件、药业、现代服务业；遵义主要有酿酒、能源、机械、茶产业；六盘水主要有能源、煤化工、钢铁；安顺主要有装备制造、旅游、现代服务；毕节主要有煤炭、煤化工、电力；铜仁主要有锰矿、旅游文化、茶产业；黔东南主要有现代物流、旅游、药业；黔南主要有磷化工、煤炭、旅游；黔西南主要有煤炭、煤化工。

第二，全省不同地区的城市发展水平差别很大。贵州省内城市发展质量最高的是省会城市贵阳，它是全省的政治、经济、文化、教育、科技中心。"贵阳市的城市规模、城市发展质量、综合经济实力、城市聚集能力和产业扩散能力逐步增强，已成为辐射全省和带动区域经济发展的核心城市。"[1] 紧随其后的是遵义市，在城市规模、固定投资、基础设施、教育科研、旅游观光、品牌形象等方面

---

① 杨昌鹏：《贵州城镇化理论与实践研究》，华中师范大学博士学位论文，2012 年。

仅次于贵阳。再次就是六盘水、毕节、安顺、铜仁、黔西南、黔南、黔东南等市州了，或因产业转型，或因城镇经济实力不强，均在发展质量方面面临不少困难。

第三，全省不同地区之间的城镇化发展程度、速度存在很大的差异性。2019年，城镇化率最高的是省会城市贵阳，达到80%，早已进入城镇化成熟期；其次是遵义市、六盘水市，均超过50%，进入城镇时代；而毕节市、铜仁市、黔东南州、黔南州、黔西南州均在40%~50%。在"十二五""十三五"期间，城镇化发展速度前三甲是遵义、安顺、黔西南三个市（州）。省会城市贵阳市由于已于2013年进入城镇化成熟期，所以城镇化速度增长较慢，但年均1.29%的增幅，略高于同期全国同类城市的增幅。

四、城镇体系的基础设施和公共服务及城镇内涵

"十三五"期间，贵州省的城市发展进入快车道，城市建成面积1315.86平方千米，增长至1544.15平方千米，净增228.29平方千米，年均增长76.09平方千米。城市基础设施发展相对较快，全省设市城市建成区道路面积率15%，增幅50%；城市公共交通分担率30%；开通运营城市轨道交通城市1座；路网密度8千米/平方千米，增幅43%；公共供水普及率95%，供水能力55亿立方米，供水水源地水质达标率100%；污水处理率95%，其中地级及以上城市建成区基本实现全处理；再生水利用率15%，增幅50%；20%城市建成区达到海绵城市要求；城市燃气普及率90%；生活垃圾无害化处理率95%；建成城区绿化绿地率38.9%，人均公园绿化面积12.5平方米/人。截至2020年底，贵州省常住人口1850万人，人口城镇化率50%，城市建成区面积超过1840平方千米，城建投资2200亿元，城市住房面积39平方米/人，城市经济占全省生产总值的77%，县级及以上城市空气质量优良天数比例达到95%以上，人口平均受教育年限达到8.9年，常住人口医疗卫生机构床位数71张/万人。

可是也要看到，相对于东部发达地区的很多城市而言，贵州的城市在品质和内涵方面的确仍有不少问题需要解决。据初步测算，贵州省的中等及以上城市，在路网优化、供水安全、供电供气供热、住房保障、基本公共服务、污水垃圾处理、生态环境保护、地下空间开发和利用、安全保障等方面与全国同类城市相比，均存在不小的差距。比如，在交通出行方面，作为Ⅰ型大城市的贵阳，截至

2020年11月，仍然只有一条开通运营的轨道交通，里程为35.1千米，在全国排名第32位，低于全国平均水平，也低于贵州省周边省份省会城市（如成都、长沙、南宁）的发展水平。在基本公共服务方面，贵州在近年来脱贫攻坚中以易地搬迁的方式让188万人从生产生活艰难的地区进入城镇，虽然幼儿入园、学生入学的基本要求能满足，但面临进一步完善、提升的迫切任务。在卫生与保健方面，县级及以上城市的现有公立医疗卫生机构亟须提质扩容，疾控中心、医疗机构防控救治能力建设亟须加强等。与此同时，在城市内涵方面，贵州的很多城市在功能定位、品牌构建、文明生活、优质服务、居住营商、旅游开发和文化保护以及公共意识和市民素质等方面，需要政府、社会、民众等方面的力量以社会建设的方式积极参与，深度合作，持续行动，共同创建、经营和提升。

五、城市间联系紧密和协作程度及城镇化发展状况

经过"十二五""十三五"期间的发展，贵州的城市发展达到了一个新的高度，其中一个重要的表现就是在黔中经济区的基础上发展为黔中城市群。该城市群属于国内20个主要城市群之一，涉及4个省辖市（贵阳、遵义、安顺、毕节）、2个自治州（黔东南、黔南）和1个国家级新区（贵安新区）的33个县（市、区），总面积5.38万平方公里，人口约2000万，GDP超过12600亿元。同时，它所涉及的地区是贵州省内发展程度最高、经济最活跃、联系程度最密切的地区，特别是"一小时通勤圈"正式建成后，城市间联系更为便利、快捷、频繁。

然而，作为带动贵州新型城镇化和高质量发展的黔中城市群，也存在一些突出的特征和问题。首先，黔中城市群的发展程度、经济规模、产业集群、要素流通、竞争能力、协作程度、生活质量等方面在国内20个城市群中，属于比较低的水平，还不能与东部、中部地区的长三角城市群、珠三角城市群、山东半岛城市群、长江中游城市群等相提并论，而与西部地区的成渝城市群、关中城市群等相比，也存在着相当的差距（见表6-1）。

表6-1 中国主要城市群发展基本情况

城市群	长三角城市群	珠三角城市群	长江中游城市群	成渝城市群	黔中城市群
经济（万亿元）	17.9	12.9	7.9	5.8	1.26

续表

城市群	长三角城市群	珠三角城市群	长江中游城市群	成渝城市群	黔中城市群
面积（平方千米）	21.2	12.9	32.6	18.5	5.38
人口（亿）	1.5	0.6	1.25	1	0.2
城镇化率（%）	63.38	85.39	60.9	53.09	55
发展程度	趋于成熟	趋于成熟	快速发展	快速发展	雏形发育
核心产业	电子、经济、金融	先进制造业、现代服务业、金融	汽车、钢铁、有色金属	电子、汽车、化工、物流	大数据、旅游业、装备制造、药业
中心城市辐射能力	强	强	中	中	弱
协作程度	强	强	弱	弱	弱
城市层次结构	合理	合理	趋于合理	不合理	不合理

资料来源：任泽平等：《恒大研究院：2019 中国城市发展潜力排名发布》，搜狐网，https：//m.sohu. com/a/311797507_ 100110312/，2019 年 5 月 5 日；秦尊文：《长江中游城市群发展报告（2019）》，社会 科学文献出版社 2020 年版；贵州省统计局：《2019 年贵州省国民经济与社会发展统计公报》，多彩贵州网， http：//www.gog.cn/zonghe/system/2020/04/09/017576321.shtml，2020 年 4 月 9 日。

其次，在黔中城市群内部，主要城市对周边地区的吸引力有限。相关研究表明，黔中城市群内的 36 座城市对中，引力值大于 1 的只有贵阳—清镇、贵阳—遵义，而贵阳—安顺、贵阳—毕节、遵义—仁怀、安顺—清镇、凯里—福泉、都匀—福泉这 6 组城市对的吸引力仅仅是略超过 0.5，部分城市对的吸引力甚至还不到 0.1。这说明主要城市资源不够集中，规模聚集效应难以发挥，增长极作用有限，辐射能力不强。[①]

最后，此城市群中主要城市的协作情况也不甚理想。众所周知，协作的动力和程度，主要取决于参与协同发展的各方具有的差异性、互补性、互惠性。如前文所述，黔中城市群的主要城市间的产业发展方面，或是属于简单同类竞争，如能源、药业、食品加工，或是属于不同产业、不同领域、不同行业，彼此的配套性、关联性不是特别明显，所以实际的协作程度很有限。在协作方式上，黔中城市群进行合作带有很强的科层式色彩，与自发式和混合式的协作方式还有不少的区别。相关研究表明，自发式的协作更加稳定、紧密、有效、长期，而混合式的协作介于自发式和科层式之间，从自上而下和自下而上两个方向来推进，更容易

---

① 雪斐：《黔中城市群协调发展分析》，贵州大学硕士学位论文，2019 年。

成功，协作的成效也最为明显。① 此外，在协作领域方面，黔中城市群目前更多的是经济合作，在教育、文化、社会、民生等方面涉及较少。比如，对于跨不同行政区域之间的流动就业人员社会保险转移接续问题，以及不同行政区域之间优质教育资源的共建共享问题等，目前距离真正的一体化尚有很大的距离。

第二节　贵州城镇体系建设的政策措施及成效

一、交通基础设施畅通工程

长期以来，受自然地理和社会经济等因素的影响，贵州基础设施建设，尤其是交通基础设施建设十分薄弱，在国内一直处于比较落后的水平，从而严重地制约了国民经济和社会发展。自然，全省的城市发展和城镇化，也受到了非常大的影响。"要想富，先修路"，这句话不但适用于经济发展，同样也适用于城市发展和新型城镇化。基于此，近年来贵州的城市发展和新型城镇化就是从打破交通瓶颈出发，以大力度开展交通基础设施建设开始的。

通过国家大力支持和全省上下共同努力，到 2020 年底，贵州交通基础设施建设获得了历史性的大发展，成功地实现了后发赶超。铁路方面，圆满完成省里制定的 4000 千米以上铁路建设目标，其中高速铁路通车里程超过 1500 千米。公路方面，高速公路通车里程超过 7600 千米，比 2010 年增长了 4 倍，且高速公路综合密度在国内处于前列地位，普通公路超过 20 万公里；民航方面，建成"一枢纽十支线"机场布局，民航旅客吞吐量达 3031 万人次，其中贵阳机场吞吐量 2192 万人次；内河航运方面，高等级航道建成里程正式突破 1000 千米；信息网络方面，通信光缆达到 114 万千米，出省带宽达到 12000Gbps，5G 正式启动商用。

交通基础设施的发展，为贵州城市发展和新型城镇化提供了有力支撑。首

---

① 李博雅、肖金成、马燕坤：《城市群协同发展与城市间合作研究》，《经济研究参考》2020 年第 4 期。

先，得益于交通条件的根本性改善，作为贵州城市发展和新型城镇化的重要基础的经济，其发展速度在整个"十二五""十三五"期间，均保持10%以上的增速，连续数年保持在国内前五位的位置。这固然受益于后发优势的发挥，但交通条件在其中所发挥的作用显然是不容忽视的，甚至可以说，交通基础设施的改善直接带动了投资规模、活跃程度、营商环境、产业结构、就业收入等方面的大变化。以商贸物流为例，在高速铁路、高速公路未开通之前，从省城贵阳到毕节市，最快也要6个小时，现在乘坐高铁只需1个小时左右，乘坐普通小客车只需3个小时左右，大大节省了时间成本、交通成本、物流成本，从而大大增加了两地的商贸、物流、人员、资金等流量，使得两个城市间的联系程度更加紧密了。现在，贵州已经实现县县通高速、主要地州市通高铁①、乡镇村组通水泥路，大城市、中等城市、小城市、乡镇之间的交通已基本实现了畅通化、快速化、便利化。除了城市与城市之间，城市与乡镇、乡镇与村组之间联系也越来越方便，越来越密切，这使得农特产品借助传统的商贸渠道以及现代物流、电子商务等渠道更容易地进入城市，为农业农村农民的发展发挥了重要作用。与此同时，农民进城务工、城里人到农村进行乡村旅游、农业采摘更加便利了，这使得城乡互动程度较以前有了很大的改观。从更大的方面来看，由于交通基础设施的改善，贵州与经济较为发达的珠三角地区、长三角地区和毗邻的成渝地区、华中地区的联系更为密切，这为贵州力争参与以上地区的经济合作创造了必要的条件。此外，通过打通与贵州大山以外世界的联系，贵州的形象和开放程度等方面都在发生着积极的变化，从而有力地支持了贵州的城市发展与新型城镇化。

二、山地特色小城镇发展战略

20世纪80年代初，中国农村改革的过程中，费孝通先生在经过实地考察后提出"小城镇，大问题"②的重要论题。随后，小城镇建设作为探索解决中国乡村工业化和城镇化的重要路径，很快就在理论界和政策实务部门引起巨大的回应，并如火如荼地在各地发展起来，形成了"苏南模式""温州模式""珠江模式"等。但是，与华东、华南等地迅速发展的城镇化格外不同的是，贵州小城镇

---

① 目前，盘州—兴义的城际快铁尚在建设中，预计2023年建成通车。
② 费孝通：《小城镇　大问题》，转引自费孝通：《志在富民》，上海人民出版社2004年版，第25-61页。

发展速度十分缓慢，水平极为有限。研究发现，截至 2009 年，在贵州 689 个建制镇中，约有 60%未达到国家规定的建制镇标准，具有数量多、规模小、行政功能突出、经济发展水平与当地农村持平、与城市缺乏市场联系等特征，通常被城市视为农村，使得城镇化发展中出现了大中小城镇脱节的现象。①

但是，对于小城镇的重要性，贵州省高度重视，始终将其作为推动贵州发展，特别是推动新型城镇化的重要组成部分，并作为重要的工作来持续开展。2011 年，时任贵州省委书记的栗战书同志在全省推进城镇化的讲话中指出，贵州要走一条差异化、非均衡的城镇化发展道路。……既要重视大城市的作用，又要促进大中小城市和小城镇协调发展。② 这种做法得到了中央的大力支持。2012 年 1 月，"国发 2 号文件"提出："实施中心城市带动战略，培育黔中城市群，打造一批节点城市和特色小城镇，提升中小城市承载能力。"这是国家层面对贵州发展特色小城镇的坚强支持。2012 年 9 月，贵州省出台《关于加快推进小城镇建设的意见》，提出把小城镇培育成为县域经济发展的新载体，重点扶持 100 个示范小城镇，以点带面加快推进全省小城镇建设。2016 年，结合国务院印发的《关于深入推进新型城镇化建设的若干意见》，贵州省出台了《贵州省山地特色新型城镇化规划（2016—2020 年）》，该规划指出：特色内涵上，"新型城镇化不是简单的城镇人口增加和城市面积扩张，更重要的是实现产业结构、生活方式、人居环境、社会保障等一系列由'乡'到'城'的重要转变"。在发展目标上，"到 2020 年，基本形成山水城市、绿色小镇、美丽乡村、和谐社区的多彩贵州格局，初步建成贵州山地特色新型城镇化示范区，走出一条有特色、集约型、多样化、可持续的贵州城镇化发展新路"。

几年下来，特色小城镇的发展及其成效比较明显。据统计，截至 2018 年，全省示范小城镇已由 100 个增加至 142 个，其中遵义、黔东南两个市州均超过 20 个，其余市州的数量在 10~17 个不等；固定投资累计 2200 亿元，新增城镇人口超过 42 万，约占同期全省新增城镇人口的 12%，带动新增就业人口 37 万；加上辐射人口，直接带动 80 万左右城镇人口的增长，为同期全省城镇化所做的贡献约为 20%。

之所以会有如此成效，简言之，就是这些根据"小而精、小而美、小而富、

---

① 杨昌鹏：《贵州城镇化理论与实践研究》，华中师范大学博士学位论文，2012 年。
② 栗战书：《积极探索有贵州特色的城镇化路子》，《当代贵州》2011 年第 5 期。

小而特"要求而因地制宜规划建设的特色小城镇,在进行高质量发展的过程中,对历史文化、生态环境、产业发展、就业收入、利益分配、社会治理等方面予以了相应的尊重、保护和关注,让参与者的社会文化主体性得以充分发挥。

三、城镇品质和城市内涵提升行动

受经济发展滞后的影响,贵州的很多城市,整体上基础设施薄弱、空间有限、公共服务供给不足,自身发展受到很大制约,同时也影响新型城镇化的进程。近年来,随着经济实力逐渐增强,贵州在城市品质①提升方面开始采取一些具体行动,以弥补城市发展所存在的短板,丰富城市的内涵,提高城市的影响力,从而为新型城镇化发展发挥积极作用。

2013 年,时任贵州省代省长的陈敏尔同志在省十二届人大一次会议上通过的《政府工作报告》中指出,"要重点打造 100 个城市综合体"。随后,省里出台的《贵州省促进 100 个城市综合体健康发展 2013 年工作方案》明确提出,"力争到 2017 年底,基本建成 100 个城市综合体,各地自行培育一批城市综合体,加快要素聚集、集约建设用地、拓展城市规模、完善城市功能、提升城市品质、改善人居环境、繁荣城市经济"。2016 年,《贵州省国民经济和社会发展第十三个五个规划纲要》中提出了要提升城镇基础支撑能力以促进产城景一体化融合发

① 城市品质(Urban Quality)这一概念与城市生活质量(Urban Quality of Life)的说法有着较为密切的关系。20 世纪 60 年代以来,雅各布斯(Jane Jacobs)、霍尔(Peter Hall)、帕特里奇(Mark D. Partridge)、坎贝尔(Angus Campbell)、克拉克(Terry N. Clark)、科斯坦扎(Fisher R. Costanza)等国外学者围绕着城市与社会经济、人的生活质量等议题展开了较为激烈的理论讨论。尽管学者出于自己的学科视野、学术立场、理论取向等原因,对于"城市品质"的内涵有着不尽相同的理解,但总的来看,大家都强调了其为一个综合性的概念,具有多个维度与面向,与城市居民的日常生活和美好愿景有着直接的联系。近年来,国内开始越来越多地使用这个概念。详情参见简·雅各布斯:《美国大城市的生与死》,金衡山译,译林出版社 2005 年版;Brotchie J, Batty M, Blakely E, et al, Cities in Competition: Productive and Sustainable Cities for the 21st Century, Melbourne: Longman Australia, 1995; Mark D. Partridge, Dan S. Rickman, "The Waxing and Waning of Regional Economies: The Chicken-Egg Question of Jobs Versus People", Journal of Urban Economics, 2003, 53 (1); Angus Campbell, Philip Convers, et al, "The Quality of American Life: Perceptions, Evaluations and Satisfactions", Academy of Management Review, 1976, 2 (4); Terry N. Clark, "The City as an Entertainment Machine", Research in Urban Policy, 2004, 9; Fisher R. Costanza, S. Ali, et al, "Quality of Life: An Approach Integrating Opportunities, Human Needs, and Subjective Well-being", Ecological Economics, 2007, 61 (2-3); Bianca Biagi, Maria Gabriela Ladu, Marta Meleddu, "Urban Quality of Life and Capabilities: An Experimental Study", Ecological Economics, 2018, 150;鲍星羽:《基于城市品质提升的存量低效用地再开发方案研究》,浙江大学硕士学位论文,2019 年;唐凯等:《自由区(港)视野下的海口城市品质》,《城乡规划》2019 年第 3 期;冯奎、李庆:《进一步提升城市品质》,《中国发展观察》2020 年第 22 期。

展。除了加强城市基础设施建设的必需内容之外，还增加了在贵安新区、六盘水市等地开展海绵城市和智慧城市建设的内容。为了增加城市内涵，还将产业、城市、旅游和人文等方面的内容加以融合，走以产兴城、以城带产、产城景文融合的发展道路。2020年，《贵州省提升城镇品质做强城镇经济推进新型城镇化若干措施》中明确指出将从路网优化、供水安全、供电供气供热、住房保障、智慧城市建设、基本公共服务保障、污水垃圾处理、生态环境提升、地下空间开发利用、城镇安全保障十个方面进行全方位的品质提升。

这些政策措施，除了2021年刚出台的《贵州省提升城镇品质做强城镇经济推进新型城镇化若干措施》，其成效需要进行跟踪调查和研究，其他之前出台的政策措施对城市发展和城镇化都起到了一定的促进作用。以100个城市综合体建设为例，到2017年底，贵州省全面完成目标任务，累计投资1410亿元，实际建成104个城市综合体，直接或间接拉动投资超过10000亿元，完成各类建筑面积超过2150万平方米，带动城镇化率提升3个百分点。

"十三五"期间，贵州城市的基础建设得到了进一步提高，特别是海绵城市建设更是值得关注。比如贵安新区，根据国务院的批复意见，它被定位为"生态文明示范区"。在建设过程中，海绵城市成为最重要的理念和内容。经过几年的建设，目前已经建成涉及范围669公顷，由月亮湖、星月湖和车田河区域构成的"两湖一河"，系海绵城市建设的标志性项目。该项目综合采取渗、滞、蓄、净、用、排等措施，注重水安全保障、水生态修复、水环境改善、水资源保护功能。再加上生态城市大道和生态社区，使得该区域成为功能完善、环境优美、品质优良的宜居宜业宜游的城市社区。

需要指出的是，在"十三五"期间，贵州一些城市还通过举办大型论坛、发展会展经济、发展旅游观光等方式来增加城市内涵。比如，省会城市贵阳通过定期举办生态文明论坛、开展东盟教育交流展览系列活动、举行大数据博览会以及召开旅游发展大会、兴建孔学堂并搭建弘扬传统文化的研究、交流和传播的大型专业平台等来扩大贵阳的影响力，既丰富了贵阳的城市内涵，又促进了城市发展和新型城镇化。

四、黔中城市群、城市圈的构建

在国家和地区发展的过程中，城市群、都市圈是主要引擎，又是核心载体。

城市群、城市圈在社会经济协调发展、资源优化配置、竞争力培育与提升等方面具有十分重要的作用。正是由于具有这些优势，所以国家在积极推进新型城镇化时，城市群、城市圈被给予了很高的关注，既作为一种政策举措，又作为一种发展路径。近年来，随着我国国民经济和社会发展进入新的阶段，城市群、都市圈发展迅猛，目前已形成包括长三角城市群、珠三角城市群、成渝城市群和黔中城市群等在内的约 20 个大型的城市群以及更多的都市圈，它们共同成为推动区域合作、协调发展的重要引擎，同时也是带动高质量新型城镇化的主要力量。在这 20 个城市群中，黔中城市群面临着不少的困难。可是，为了推动黔中城市群的发展并发挥应有的积极作用，贵州进行了一些有价值的探索。

今日的黔中城市群，在 2010 年前后更多的是被当作黔中经济区来发展。《贵州省国民经济和社会发展第十二个五年规划纲要》中明确提出"把黔中经济区放在区域协调发展总体战略的优先地位，准确定位区域功能，优化生产力布局，建设成为全省工业化的带动区和城镇化的核心区"。构建黔中经济区，这种发展思路得到了国家的大力支持。2012 年，在"国发 2 号文件"中，"黔中经济区"被正式写进中央文件里。具体内容是："按照'黔中带动、黔北提升、两翼跨越、协调推进'的原则，充分发挥黔中经济区辐射带动作用，加快建设黔北经济协作区，积极推动毕水兴（毕节、六盘水、兴义）能源资源富集区可持续发展，大力支持'三州'（黔东南州、黔南州、黔西南州）等民族地区跨越发展，构建区域协调发展新格局。"并进一步指出："建设以贵阳—安顺为核心，以遵义、毕节、都匀、凯里等城市为支撑的黔中经济区。推进贵阳—安顺经济一体化发展，加快建设贵安新区，重点发展装备制造、资源深加工、战略性新兴产业和现代服务业。"由此可见，当时的"黔中经济区"，更多的是关注区域合作中的经济一体化，这与后来的"黔中城市群"在表述上还是有着很大的不同，这可能与发展的不同阶段和发展的理念改变有关。2014 年，中共中央、国务院公布的《国家新型城镇化规划（2014—2020 年）》明确指出了城市群、都市圈在新型城镇化中的地位。随后，贵州省在"十三五"规划中，正式提出构建"一核、一群、两圈、六组、多点"的省域城镇空间格局。其中，"一核"即以贵阳中心城市（含贵安新区）为省域发展主核，"一群"即正在培育中的黔中城市群，"两圈"即打造中贵阳—安顺和遵义两个都市圈。在发展目标上，提出"到 2020 年黔中城市群城镇人口达到 1000 万人，常住人口城镇化率达到 60% 以上。""加快贵安新区开放开发，推进贵安新区与贵阳同城化发展，力争把贵阳中心城市建设成为 500 万人以上的特大城市。"同时，"做大安顺中心城市，推进西秀、普定、平坝同城化发展，推动贵阳安顺一体化发展。以新蒲新区开发为重点，做大遵义中心城市规模，力争把遵义建成 200 万人口的大城市"。2020 年，贵州省出台《关于支持贵安新区高质量发展的意见》，指出"支持贵安新区和贵阳市在产业布局、要素配置、城市规划建设、社会管理等方面统一规划、统一建设、统筹管理"。从而让同城化发展政策更好地发挥作用。

由于黔中城市群、都市圈的正式形成比较晚，加上产业发展、协作程度和社会政策等方面的原因，到目前为止，虽然成效在慢慢显现，但距离之前的预期显然有着不小的距离。比如，就城镇人口而言，目前贵阳中心城市的人口尚不足 400 万人，距离之前规划尚有 100 万人的巨大差距。再比如，无论是贵阳、安顺两市的一体化，还是安顺市与下辖的西秀、普定、平坝等区县的同城化，也还有一些壁垒需要打破。这些都是亟须解决的问题。

第三节　贵州城镇体系建设的基本经验

一、重大战略发展机遇与国家政策红利

在"十二五""十三五"这十年里，贵州城市发展的速度、规模和成效等方面取得了重大进步，这对于一个西部地区的欠发达、欠开发的内陆省份来说，实属不容易。当然，这个进步是多种积极因素共同促成的成果。在这些积极因素中，政策方面的作用毫无疑问是至关重要的。在此期间，来自国家层面的支持性政策，对贵州来说就是十分难得的重大发展机遇。贵州正是紧紧抓住这些重大机遇，充分发挥政策红利的作用，把城市发展推到了一个新的水平，为下一步的发展和提升奠定了必要的基础。

总体上来看，这些年，对于贵州城市发展贡献最直接、最突出的国家政策主要是 2012 年中央专门为贵州出台的"国发 2 号文件"。需要指出的是，贵州在贯彻落实"国发 2 号文件"的过程中，同时又注重与这些年来国家所实施的相关重

要战略的有效衔接与有机整合，充分发挥国家系列支持性政策的叠加优势及重大作用，有力地促进了贵州的新型城镇化。

2012 年，作为 21 世纪以来对贵州经济社会发展重点支持的"国发 2 号文件"正式发布。该文件明确指出贵州面临"深入实施西部大开发战略和加快工业化、城镇化发展的重大机遇"，同时还围绕如何抓住这些机遇并实现经济社会的又好又快发展，在财税、投资、金融、产业、土地、人才和对口支援等方面进行重大政策支持。

在这样的背景下，贵州迅速启动了一系列加快城市发展和城镇化的行动，以充分用好用足国家政策，把政策红利发挥到最大程度。2012 年 11 月，时任贵州省委副书记陈敏尔说，"要抢抓政策，政策是最大机遇。我们一定要把中央的政策细化、实化，转化为我们的一个个项目，转化为我们的一项项实事，抓紧抓好"。[①] 而贵安新区建设、中心城市新区建设、小城市建设和特色小城镇建设以及城市综合体建设就是政策落实的体现。

2014 年，中共中央、国务院公布的《国家新型城镇化规划（2014—2020年）》标志着我国正式实施新型城镇化战略。结合这一国家政策，贵州很快就完成了自己的新型城镇化规划的编制并开始实施，提出要构建"一核，一群，两圈，六组，多点"的省域城镇空间格局，并出台具体实施方案来促进农业转移人口市民化，同时实施"十百千"计划[②]来加快特色小城镇化建设。

为确保 2020 年农村贫困人口全部实现脱贫，2015 年，国家正式启动脱贫攻坚战。作为脱贫攻坚战的主战场之一，贵州依据"五个一批"，结合国家关于打赢脱贫攻坚战的政策规定，将"五个一批"中的"易地搬迁脱贫"与"新型城镇化"结合起来实施。截至 2020 年 11 月，已将 150 万建档立卡贫困人口和 38万非建档立卡人口即 188 万人口搬迁出来，并进行了城镇化集中安置。调查表明，这一部分人口在近年来贵州新增城镇化人口中占了很大的比重。

2020 年，国家为了在新时代继续做好西部大开发工作以增强防范化解各类风险的能力、促进区域协调发展以及开启全面建设社会主义现代化国家新征程，

---

① 陈敏尔：《贵州后发赶超要借力借机借势》，人民网，http://cpc.people.com.cn/18/n/2012/1109/c350840-19532240.html，2012 年 11 月 9 日。

② 根据规划，"十百千"计划具体是：整体推进 10 个左右（市、县、区）区域小城镇建设，继续加快建设 100 个示范小城镇，带动全省 1000 多个小城镇共同发展。

于是决定实施新一轮的西部大开发、大发展的战略。这个战略的实施，对于贵州来说又是一个重大的发展机遇，将对高质量的贵州城市发展和城镇化起到重大推动作用。目前，贵州正在出台各种方案，如印发《贵州省提升城镇品质做强城镇经济推进新型城镇化若干措施》，提出到"2022 年，全省城镇常住人口达到 2010 万人左右、常住人口城镇化率达到 54% 左右，城镇建成区面积达到 2000 平方公里以上，城建投资三年完成 7200 亿元，……城镇经济占全省生产总值的比重提高到 80% 左右"。我们有理由相信，随着全省上下将此契机转换成一个个具体的行动，新型城镇化将会取得新的成果。

二、城镇体系建设创新理念和新型城镇化拓宽路径

近年来，在进行城市发展和新型城镇化的过程中，贵州十分重视城镇体系建设理念的创新。2011 年，时任贵州省委书记栗战书谈到贵州城镇化时指出，出于地理环境和历史文化的原因，贵州只能走有特色、集约型、多样化、组团式拓展、点状式集中的山区绿色城镇化道路，并要避免出现千城一面的状况。[1] 而且，由于城镇化的基础薄弱，发展水平较低，进程缓慢，发展时要抓住机遇，发挥后发优势，努力实现后发赶超。围绕着如何实现后发赶超，时任贵州省委副书记陈敏尔进行了这样的阐述："后发赶超要借力、借机、借势来赶超。'后'是一种客观的事实，我们有差距，'发'是一种力量的积蓄，然后适时地爆发。'赶'是一种状态，'超'是一种目标。"[2] 于是，结合当时刚刚发布的"国发 2 号文件"精神，贵州确立了弯道取直，后发赶超发展理念，并通过一系列的创新举措，探索新的发展路径。主要做法是：

第一，依靠国家政策支持，瞄准新兴产业发展趋势，探索以产促城、产城融合发展路径。在推进新型城镇化的过程中，产业发展、城市发展、人的发展之间有着十分密切的关系。相关研究表明，如果没有产业支撑，城市仅仅是在规模上实现扩张，进入城市的劳动力就会成为制约城市发展的重要因素；反之，如果有着较强的产业发展，城市人口的就业和发展问题得到解决，那么城市发展就会有

[1] 栗战书：《积极探索有贵州特色的城镇化路子》，《当代贵州》2011 年第 5 期。

[2] 陈敏尔：《贵州后发赶超要借力借机借势》，人民网，http://cpc.people.com.cn/18/n/2012/1109/c350840-19532240.html，2012 年 11 月 9 日。

着较好的基础。① 于是，为了更好地协调产、城、人三者的关系，产城融合作为一种新的发展理念或思路，已经引起了人们越来越多的关注。事实上，近年来，围绕着城市发展和新型城镇化的提速增效这个任务，贵州积极把握政策机遇，在一些地方，开始在以产促城、产城融合方面进行了一些有价值的探索。

案例："以产促城、产城融合"促进城镇化

2012 年，根据"国发 2 号文件"对黔中经济区发展战略性新兴产业的指导意见，贵州省充分运用自身的生态、能源、区位和战略优势，开始发展大数据产业。省里先后出台《关于加快信息产业跨越发展的意见》《关于加快大数据产业发展应用若干政策的意见》《贵州省大数据产业发展应用规划纲要（2014—2020年）》等指导性政策和意见。通过引入中国移动、中国联通、中国电信三大电信运营商以及阿里巴巴、京东、富士康等企业，以及与中关村产业园签订战略合作协议，重点在贵安新区建立大数据基地，发展大数据和云计算信息产业，并提供相关服务。根据规划，经过三个阶段的发展，到 2020 年将该基地建成全国领先的大数据资源集聚地和大数据应用服务示范基地，进而为贵州省经济社会加速发展、加快转型、推动跨越提供有力支撑。经过发展，截至 2019 年，贵阳大数据企业主营业务收入超过 1200 亿元。目前，贵州已建成我国南方重要的数据加工及分析产业基地、国家重要的数据交换交易中心，贵阳市信息技术服务产业集群被国家发改委批准为首批国家战略性新兴产业集群。大数据产业的发展，一方面提升了贵阳乃至贵州在全国的影响力，据上海社科院发布的《2020 全球重要城市开放数据指数》，贵阳以开放数据指数较高得分位列榜单前十，综合排名居全球第六；另一方面引领了贵州新兴技术的迅猛发展，2019 年，仅是新引进大数据产业项目就有 106 个，总投资 216.5 亿元。这对贵阳、贵安新区的城市发展和新型城镇化起到了很大的推动作用。

第二，依托当地人才资源，充分发挥政府与市场在产业发展中的积极作用，探索就地城镇化的发展路径。20 世纪 90 年代，费孝通先生在温州调研时，发现影响当地经济发展的因素主要有：被"逼"出来的发展动力、丰富的人才资源、

---

① 邹德玲、丛海彬：《中国产城融合时空格局及其影响因素》，《经济地理》2019 年第 6 期。

大量的专业市场和联系密切的社会网络等，即以"小商品、大市场"为表征的"温州模式"。① 虽然在推进贵州城市发展和新型城镇化的过程中温州的发展模式未必可以直接套用，但其对于如何充分利用自身的人才资源、如何尊重市场的主体性和能动性、如何处理好政府和市场的关系等是可以加以借鉴的。事实上，一些地方的探索也呈现出这样的情形。

案例："无中生有"产业带动就地城镇化

从 2013 年开始，正安县为了发展经济，经过调研后决定尝试吉他生产并以此作为一个产业来经营。此前，虽然该县没有生产吉他的传统，但却有着发展吉他产业的丰富人才资源，外出务工的 20 余万人中大约有 5 万多人在广东生产吉他的厂家打工。于是，县里决定以招商引资的方式，通过减免厂房租金的方式吸引他们返乡创业。优惠的招商条件吸引了一对姓郑的兄弟。郑家兄弟此前在广东吉他厂打工很多年，熟悉吉他生产的全流程，因才能出众，被厂家提拔到管理岗位。2007 年以后，开始自己创办吉他厂。在激烈的竞争中，一度生存艰难，后慢慢打开市场。当家乡的县里决定以很大的决心和优惠的条件来发展吉他产业后，郑家兄弟选择了返乡创业并获得了巨大成功。于是，一些返乡的企业家也纷纷加入吉他生产行列，以至于后来福建、台湾等地数家企业也先后来到当地发展。由于有着密切的人缘和地缘关系、完整的产业链、聚集的产业群、品牌化和国际化的发展战略、本地丰富的劳动力，再加上当地政府大力扶持等因素，短短几年时间，正安吉他产业目前已经取得了不错的成果。具体来说，厂房 70 多万平方米，入驻企业 72 家，销量突破 600 多万把，产值 60 多亿元（约占全县国民生产总值的 10%），解决 14000 多人就业，成为近年来从无到有、从有到强的文化产业。当前，正安围绕吉他发展的产业、文化、旅游已经达到一定规模，具有较好的社会效益和经济效益，并对当地城市发展和新型城镇化起到积极作用。

第三，充分发掘当地的地理、生态、历史、民族、社会和经济等方面的资源，因地制宜发展有根脉、能成长、有品质、可持续的特色小城镇，从而有效推进贵州的城市发展和新型城镇化。如前所述，贵州拥有一大批建制镇，这些建制

---

① 费孝通：《小商品　大市场》，上海人民出版社 2004 年版，第 210-225 页。

镇中有相当一部分有着数百年的历史，有着一定文化积淀，有着区域社会中不可或缺的重要功能，等等。对于这些小城镇及其所具有、所关联的各种资源，经由认真发掘、合理规划、保护性运用、转换性发展，或许是贵州城市发展和新型城镇化过程中需要引起足够重视的方法、路径和内容之一。以安顺市西秀区旧州镇为例，通过挖掘当地丰厚的屯堡历史文化资源，整合国家、地方、社会各种资金和力量，构建集生产生活、旅游度假、产业发展、文化保护于一体的发展模式，且始终注重社区治理和社会建设，处理好多主体之间的发展需求和利益分配的关系，并带动附近村寨的联动发展，真正发挥了小城镇辐射和带动作用。事实上，遵义虾子镇、湄潭兴隆镇、雷山西江镇、惠水好花红镇、罗甸边阳镇、息烽永靖镇、石阡中坝镇等小城镇，与安顺旧州镇类似，皆处于重要的通道之上，历史文化积淀丰富，城镇经济活跃且带动力强，并与村落联系密切，在当地的城市发展和新型城镇化中的地位与作用格外突出。实践表明，这些小镇，已经在文化产业、旅游康养、生态农业、食品加工等方面走出了一条高质量的发展之路，其背后所蕴含的机理与经验，是可以为贵州其他一些城镇借鉴使用的。

第四，借助相关科研、工程、建设项目实施所带来的发展资源，全面谋划，合理运用，探索新型城镇化的发展路径。在欠发达、欠开发的贵州，要加快城市建设和新型城镇化进程，既要千方百计盘活各种资源存量，同时又要千方百计创造并使用各种资源增量，并在此基础上规划和发展出相关的产业项目，发挥其积极作用。事实上，近年来，贵州一些地方在会展、文博、旅游观光、教育科普等方面的尝试就不失为一种有意义的创新，既提升了城市的知名度与竞争力，又带动了相关产业的发展，推动了新型城镇化的建设。比如，在贵阳搬迁建设贵州省博物馆、在遵义扩建遵义会议纪念馆、在六盘水兴建贵州三线建设博物馆、在安顺建设中国地质博物馆黄果树馆、在黔南州建设国际天文科普文化园等，并且将这些馆区与当地的旅游发展、教育科普紧密结合起来，既发挥了经济效益，又发挥了社会效益，并对当地的城市建设和新型城镇化起到了积极的推动作用。

案例："文旅研学"推动小城镇化

2016 年之前，平塘县克度镇是一个普普通通的黔南小镇，全镇人口 45500 人，镇上常住居民约为两三千人，人们基本上以种植粮食为生，间杂部分外出务工所带来的收入，绝大多数被用于日常消费，整个镇的城镇化水平非常低。2014年，中国天眼 FAST 经过数年建设即将在克度镇建成，县里决定好好利用 FAST 带来的丰厚资源，精心构建天文小镇，重点发展集文旅研学于一体的小城镇新业态经济。经研究调查，平塘县里在克度镇规划国际天文科普旅游文化园，大射电5公里核心区景区和观景台、布依文化生态园，以及附近的山地特色农业产业区和体验区。经过几年的建设，投资超过 100 亿元的以上诸园区先后建成并开始运营。2016 年，随着中国天眼 FAST 的建成并开始投入使用，克度镇及其附近的一些小镇真正迎来了前所未有的发展机遇。但因为克度是 FAST 所在地，FAST 所蕴含或带来的文化、旅游、科研、教育等资源最为富集，加上当地之前开展的规划和建设做得务实、准确、合理，所以天文小镇就顺利地诞生了，并且被命名为国家科普示范基地、全国科普教育基地、中国科技旅游基地、第一批全国中小学生研学实践教育基地等，成为面向社会公众普及天文科学技术知识、倡导科学方法、传播科学思想、弘扬科学精神、开展科普教育活动的重要场所。与此同时，随着文旅研学活动的正式开启，当地出现了较好的发展势头。据不完全统计，2016 年以来，当地宾馆酒店从原来的 6 家发展到目前的 137 家，餐馆从原来的 8 家发展到现在的 288 家，规模大小不等的超市从 12 家发展到 30 多家。2019 年，当地接待各类文旅研学人数 80 余万人次，并带动了附近布依族文化旅游和休闲体验式农业的发展。受此推动，当地的经济结构、就业收入、小城镇建设和人们的观念及行为，都在发生变化，新业态经济正在推动着当地的新型城镇化。

第五，尊重基本规律，整合各种资源，多途并举，扎实推进城市发展和新型城镇化。从根本上说，城市发展与新型城镇化是一种社会实践活动，有其自身的基本逻辑与规律。比如，需要产业支持，需要就业与收入，需要社会融入，需要生活品质，需要可持续发展，等等。基于此，在贵州这种欠发达、欠开发的地方进行城市发展和新型城镇化，一方面需要大胆创新，另一方面更需要脚踏实地，遵循社会经济发展的规律去开展工作。这种要求，在县域层面的城市建设和新型城镇化中可能更具有必要性和合理性。对此，在调研中，笔者发现黔南州惠水县的探索就有具一定的启发意义。

近年来，毗邻贵阳市花溪区的惠水县，通过采取一系列组合拳，切实把自身的城市发展和新型城镇化向前推进。具体体现在以下四个方面：一是大力发展工业企业，特别是制造业。"十二五""十三五"期间，惠水在紧邻花溪区的地方进一步拓展长田工业园区，重点发展食药品加工、装备制造、新型建材、包装印刷等产业，成功引入贵医制药、味莼园、中航集团下属的贵州永红等知名企业。据统计，截至 2018 年底，入驻整个工业园区的企业超过 300 家，企业职工 1 万余人，产值近 100 亿元。二是因地制宜发展高效生态农业产业。惠水县长期与贵州大学农学院、贵州农科院进行密切合作，在高镇、和平等田坝区发展优质高效果蔬、园林花卉。更有意义的是，惠水县在好花红镇、濛江社区等一些深石山区、半石山区发展佛手瓜产业。由于该产业较好地契合了当地的生态条件和当地人的生产生活方式，所以取得了较好的经济效益和生态效益。据不完全统计，目前当地佛手瓜种植约为 1.6 万亩，产量在 4.8 万吨以上，产值约为 6000 万元，带动 4000 多户农户参与种植并实现增收。[①] 三是通过提供优惠条件，成功引入贵州大学科技学院、贵州财经大学商务学院、贵州盛华职业技术学院等大专院校到当地办学。这不仅促进了当地的经济发展，还切实提升了当地城镇的知名度与竞争力。四是依托当地美丽如画的自然风光和浓郁丰富的布依族苗族文化，在涟江、濛江和好花红等街道乡镇重点发展休闲产业和特色旅游产业等。通过以上举措，惠水的县域经济实力得到大幅提升，城市发展速度得以加快，城镇化进程也得以加快。

三、注重城镇质量和可持续发展

通常来说，城市发展和新型城镇化，无论采取什么政策措施，经由什么路径渠道，主要看其成效。但是，需要指出的是，仅仅关注成效似乎还不够，发展的质量怎么样，发展是否具有可持续性，从长远的角度来看这无疑更重要。有意思的是，在"十二五""十三五"期间，在推进城市发展和新型城镇化时，结合自己的实际情况，贵州一些地方因地制宜地制定自己的发展规划并付诸行动。总体上，由于尊重历史文化、尊重发展规律、尊重当地人的主体地位，逐渐形成了有质量、可持续的发展模式。

一是以山地特色小城镇发展为代表的发展模式。在贵州 700 个左右建制镇中，建镇历史、资源禀赋、地理区位、城镇规模、人口结构和发展水平等方面存在着很大不同，有一小批产业发展良好、发展程度较高、有竞争力的名镇，如茅

① 刘蓉娜：《佛手瓜香　好花更红——贵州惠水县佛手瓜成为"致富瓜"》，中央广电总台国际在线网，http：//eco.cri.cn/20191204/62bca706-5470-3154-4108-dd58fbbbdaf6.html，2019 年 12 月 4 日。

台镇、黄果树镇、青岩镇、肇兴镇等，也有很多缺乏现代产业支撑、发展状况极为普通且与附近村庄无实质区别的乡镇。因此，在制定这些小城镇发展规划时，既不能简单套用城市发展的做法，也不能照搬东部地区小城镇建设的经验，而是需要结合贵州山区的实际情况，因地制宜地搞特色小城镇发展，走符合实际、具有可行性、有质量的发展道路。具体来说，要么根据当地的产业基础，将其做大做强，形成规模化、专业化、有竞争力的特色产业，以此来带动相关产业的发展，继而带动当地的发展；要么根据当地所具有的人力资源、文化资源和社会资本等，移植或创建符合当地发展的产业，走一条前面所提到的正安吉他产业"无中生有"的发展道路。通常来说，第一种情况更具操作性，该道路走得通的可能性相对来说大一些。比如，近年来在新型小城镇化中引人关注的湄潭的探索与实践就很有价值。20 世纪三四十年代，湄潭实验茶场的建立为当地留下了上万亩的实验基地和一部分专业技术人才。中华人民共和国成立后，当地茶产业虽然在不同的时期经历了起起伏伏，但还是延续了下来，特别是人才没有出现断层。改革开放以来，当地在土地改革方面探索出了著名的"增人不增地，减人不减地"湄潭经验，为茶产业的发展打下了重要基础。20 世纪末，随着茶产业的发展，当地茶产业逐渐突破第一产业的边界扩展至第二产业，近年来更是成为颇具特色的第三产业，出现了茶旅一体化和村镇一体化、城乡一体化协调发展的局面。以湄江街道的核桃坝村为例，2018 年，本村人口 859 户 3607 人，从外地来本村务工的人数却高达 4000 余人。全村 90% 的从业人员在第一产业从业，10% 的从业人员在第二、第三产业从业。全村几乎每家都从事与茶产业相关的工作，或种植，或加工，或销售，或推介。其中，在种植方面，全村共有 12000 亩标准茶场；在加工生产环节，规模以上茶企 5 家，加工大户 58 家；在收入方面，人均收入 17800 元，全村综合产值 2.42 亿元。受益于茶产业发展所带来的红利，村里已经建成交易市场、物流中心、金融机构、会务场所、老年公寓、民宿、宾馆、茶旅公路、休闲广场、培训基地等。一言以蔽之，该村已经发展成为了集一二三产业于一体、商住旅训于一身的美丽、富裕、和谐的乡村，同时走出了一条有品质、可持续的新型城镇化之路。需要指出的是，类似于上述的核桃坝村，在湄潭的兴隆镇、黄家坝镇、复兴镇等地还有相当一批，正是这些以茶产业带动的有品质、可持续的村镇发展，有力地支撑了湄潭县域的城市发展和新型城镇化。

　　二是以城镇相互支撑、镇村共同联动、城乡彼此受益的中、小型城市发展的模式。近年来，贵州在加快城市发展和新型城镇化时采取了拓展中心城区的做法。这种做法在现代城市扩展的过程中很普遍、很常见。可是，在拓展城市规模时，如何处理好中心城区与周边集镇、村庄的协调发展，实现城市带动农村发展、农村承接城市部分服务功能并在其间分享城市发展红利的良性互动，这的确是需要认真研究的问题。值得指出的是，遵义市新蒲新区在这方面进行了很有价值的探索与实践。2009 年，遵义市为了推进高质量发展在城东部构建了城市新区，即现在的新蒲新区。该区面积 987 平方千米，人口 40 多万人，托管虾子、新舟、三渡、永乐、喇叭五个建制镇，以及新蒲、新中街、礼仪三个街道办。经过十余年的发展，现在该区为遵义市主要的城区之一，是遵义都市圈的重要组成部分。2019 年，该区的地区生产总值由 2010 年的 23.6 亿元增加到 127.9 亿元，财政收入超过 30 亿元，城镇化率达到 68.5%，比 2012 年时增加 40 个百分点，产业结构为 16.7∶52.7∶30.6，城乡居民人均可支配收入分别达到 33289 元、14242 元，分别为 2010 年的 2.7 倍、2.1 倍。同时，该区还建成机场、高铁、国道、省道、城市干道等重要交通基础设施，乡村道路全覆盖；建成大学城，遵义医科大学、遵义师范学院等 10 余所高等院校入驻；建成两区（即遵义综合保税区和遵义智能终端产业集聚区）、六园（即遵义软件园、遵义上海产业园、环保产业园、遵义空港产业园和辣椒产业园等）；建成科技馆、美术馆、大剧院、图书馆、会展中心等文化体育设施，等等。重要的是，伴随着新蒲新区的快速发展，虾子、新舟等镇的城镇规模发展迅猛，经济实力大幅提升，城镇化程度显著提高。以虾子镇为例，受益于新蒲新区发展所带来的红利，整个城镇规模在"十二五""十三五"期间扩大了 4 倍以上，辖区总人口由 2011 年的 65877 人扩大到 2019 年的 72665 人，城镇化率由 7.7% 增加近 12 个百分点，农业总产值由 2.7 亿元增加至 6.53 亿元，工业总产值由 16.9 亿元增加至 21.52 亿元，其中规模工业总产值为 6.25 亿元，服务业总产值由不足 5 亿元增加至 12.7 亿元。值得注意的是，当地的特色产品——辣椒取得了突破性的发展。2019 年，虾子镇辣椒种植、加工系列产品超过 20 万吨，产值超过 21 亿元。当地建成了著名的中国辣椒城，负责集散全球辣椒，年交易量已超过 40 万吨，牢牢掌握着全国干椒批发价格指数的发布权，真正实现了"中国辣椒，遵义定价，买卖全球"的高质量发展。

由此可以看出，以新蒲新区为代表的遵义中心城区向周边的扩张，既拓展了城市发展的空间，又提升了城市的品质，还带动了包括虾子、新舟等城镇以及附近乡村的快速发展。同时，在此过程中，虾子、新舟等城镇既承接了城市部分功能的转移，提供相应的支撑，也分享了中心城市发展的红利，快速、高效、可持续地实现了城镇化水平的提升。这是一个双向、双赢的过程和结果，是逐渐实现"融为一体，合二为一"的城乡融合发展之路。①

第四节　贵州城镇体系建设的对策与建议

一、积极探索不同层次城镇"就地城镇化"的新路径

当前，贵州的新型城镇化在深入推进中可谓挑战与机遇并存，摆在眼前需要克服的困难的确存在，但发展的机会也不少，发展的势头非但没有削减，反而在各方面的支持与帮助下，以及自身的探索创新下，越发呈现出持续向好、不断增强的状态。在此过程中，贵州一些地方经过深入研究后，结合资源、技术、市场等方面的因素，科学谋划、精心培育与发展有竞争力的产业，以增加当地人的就业机会与收入，并通过市场竞争的方式让他们的综合素质与发展能力得到实质性提升，真正实现人的城镇化，走高质量和可持续发展的就地城镇化之路。调研发现，正安、安顺黄果树、湄潭等地分别通过发展吉他产业、旅游业、茶产业所带动的就地城镇化，其做法尽管不尽相同，但都有一定的启发意义。比如，正安在发展吉他产业中，政府对自己的身份有着很好的定位，在招商引资、产业培育、产品推介等方面大力倾斜、支持和服务，发挥其积极作用，但又注意到不越位、不折腾、不过多干预。同时，尊重农民的主体性，尊重企业自身的运作规律，尊重产业的发展规律。一言以蔽之，划清市场与政府的边界，处理好两者之间的关系。又比如，安顺黄果树在推动新型城镇化时，政府注重营商环境优化、公共服务供给和社会政策保障，依托当地丰厚的旅游资源，鼓励、引导和规范当地人积极参与旅游开发的相关经营活动，让他们通过从事餐饮、住宿、停车、洗车、汽车修理、雨具出租、摄影等旅游接待服务，销售波波糖、牛肉干、生姜等农特产

---

① 易赛键：《城乡融合发展之路：重塑城乡关系》，中原农民出版社 2019 年版，第 15 页。

品，经营蜡染、根雕、银饰等民族民间工艺品等，从而分享旅游开发的发展红利。一言以蔽之，通过社会服务和市场参与来带动当地人的发展能力的大幅提升，并随着当地特色旅游小镇的进一步发展而最终实现就地城镇化。

二、更加重视城镇的高质量发展

在过去十余年间，贵州城市发展和新型城镇化的确取得了很多值得肯定的成就，积累了一些有意义、有价值的经验，这为接下来的进一步发展奠定了坚实的基础。然而，其间存在的一些问题也需正视并应积极探索解决的路径，特别是在高质量发展方面更是如此。比如，脱贫攻坚以来，贵州省以巨大的政治勇气和大量的人力、财力、物力，将188万贫困群众和随迁人员易地搬迁并进行城镇化安置，这对打赢脱贫攻坚战起到十分关键的作用，同时也加速了贵州城镇化的进程。但是，也必须看到，这些发展能力相对较弱的群体在进入城镇后，还有一系列的问题需要解决。大量事实表明，只有经过系统的、科学的、务实的、合理的、可行的后续帮扶政策和措施，他们才有可能真正适应城市生活，才能跟上城市发展和新型城镇化的步伐，真正实现人的新型城镇化。也正是这个原因，唯有做好类似群体的适应、发展与提升工作，那些安置较多易地搬迁移民且经济发展相对滞后的地方才有可能进入高质量、可持续发展的良性轨道。再比如，近年来很多县级城市在迅速扩张的过程中，规模上来了，人口增加了，城市基础设施升级了，但是，与之相配套的公共服务还面临进一步改善的必要性与紧迫性，具有规模化、竞争力、发展前景的产业也需要逐渐培育、发展和壮大起来。事实上，正如上文所提到的湄潭的案例，贵州相当一部分县级城市是完全有这种发展潜力的。

三、完善城镇建设体系和优化城镇网络结构

如前所述，在贵州城市发展和新型城镇化的过程中确实面临诸多的困难，然而在这些困难中，如何尽快完善自身的城镇体系，进一步优化城镇结构是最为重要的事情之一。由于尚无特大城市，大城市数量有限，中心城市品质不高，小城市对农村的辐射有限，小城镇数量众多但较为分散且相当缺乏有市场竞争力、有市场发展前景的产业支撑等原因，贵州在当前以及今后一段时间，需采取切实有效的政策来支持城镇体系的完善和城镇结构的优化。具体来说：第一，在短期

内，发展特大城市的难度颇大，为此可先把主要精力放在其他层次和类型的城市发展上，待大城市发展到一定阶段后，特大城市的形成就是顺理成章的事了。第二，进一步做好贵阳、遵义现有Ⅰ型、Ⅱ型大城市的规模拓展、内涵增强和品质提升等方面的工作，注重城乡一体化的配套政策的制定和落地，注重优势产业的培育和壮大。第三，下大力气发展县一级的小城市，目前相当一部分小城市发展主要集中在城市规模简单扩展，这种做法显然需要超越，取而代之的是，要切实解决公共服务方面所面临的短板，重点发展能促进就业、增加收入、有发展前景的支柱产业，并创造条件使其能够带动村镇的发展。第四，因地制宜地搞好小城镇建设，在近年来发展特色小镇的基础上，一方面把现有的成规模、有影响的小城镇做大做精，做出特色，做好相关产业的升级发展，另一方面结合自然资源、历史文化、经济产业、交通区位和人力资源等因素，扎扎实实地再发展一批，通过产业发展带动村镇一体化、城镇一体化，真正实现城乡之间的良性互动。通过以上不同层次、不同路径、不同面向的深度推进，贵州城市发展和新型城镇化就会出现新的局面。

四、强化省内城镇协同发展和积极融入周边经济圈

贵州的城市发展和新型城镇化之所以发展速度较为缓慢，其中一个重要原因就是城市之间较为分散，除了经济层面的联系和协作稍微密切一些，其他方面的深度协作目前尚未真正有效展开。目前，黔中城市群正处于培育期，交通基础设施条件已经具备，但要注重产业集群，培育优势产业，壮大特色产业，注重一体化、同城化的公共服务，注重大城市之间、大城市与中小城市之间、中小城市与小城镇之间、小城镇与乡村之间等不同圈层、不同面向的联系与互动，依托产业，通过交通线配套均等的优质公共资源，消除各种阻碍一体化、同城化的壁垒，真正把黔中城市群培育和发展起来，超越目前简单均衡的水平。与此同时，要抢抓国家新一轮西部大开发的政策机遇，千方百计创造条件，积极融入成渝双城经济圈、大湾区经济圈，以及长江经济带，以此促进贵州的城市发展和新型城镇化的高质量发展。

第七章　城乡融合与新型城镇化

新型城镇化建设，要跳出"就城镇看城镇"的惯性思维，而将乡村同步纳入发展框架，坚持城乡融合的新发展理念。习近平指出，在现代化进程中，如何处理好工农关系、城乡关系，在一定程度上决定着现代化的成败。要走城乡融合发展之路，向改革要动力，加快建立健全城乡融合发展体制机制和政策体系，健全多元投入保障机制，增加对农业农村基础设施建设投入，加快城乡基础设施互联互通，推动人才、土地、资本等要素在城乡间双向流动。要建立健全城乡基本公共服务均等化的体制机制，推动公共服务向农村延伸、社会事业向农村覆盖。党的十九大明确提出建立健全城乡融合发展的体制机制和政策体系。推进城乡融合发展既是破解新时代社会主要矛盾的关键抓手，又是现代化的重要标志，也是乡村振兴和农业农村现代化的保障。如何理解"城乡融合"对于贵州新型城镇化的意义；如何在完善城市建设体系的基础上，加强城镇与农村的互动；如何使新型城镇化促进巩固拓展脱贫攻坚成果同乡村振兴有效衔接，是本章的核心议题。

第一节　城乡融合的内涵与基本内容

一、中国特殊城乡关系背景下的"城乡融合"

城乡关系问题是中国经济社会发展的关键问题之一。不论是在西方发达国家还是在中国，都经历了从早期城市偏向带来的城乡关系失衡到城乡协调的认知和实践过程。城乡关系经历了"分离—对立—互动—融合—统一"的长时段多阶段历程。① 长期以来，"城乡二元"的结构和体制，使得城乡差距逐渐拉大，"三农"问题日益凸显。在建设社会主义现代化的新征程中，这一问题的重要性进一步提升。没有农业农村的现代化，就不可能达到国家的现代化。因此，城乡关系被纳入国家整体发展战略的高度，成为必须要解决的问题。一方面，改革开放尤其是20世纪90年代以来，随着经济发展的不断推进，中国社会也在发生着巨大变化。其中，由于经济活动以城市为中心，大量的农民进入城市，但受制于二元体制，这些农民工又无法变成市民，因而在城乡之间大规模地流动，这就使得中国社会原有的结构发生了巨大变化，有学者将其概括为"从乡土中国进入城乡中国"②。这一局面对加快城乡关系的变革提出了新的要求。另一方面，随着国家综合实力的增强，解决"三农"问题与城乡关系问题的能力和基础也在不断增强。在这样的背景下，城乡发展的战略也随之不断走向明细。

2002年，党的十六大提出了"统筹城乡经济社会发展"的战略；2012年，党的十八大提出"城乡发展一体化是解决'三农'问题的根本途径，要加大统筹城乡发展力度，促进城乡共同繁荣"，党的十八届三中全会对如何健全城乡发展一体化作出了全面的部署；2017年，党的十九大提出了"乡村振兴与城乡融合发展"的战略；2019年4月，《中共中央 国务院关于建立健全城乡融合发展体制机制和政策体系的意见》正式发布。由此可见，进入21世纪以来，在一条从"城乡统筹"到"城乡一体化"再到"城乡融合"的城乡发展路径中，对城乡关系尤其是农村发展的思路在逐渐深化。

二、城乡互动、城乡融合的基本内容

城乡融合是城乡关系的一个新阶段。从内涵上看，城乡融合强调城乡平等互动和共建共享，强调城市与乡村是一个相互依存、相互融合、互促共荣的生命共同体。在这个共同体中，城市与乡村作为两个平等的主体，必须赋予其平等的地

---

① 李斌：《新型城镇化背景下的城乡关系》，社会科学文献出版社2020年版，第61页。

② 周其仁：《城乡中国》，中信出版社2014年版；刘守英、王一鸽：《从乡土中国到城乡中国——中国转型的乡村变迁视角》，《管理世界》2018年第10期。

位、平等的发展机会和权利以及平等甚至乡村优先的待遇。① 在现代化的过程中，城市和乡村两个文明都应该共存，互为需要，各有特点。

城乡融合是一个多层次、多领域、全方位的全面融合的概念，主要包括以下五个方面的内容。

1. 城乡要素流动自由化

城乡融合的前提是城乡开放，而城乡开放是双向的，需要城乡要素双向自由流动。城乡要素的自由流动是市场经济发展的必要条件和必然要求。在新的历史条件下推动城乡融合，必须把市场的力量放在首位。土地、资本、劳动力、技术、信息等要素在城乡间的配置方式不同，效率也存在很大差异，进而引起了城乡经济水平的差异。要素的自由流动要求进一步打破城乡二元结构，将城乡作为一个相互依存、有机联系的统一体，统一谋划城乡发展、配置城乡资源，既要让乡村汇聚人力、土地、资本、技术等各项要素，建立城市人才入乡激励机制、工商资本入乡促进机制和科技成果入乡转化机制，使农村的业态活起来，也要把城市的大门打开，健全农业转移人口市民化机制，保障进城农民群体的教育、居住、就业等权利。尤其是要进一步深化农村集体产权制度改革，积极探索农民承包地和宅基地"三权分置"的有效实现形式，全面落实和搞活承包地经营权、宅基地使用权、农民住房财产权和集体收益分配权，真正赋予农民更加充分的财产权利，激活乡村发展的内生动力。

2. 城乡基本公共服务均等化

要使城乡成为真正平等的主体，城乡居民所享受到的公共服务就应该实现一致，否则就不可能实现城乡要素的平等流动。但是从现实情况看，农村的基本公共服务水平大大低于城市，所以导致了农村人口向城市的大规模流动。因此，城乡基本公共服务均等化的重点在农村。这就需要提高农村教育、医疗、文化、社会保障等基本公共服务供给水平、效率和质量，加快推进城乡基本公共服务均等化进程，这是各级政府应该承担的共同责任。要聚焦重点领域和薄弱环节，分阶段梯次推进基本公共服务均等化进程，尽快实现服务标准统一和制度并轨，兼顾数量均等化和质量均等化。要优先发展农村教育事业，建立以城带乡、整体推进、城乡一体、均衡发展的义务教育发展机制，推动教师资源向乡村倾斜，通过

---

① 魏后凯：《深刻把握城乡融合发展的本质内涵》，《中国农村经济》2020 年第 6 期。

稳步提高待遇等措施增强乡村教师岗位吸引力。要建立和完善相关政策制度，增加基层医务人员岗位吸引力，加强乡村医疗卫生人才队伍建设，改善乡镇卫生院和村卫生室条件，健全网络化服务运行机制。要健全城乡公共文化服务体系，统筹城乡公共文化设施布局、服务提供、队伍建设，推动文化资源重点向乡村倾斜，提高服务的覆盖面和适用性。要完善城乡统一的社会保险制度，统筹城乡社会救助体系。

3. 城乡基础设施一体化

基础设施一体化是城乡融合的物理条件。一方面，要建立城乡基础设施一体化规划的机制，这是基础设施统一发展的前提。以县或市这样的一个范围作为整体，统筹规划城乡的道路、供水、供电、信息基础设施、广播电视、防洪等基础设施的建设，重点是推动城乡路网的一体规划设计，畅通城乡交通运输连接，实现县乡村（户）的道路连接，城乡道路客运也要一体化。要统筹规划重要的市政公用设施，推动向城市郊区的乡村和规模比较大的中心镇延伸，统筹规划城乡污染物收运处理体系。另一方面，要大力提升乡村基础设施水平，不断缩小与城市的差异。便捷的交通系统，可以大大地提高城乡互动的效率，并形成良好的城市圈—城镇—乡村的格局；供水、供电、通信、网络等设施的城乡一体化，能够极大地提升乡村的吸引力。

4. 城乡产业融合

产业融合是城乡融合的关键。促进农民收入持续增长，持续缩小城乡居民生活水平差距，是产业发展的根本目的。长期以来，我国城乡产业发展水平差异较大，一边是大城市的先进制造业和现代服务业，另一边是乡村的传统农业。党的十九大报告提出，要实施乡村振兴战略，促进农村一二三产业融合发展。因此，乡村振兴中的产业兴旺要以农业为基本依托和核心，但又不能局限于农业产业。城乡产业融合意味着，农村要以现代农业为基础，以农村一二三产业融合发展、乡村文化旅游等新产业新业态为重要补充，实现乡村经济多元化和农业全产业链发展；要以生产和加工环节的纵向一体化推动产业融合发展；要利用科技来提升农业效率，利用工业延长乡村的农业产业链条，利用互联网产业等服务业来丰富农村的产业业态。2019 年，《中共中央　国务院关于建立健全城乡融合发展体制机制和政策体系的意见》中提出了城乡产业协同发展的措施：一是把特色小镇作为城乡要素融合的重要载体，打造集聚特色产业的创新创业生态圈；二是把农业园区作为重要平台，优化提升各类农业园区；三是完善小城镇联结城乡的功能，承接一定的产业和公共服务；四是探索美丽乡村的特色化差异化发展方式，盘活用好乡村的资源资产；五是创建一批城乡融合典型项目，特别是要通过市场化方式设立城乡融合发展基金，引导社会资本重点培育一批国家城乡融合典型项目，形成示范带动效应。

发达国家在这方面的一些探索，可以为贵州提供借鉴。在产业一体化方面，英国通过农业规模化经营，刺激乡村企业的发展，农业生产出来的原材料在近距离的中小城镇进行加工，到 2014 年英国农村的小企业数量就超过了城市地区。[①]英国、美国、日本等国政府通过政策培育和规范农村市场，引导农村经济发展，如英国为乡村企业搭建产业发展的公共平台，构建农业产学研协同创新中心，鼓励农村制造业工艺创新，利用优惠政策吸引乡村企业投资者，美国则不断提高对农业的投资和对农民的补贴，建立起了较为完备的农村金融体系，[②] 日本则通过产业政策弥补农村发展的短板，从 1979 年开始推行"一村一品"运动，以错位竞争推动农村产业发展，[③] 韩国则通过 20 世纪 70 年代和 90 年代的两次新村运动，大力推动城乡工业一体化。[④] 此外，还通过职业教育为农村产业发展培养专门人才，如日本大力推广"工业高中"制度，为农村经济社会发展培养技术工人，德国推动多元化农民职业技能教育培训，并大量设计与农村产业发展相关的职业方向，为大学生投身于农村产业创造条件。[⑤]

5. 城乡观念融合

要克服长期以来在城乡二元体制下形成的农村意味着落后的观念，树立城乡居民生活质量等值化的观念，实现城乡居民在不同空间中观念的平等和权利的平等。尽管乡村与城市在功能景观、社会形态、生产和生活方式等方面不同，但农村居民在收入和消费水平、就业机会、居住条件、人居环境、公共安全和社会保障等方面，应该享受到与城市居民大体等值的生活质量。

20 世纪初，英国就提出城市建设要以人为中心的理念，指出城市的发展要

① 王勇辉、管一凡：《英国城乡统筹政策对我国城乡一体化战略的启示》，《城市观察》2014 年第 5 期。

② 新玉言：《国外城镇化：比较研究与经验启示》，国家行政学院出版社 2014 年版，第 115 页。

③ 温信详：《农业现代化的日本经验》，《中国金融》2014 年第 11 期。

④ 韩道铉、田杨：《韩国新村运动带动乡村振兴及经验启示》，《南京农业大学学报》2019 年第 4 期。

⑤ 徐铮、房国忠：《发达国家城乡人力资源市场一体化模式研究——兼论中国城乡人力资源市场一体化的模式选择》，《东北师大学报》2014 年第 6 期。

满足人的需求，消除城乡教育差别，特别是要给予农村学校大量补贴，加强 14~19 岁农村学生的职业教育。德国倡导"农村生活与城市生活等值"，即农村及小城镇的基础设施条件与大城市相比几乎没有差异；公共服务和社会保障体系差异也不大；公民在迁徙、选举、工作及教育等权利方面没有差异；除了都市圈，中小城市和城镇分布合理，交通系统发达，城乡联系方便。① 日本从 20 世纪 70 年代起大力推进城乡一体化，土地集中经营，鼓励土地及住宅流转，鼓励城市人口到农村居住或投资，同时严格管理土地用途，不准私自改变；积极为务工农民提供与城市居民相同的社会保障和市民身份，消除阻碍公共资源在城乡之间自由流动的因素。② 上述做法克服了对农村、农民和农业的歧视，在观念上实现了城乡的平等，同时通过对乡村发展的高度重视，让农民可以过上体面的生活，从而实现了城乡等值。

第二节　贵州城乡融合发展的现状

在党中央和国家战略规划及相关政策的指引下，贵州陆续出台一系列措施，探索推进城乡融合发展。贵州创建的"镇村联动"模式，是在全国率先推进城乡融合体制机制的探索。2014 年起，贵州按照"以镇带村、以村促镇、镇村互动"的发展思路，率先推广实施"1+N"镇村联动发展模式，推进 1 个示范小城镇带动多个美丽乡村建设。2015 年，确定了首批 281 个试点村，实施了 1 个示范小城镇带动多个美丽乡村建设的"1+N"镇村联动发展。通过近几年的探索，推动了小城镇与美丽乡村的规划编制、产业发展、基础设施、公共服务、生态空间、村镇管理，实现了镇村"联规、联动、联建、联美、联富、联强"，促进了城—镇—村空间体系连片协调发展，为城乡融合奠定了一定的基础。

---

① 白雪秋、聂志红、黄俊立等：《乡村振兴与中国特色城乡融合发展》，国家行政学院出版社 2008 年版，第 80 页。

② 白雪秋、聂志红、黄俊立等：《乡村振兴与中国特色城乡融合发展》，国家行政学院出版社 2008 年版，第 84 页。

一、城乡发展要素双向流动加强

2017 年，贵州省出台了《省人民政府办公厅关于实施支持农业转移人口市民化若干财政政策的意见》，要求健全财政政策支持体系，引导农业转移人口向贵阳市、其他市（州）中心城市和中心城镇转移，力争 2020 年实现 300 万农业转移人口和其他常住人口落户城镇的目标，有序推进农业转移人口市民化。

在户籍改革方面，2015 年 6 月起，贵州省全面建立了城乡统一的户口登记制度，取消农业户口和非农业户口性质区分，统一登记为居民户口。在全国率先取消了包含省会贵阳市在内的全省城镇落户限制。2019 年制定出台《贵州省居民户口登记管理暂行办法》，在全国率先施行贵州籍农村学生"来去自由"的户口迁移政策，明确"自 2016 年 9 月 30 日之后毕业的贵州籍农村学生，未在城市城镇就业回农村实际居住生活创业的，可将户口迁回农村原籍"。从 2015 年至 2019 年底，全省户籍城镇人口占户籍总人口的比值达 41.68%，较 2015 年的 32.56% 提高 9.12 个百分点，促进农业转移人口和其他常住人口等非户籍人口落户城镇 456.08 万人，其中农业转移人口落户城镇 318.48 万人，提前完成了"到 2020 年农业转移人口及其他常住人口落户城镇 300 万人"的目标任务。到 2020 年 7 月，贵州省《农村土地承包经营权证》颁证率达 97.56%；全面完成符合法律法规规定的宅基地使用确权登记颁证工作；全省已确认集体经济组织成员 3231.36 万人，量化资产总额达 291.7 亿元。此外，截至 2019 年底，贵州省通过公租房、廉租房和住房租赁补贴等方式，将 10.64 万户进城落户农民、农民工纳入住房保障范围内。①

"十三五"期间，贵州完成了 192 万人（含恒大集团援建毕节新增搬迁 4 万人）的易地扶贫搬迁任务。由于贵州的搬迁采用的是城镇集中安置方式，所以对城镇化有着直接的支持作用。易地扶贫搬迁对贵州城镇化最直接的影响在于城镇化率的较快提高，其贡献率为 5 个百分点。

在城市要素向农村流动方面，贵州通过大力推进农村"三变"改革，激活了农村要素资源，吸引了城市的工商资本、人才、技术等要素向农村的流动，提升了农村要素资源的效率。

---

① 《贵州"晒"出户籍制度改革五年"成绩单"》，《贵阳日报》2020 年 7 月 31 日。

二、城乡基本公共服务均等化推进

"十三五"期间，贵州在脱贫攻坚的推动下，通过加强教育、医疗和社会保障等农村公共服务领域投入，统筹解决教育、医疗、住房等基本公共服务和社会保障问题，不断提高农村人口整体素质，促进社会全面进步、和谐稳定，城乡基本公共服务均等化得到有效推进。

（一）教育扶贫

"十三五"期间，贵州每年压缩 6% 的行政经费用于教育精准扶贫，建立省级统筹乡村教师补充机制，完成农村幼儿园、寄宿制学校标准化建设，对农村贫困家庭学生上高中、大学全部免除学杂费，让贫困家庭学生求学无忧，有更多机会接受高质量的教育。

教育资源供给方面，"十三五"以来，贵州累计统筹中央和省级专项资金近 300 亿元，支持各地新建改扩建公办幼儿园 3800 余所、全面改薄项目近 3500 所、城镇义务教育学校项目 140 所、普通高中学校项目 260 所。① 教育资金和项目不断地向贫困地区特别是深度贫困地区聚焦倾斜。实现全省所有乡镇公办幼儿园全覆盖。全省义务教育学校办学条件大幅度改善，农村寄宿制学校基本满足学生在校寄宿生活需求。加快推进义务教育均衡发展，全面实现全省 88 个县基本普及十五年教育。2018 年，贵州省提前两年实现全省县域内义务教育基本均衡发展，实现从"有学上"到"上好学"的转变，在西部率先实现义务教育基本均衡发展。

为了提升教师队伍水平，贵州省通过大力实施"国培计划""特岗计划"等项目，不断加强乡村教师队伍建设，特岗教师占全省义务教育阶段教师总数的 30.5%，实现了全省农村教师国家级培训全覆盖。据统计，自 2016 年以来，贵州省通过"国培计划"累计培训中小学幼儿园教师、校园长 28.7 万人，招聘 34631 名特岗教师到农村中小学、幼儿园任教，为边远贫困农村学校补充优质师资。

按照"精准资助、应助尽助"原则，贵州省形成了从学前教育到研究生阶段全覆盖的学生资助政策体系。2015 年，贵州率先在全国实施教育精准扶贫学

---

① 《阻断贫困代际相传 人人享有出彩机会——贵州省强力推进教育扶贫工作综述》，《贵州日报》2019 年 12 月 19 日。

生资助政策，向高中至本专科阶段的农村建档立卡贫困学生提供扶贫专项助学金和免（补助）学费、住宿费、教科书费等资助项目。累计资助农村建档立卡贫困学生 172 万人次，发放资助资金 53.72 亿元。2016 年以来，累计投入义务教育家庭经济困难学生生活费补助 65.07 亿元，资助学生 623.33 万人次。①

在职业教育方面，从 2013 年起，贵州在全国率先实施免费中职教育、在全国率先编制全省职业教育有关规划、在全国率先颁布施行《职业教育条例》。

在易地搬迁群众子女的教育方面，"十三五"以来，贵州在充分统筹共享安置点周边原有教育资源的基础上，着力加强安置点配套学校规划建设，累计投入资金 181.46 亿元，其中统筹相关中央和省级补助资金 74.03 亿元、争取东西部扶贫协作帮扶资金 14.55 亿元、市县级筹措及其他资金 92.88 亿元。完成新建、改扩建安置点配套学校 669 所，建成校舍资源 555 万平方米，新增学位 43 万余个。

（二）基本医疗保障

贵州每个县均至少建有 1 所二级甲等及以上公立医院且每个专业科室至少有 1 名合格的执业医师；每个乡镇均建成 1 所政府办的卫生院且至少有 1 名合格的执业（助理）医师或者全科医师；每个行政村均有 1 个卫生服务机构且至少有 1 名合格的乡村医生。全省现有二级及以上公立医院 215 所，执业医师 36997 人；卫生院 1370 所，执业（助理）医师 15446 人；村卫生室 20265 个，合格村医 29850 人。

贵州全面推行家庭医生团队签约服务，贫困人口四类慢病规范管理。截至 2020 年 11 月，全省建档立卡贫困人口中四类慢患者 67.20 万例，已有 66.23 万例接受了家庭医生签约服务和相关救治。全面实施大病专项救治，截至 2020 年 11 月，贵州确诊罹患 30 种大病农村贫困人口 15.91 万人，已救治 15.76 万人；全面落实先诊疗后付费，对建档立卡贫困户全面实行先诊疗后付费，全省建档立卡困难群众在县域内因病住院，医疗机构实行"一站式"结算；全面建成省、市、县、乡四级远程医疗服务体系，全省所有政府办医疗机构共 1836 家全覆盖，实现远程医疗县县通、乡乡通；全面推进援黔医疗对口帮扶，不断提升基层服务能力，572 家省外医疗卫生机构与贵州 1538 家医疗卫生机构建立对口帮扶关系。②

① 《阻断贫困代际相传　人人享有出彩机会——贵州省强力推进教育扶贫工作综述》，《贵州日报》2019 年 12 月 19 日。

② 《全面实现贫困人口看病有地方、有医生、有制度保障——贵州健康扶贫成效显著》，《贵州日报》2020 年 11 月 17 日。

对于全省 842 个易地扶贫搬迁集中安置区，在充分利用好周边原有医疗卫生资源的基础上，新建和改扩建 411 个规范化医疗卫生机构，为 759 家医疗卫生机构配备设施设备，按规定配齐医务人员，使搬迁群众看病就医有保障，覆盖率达到 100%。

（三）农村住房保障

贵州省是在全国率先启动农村危房改造试点的省份。"十三五"期间，贵州把农村危房改造纳入全省脱贫攻坚"四大硬仗"和"七大战役"加以推进，累计投入补助资金近 400 亿元。全省累计实施约 330 万户农村危房改造，2017 年，贵州抓住中央政策红利，在全面消除群众住房安全隐患、实现住房安全有保障的底线目标基础上，对住房基本使用功能不全、卫生健康条件不好的农村危房同步实施改厨、改厕、改圈。2018 年，制定《贵州省脱贫攻坚住房安全有保障危房简易评定标准（试行）》，将农村危房分为一级危房、二级危房、三级危房，对应国家 D 级危房及 C1 级、C2 级危房，并针对不同危房等级补助相应资金。到 2018 年底，贵州全部完成建档立卡贫困户等 4 类重点对象农村危房改造，提升了农房居住功能和卫生健康条件，改善了农村人居环境。2019 年，贵州大力推进农村人畜混居整治，到 2020 年初整治任务全部完成。①

在推进易地扶贫搬迁的同时，贵州省还印发了《关于高质量推进易地扶贫搬迁后续扶持工作的意见》，构建基本公共服务、培训和就业服务、文化服务、社区治理和基层党建"五个体系"。围绕着 100 多万搬迁人口的需求，城镇的公共服务能力也得到了较大的锻炼和提升。社会治理方面，新批复设置街道办事处 59 个，选举成立居委会 441 个，居（村）民小组 3681 个，居（村）民自治工作有序开展，社区治理良性互动，党的基层组织和工、青、妇基层阵地建设不断加强，实现了综合服务全覆盖、基层党组织全覆盖、群团组织和社会力量帮扶全覆盖、警务力量全覆盖。2019 年全省新建安置点社区服务中心（站）290 个、居家养老服务中心 215 个、儿童服务中心 184 个。各个安置点结合自身实际，探索了多种多样的社会组织参与社区治理的活动，如铜仁大龙组织 80 余名志愿者，利用周末等时间节点，开展"四点半课堂""周末课堂""大手拉小手"等活动，帮助搬迁群众适应城镇社区生活。

---

① 《安居之梦今朝圆——贵州农村住房安全保障成效显著》，《贵州日报》2020 年 12 月 18 日。

2019 年，《中共中央 国务院关于建立健全城乡融合发展体制机制和政策体系的意见》提出，城乡融合要推动公共服务向农村延伸、社会事业向农村覆盖，健全全民覆盖、普惠共享、城乡一体的基本公共服务体系，推进城乡基本公共服务标准统一、制度并轨。贵州通过脱贫攻坚，农村公共服务水平大力提升，对于农村居民的现代化起到了很大的促进作用，也为人的城镇化和城乡一体化奠定了基础。

三、农村基础设施大力改善

2008 年，贵州省委、省政府提出实施"交通优先发展战略"，尤其是党的十八大以来，贵州以"国发 2 号文件"定位的"打造西南重要陆路交通枢纽"为引领，全力开展小康路、小康电、小康寨、小康房、小康讯、小康水"四在农家·美丽乡村"基础设施建设六项行动，强力推进基础设施建设，贫困地区基础设施条件不断改善。

由于易地扶贫搬迁需要建设大量的集中安置点，所以也直接带动了城镇的基础设施建设。全省建成安置点 946 个，累计建成住房 45.39 万套。同时，配套建设安置区水、电、路、网及垃圾、污水处理设施等基础设施进一步拓展了城镇的服务能力。除了市州和县城，搬迁还带动了一批小城镇的建设，其中有 31.8 万人集中安置在小城镇。笔者在调研中了解到，"十三五"期间，安顺市建设安置区道路 374 公里，铺设饮水管网 1001 公里，架设输电线路 912 公里，安置区绿化亮化 77 万平方米，排水排污工程 204 处，垃圾收运工程 204 处，安置区公共活动场所（广场、停车场）35 万平方米。而册亨县城面积原来是 3 平方公里，通过易地扶贫搬迁安置点的建设，带动其面积达到了 13 平方公里。

基础设施建设的大力推进，有效地改善了农村的生产生活条件，缩小了城乡之间的差距，也增强了农村对城市的吸引力，为城镇要素向乡村流动、为城乡融合奠定了基础条件。

案例：关岭县脱贫攻坚期间的基础设施建设

2017 年起，关岭县累计建成农村公路 2576.35 公里，通组（寨）路 409 公里，行政村全部通硬化路，通畅率达到 100%。实施集中供水工程和饮水安全巩固提升工程 358 处，新建和维修集中供水水厂 11 座。在集中供水不能覆盖的地方，建设小水池、小水窖 386 个，铺设输水管网 1890 余公里，供水工程覆盖率、入户率均达到 100%。"小康电"投资 25325 万元，"小康讯"累计投入 11740 万元，安装路灯 9511 盏，建成乡镇生活污水处理厂 4 座，垃圾中转、集中处理、垃圾池等项目 88 个，集中式饮用水源地保护项目 6 个，便民设施 166 个，文体活动设施 225 个，污水处理设施 380 个，实施庭院硬化 33459 户，串户路 711 公里。

四、农业产业初具规模

脱贫攻坚期间，贵州省大力推进农业产业发展。2019 年初，贵州明确十二位省级领导领衔，在全国聘请七位院士作为产业发展顾问，在省内组织专家团队，采取一个产业一个领导小组、一个工作专班、一个专家团队、一套推进方案的措施，系统推进茶叶、水果、辣椒等十二大特色优势产业发展。

全省茶园面积 700 万亩，辐射带动就业 356 万人，带动贫困户减贫 34.8 万人；种植食用菌 30 万亩，带动 50 多万贫困人口增收；蔬菜种植面积 1783 万亩，带动农户 1449 万人，其中贫困人口 62 万人；水果种植面积 799 万亩，带动农户 533 万人，其中贫困人口 37 万人；辣椒种植面积 512 万亩，占全国 1/6，带动 280 万人增收，其中贫困人口 65 万人。形成了刺梨、猕猴桃、蓝莓、李子等一批优势特色产业。2019 年，茶叶、蓝莓、李子、刺梨种植面积全国第一；辣椒生产、加工、销售规模全国第一；食用菌产业迈入全国第一梯队；百香果种植规模挤进全国前三；太子参产量占全国需求量的 40%；猕猴桃种植面积全国第三。通过"龙头企业+合作社+农户"模式，带动农户通过土地流转、务工收入、入股分红等多种形式共享产业发展成果，为脱贫攻坚发挥了重要作用。

案例：惠水县佛手瓜产业

佛手瓜是贵州八大蔬菜单品之一。佛手瓜耐瘠、耐储运、周期短、见效快，不受土壤和地理条件限制，其种植管护技术简单，非常适合西南喀斯特山地。过去，当地村民有零星种植。从 2007 年起，惠水县在充分调研之后，发动群众，先以好花红镇弄苑村为中心，辐射带动周围 4 个村发展生态佛手瓜产业。共统筹涉农财政资金和广州对口帮扶资金1000余万元，在好花红镇东部深石山区建成了8公里长的佛手瓜产业带，种植规模不断扩大。经过试点和多年实践，惠水县最终选择将佛手瓜作为深石山区主导产业在全县推广。

为此，惠水县制定了《惠水县产业结构调整佛手瓜产业实施方案》，规划在全县石漠化山区将佛手瓜种植面积扩大到3万亩，实行"一名县级领导、一个工作专班、一支服务团队、一套操作方案、一个销售专班"的工作机制，由县委主要领导领衔主抓，县、镇（街道）、村三级联动。

在基础设施建设方面，惠水县先后建设1000立方米冷库1个、佛手瓜交易平台3000余平方米、钢架大棚2980平方米，同步配套建设水电、喷灌、水池水窖等设施设备。在技术上，惠水县制定了《惠水县佛手瓜产业技术规范》，邀请贵州省农业农村厅及省农科院6名专家长期蹲点提供技术服务，开展新品种、新模式、新技术试验示范。

佛手瓜种植经营以"合作社+农户"模式为主，在产业园区核心区域采取"产业党支部+合作社+种植户+贫困户"的经营模式，成立了好花红镇佛手瓜产业党支部，各村成立了农民专业合作社，辐射带动佛手瓜种植户和项目区贫困户。产业党支部在产业发展方面发挥引领作用，合作社具体负责项目实施、管理管护、购销对接等，连接瓜农与市场。

在产品方面，为了延长产业链，除了销售佛手瓜果实及瓜尖（龙须菜），还开发了佛手瓜面条、饮料、榨菜、休闲食品等系列产品。在市场销售方面，省内已进驻惠民生鲜、地利生鲜、农投惠民、合力超市等连锁商超，并销售至石板市场、贵阳农产品物流园等农产品集散中心、贵州省监狱系统、希望教育集团下属院校等食堂。省外市场依托对口帮扶项目销往"两广"市场。

目前，惠水县已建成以好花红镇佛手瓜扶贫产业园为核心的贵州省最大佛手瓜种植基地，全县发展佛手瓜1.6万亩，其中深石山区10000余亩，佛手瓜尖专业基地800亩，年产量达4.8万吨，实现产值约6000万元，带动4000余户群众实现增收，既发挥了石漠化治理、水土保持的生态效益，也发挥了脱贫增收的经济效益。佛手瓜产业的发展，带动了乡村的发展，很多外出打工的村民也回家参与到这一产业中。

产业基础的形成，使贵州农村逐渐形成了自身发展的动力，部分农业产业如刺梨产业等的一二三产业融合也在不断推进中。这为农业现代化奠定了基础，有利于逐步缩小城乡的经济差距，也为城乡融合奠定了产业基础。

五、农村市场服务体系的建立

（一）物流体系建设

在大力改善交通条件的同时，贵州还加强了冷链物流流通体系建设。2017年《贵州省发展冷链物流业助推脱贫攻坚三年行动方案（2017—2019年）》出台，提出建设贵阳、六盘水、黔南全国农产品冷链流通标准化试点城市和农产品物流园冷链流通标准化试点，县域冷车、冷库、冷柜等设施全覆盖，实现冷链物流与重点农产品主产区无缝对接。

十年前，贵州的冷库容量仅占全国的1.07%，并且还有大量闲置。近年来，随着贵州农业产业的快速发展，冷链设施供不应求，限制了生鲜农产品的销售半径。贵州实施冷链物流助推脱贫攻坚三年行动，逐步优化冷链基础设施布局。三年来，贵州省冷库设施增长368%，截至2020年6月底，贵州省已建成冷库1235个，库容386.36万立方米。农产品销售半径从平均不到300公里延伸至北上广、粤港澳以及东南亚、迪拜等地。2020年上半年，贵州省农产品销售额达到200多亿元，同比增长70%以上，外销生鲜蔬菜有半数以上通过冷链运输，农产品损耗降低7亿元。[①]

通过优化冷链基础设施布局，贵州省内十大蔬菜生产基地县、32个蔬菜生产大县的冷库库容总量从2016年底的19.22万吨提升至2019年的92.39万吨。在2019年外销生鲜蔬菜类产品中，通过冷链运输的占比超过68%。全省农产品冷链流通水平得到提升，肉禽类、果蔬类冷链流通率分别从2016年的25%和13%提高到2019年的30%和18%，省内蔬菜损耗率从2016年的37.8%降低至2019年的18.3%。农产品外销半径扩大，销售价格得到提高。修文猕猴桃、盘州黄姜等农产品通过冷库收储实现错季销售，销售周期从3个月延长至6个月，错季后，部分农产品价格能提升80%以上。[②]

此外，省商务厅还在全省实施70个农商互联示范项目，布局建设120个前联生产、中联流通、后联销售的农产品集配中心。截至2018年底，贵州建成电

---

① 《贵州：加强冷链建设　助力脱贫攻坚》，2020年8月2日中央电视台《新闻联播》。

② 《扩大外销半径　提升市场竞争力——冷链物流保驾黔货出山"鲜"行天下》，《贵州日报》2020年6月27日。

商服务站点 10220 个，其中乡镇级 1674 个，覆盖率超过 80%，村级 8646 个，覆盖率超过 51%。2020 年，贵州印发了《贵州省进一步加快农村电子商务发展助推脱贫攻坚行动方案（2019—2020 年）》，提出到 2020 年，贵州省级农村电商公共平台实现县域服务全覆盖，电商运营中心和快递物流中心实现贫困县全覆盖，电商服务站点和物流站点实现乡镇全覆盖。

（二）电商新业态发展

从 2015 年起，贵州省陆续出台《贵州省人民政府关于大力发展电子商务的实施意见》《贵州省加快农村电子商务发展实施方案》等文件，扶持农村电商发展，并同时启动电商扶贫项目，明确由贵州省扶贫办安排 1 亿元财政专项扶贫资金用于印江、松桃等 10 个县区的电商扶贫试点。2019 年《贵州省进一步加快农村电子商务发展助推脱贫攻坚行动方案（2019—2020 年）》出台实施，提出到 2020 年贵州省电商扶贫产业基础逐步健全，电商扶贫服务体系趋于完善，省级农村电商公共平台实现县域服务全覆盖，电商运营中心和快递物流中心实现贫困县全覆盖，电商服务站点和物流站点实现乡镇全覆盖，打造电商扶贫示范村 70 个，示范网店 200 个，培育区域农产品电商品牌 30 个，完成 10 万次以上电商培训，带动 15 万人以上群众增收，网络零售额年均增长 18% 以上。贵州目前已创建国家级电子商务进农村综合示范县 79 个，村级电商服务站点 4306 个；建成 112 个农产品集配中心，全省快递物流到村覆盖率达 80% 以上，初步形成"基地+站点+云仓"的农村电商一体化运营体系。

在国家和省级政策的支持下，贵州的电商快速发展。2017 年以来，全省网络零售额年均增长率达 46.2%。2019 年，贵州省实现网络零售额 218.9 亿元，增长 20.6%。2020 年上半年，贵州省农产品网络零售额达 12.81 亿元，同比增长 238.11%。2016 年以来，贵州省创建国家级和省级电子商务进农村示范县 79 个、国家级电商示范基地 2 个、省级电商示范基地 14 个；建成县级电商运营服务中心 79 个，整合优化村级电商服务站点及快递物流，推动寄递服务网络向下延伸，快递网点实现乡镇全覆盖；贵州网络销售在 2000 万元以上的电商企业 37 家，其中贵州电商云员工近 300 人，营业收入过亿元；加强与知名电商平台合作，在京东、阿里巴巴等平台开设 106 个电商扶贫馆，57 个县与商务部电商扶贫频道成功链接；建成农商互联大数据服务平台，上线运营"一码贵州"智慧商务大数据平台。

案例：印江县"电商驿站"服务体系建设情况

印江县从 2015 年起，在政府主导下，推动电商发展。截至 2019 年，全县生产总值 113.46 亿元，其中，网络零售额 1.04 亿元，网络零售额增速排名全市第 1 位。其主要的做法有以下五点：

第一，政府高度重视。2015 年以来，印江先后获得了全省第一批"全国电子商务进农村综合示范县"和"全省电商扶贫示范县""全国首批返乡农民工创业就业试点县"等项目，为电商发展提供了资金和政策支持。为了抓紧机遇，2015 年，印江率先在全市成立了电子商务发展工作领导小组。

第二，做好基础设施建设。大力发展快递物流，打通网货下乡"最后一公里"和农产品进城"最先一公里"，全县开通设立快递公司 15 家，物流公司 30 家，建立了 3 条"农村淘宝"物流专线，形成了以县城为中心、链接 17 个乡镇（街道）的物流运输网络。4G 网络、宽带、通村油路实现全覆盖。开通"农村淘宝"服务站、"京东帮"、"邮政电商"服务站等各类农村电商服务站。打好了农村电商服务站下行和上行的双向基础。

第三，搭建了"一园一区一空间"，为电商创业提供入驻服务。"一园"即电商产业园区，围绕印江经开区的特色食品、轻工电子产品建设电子商务产业集群，建成了电商产业园和农民工返乡创业示范基地。"一区"即在县城体育场建设电子商务一乡一特体验区，对全县 17 个乡镇（街道）特色产品进行线下展示和线上营销。"一空间"即印江众创空间，带动大众创业、万众创新，按照民办公助、资源整合、示范引领的原则，在印江西南商贸城规划建设了集创业就业、培训孵化、设备设施、商务服务等基础设施和服务于一体的众创空间服务平台。先后引进了阿里巴巴、京东、苏宁易购、邮政电商等龙头电商企业入驻县电商产业园。

第四，创新性探索出"电商驿站"的模式，解决农村电商物流成本高、盈利难等问题。印江在畅通电商驿站"物流网"中，紧扣"提速降费"，通过市场化运作方式，创新构建电商驿站物流配送体系，切实打通上行"最先一公里"和下行"最后一公里"。由"梵净云商"配套服务企业组建配送团队，开通电商驿站"直通车"，以电商驿站为配送节点，全县规划 8 条闭合型快递物流配送路线，改变以往"县—乡镇—村"三级配送为现在的"县—村"二级配送，实行一日一收派，实现下行包裹当天到村和上行包裹当天进城，提高了配送时效。在物流配送中，则实行物流配送包月制，驿站按月支付"直通车"配送团队配送费，无限量配送包裹。政府则对驿站每个上行农特产品包裹给予适当补贴，有效解决配送团队运行费用，减轻电商驿站经营负担和物流成本。现在，村级上行包裹从原来最低12元降到现在的最低5元，降费率58%；村级下行包裹从原来的10元以上取件成本降低到现在的3元，降费率70%以上。同时，以"梵净云商"平台产品分拣中心为集散区域，引导"四通一达"、顺丰快递等快递企业向该区域集聚，进而形成新的快递物流园，打造快递"集散地"，并以此改变各家快递企业，使其从原来的分散经营转变为现在的集中经营，进一步提高快递企业配送时效和经营效益，降低农村电商驿站运营成本。围绕行政村服务"全覆盖"目标，综合交通条件、产业发展、人口聚集等因素，该县以小卖部、零售店为重点，在17个乡镇（街道）365个行政村规划建设160个"电商驿站"。采取"财政扶一点、项目挤一点、驿站出一点"的方式筹集资金，按照统一店铺形象、统一服务功能、统一推广运营、统一扶持政策"四统一"标准规范化建设电商驿站，通过实行"电商驿站+"模式构建"一主业带多业"发展格局，推动农特产品上行销售。同时，围绕群众生活所需，叠加农村淘宝、快递寄递、农家超市等增值业务，提高驿站经营效益，破解电商站点生存困局。目前，该县共规划160个电商驿站，已建设126个，覆盖235个行政村，带动农民就近就业2000余人，驿站月平均收入3000元左右，有效解决了站点生存难问题。

第五，打造本土品牌，使电商与本地农业产业发展相融合。创建了梵净云商、黔邮乡情等几家富有地方特色的电商平台，实现自主经营的网络销售终端。统一打造"梵净山翠峰茶"等当地农产品品牌。大力推动"三品一标"认证，推进农产品质量安全追溯体系建设。全县建立了茶叶、食用菌、精品水果等5类100家企业可追溯体系，以保证电商产品的质量。通过"梵净云商"平台引领，有效推动印江39个"一村一品"网货基地建设。除了线上实行"一日一推""一周一爆款"等方式打造站点"网红产品"，线下采取"精品线路""一网格一团长"等方式进行"双线"拓展销路外，印江还推行平台、驿站、基地强联动机制，通过在"梵净云商"平台开设电商驿站板块，对电商驿站产品进行免费销售。电商驿站对本地质量好、有特色的优质农产品进行销售，销售所得全部结算给电商驿站，再由驿站结算给生产基地和农户。

（三）东西部市场协作

2012 年，国务院印发《关于进一步促进贵州经济社会又好又快发展的若干意见》，提出东部发达城市对口支援贵州欠发达地区，到 2013 年形成了 8 个"一对一"对口帮扶的新局面。2016 年，贵州省委为贯彻落实习近平在东西部扶贫协作座谈会上的重要讲话，在全国率先编制《东西部扶贫协作和对口帮扶贵州工作总体规划（2016—2020）》，并形成"1+5"系列文件，开展"携手奔小康行动"，继续深入扎实推进扶贫协作和对口帮扶。在东西部扶贫协作的各项内容中，市场协作是本书重点关注的内容，因为它对区域发展、城乡关系都具有重要意义。

自 2016 年 9 月以来，广州对口帮扶贵州黔南州、毕节，为助推"黔货出山"进行了一系列机制创新。200 多个"黔货出山"分销中心、农特产品展销窗口在广州设立。贵州借助广州江楠集团平台资源和东西部扶贫协作机制，大力建设粤港澳大湾区菜篮子工程保供基地。

2020 年 8 月，黔东南州人民政府、贵州蔬菜集团、杭州联华华商集团在杭州签署农产品供销合作协议，三方坚持将在农产品产销衔接、冷链物流等领域开展战略合作，助力贵州省内以黔东南为主的优质农产品稳定进入浙江市场。

近年来，贵州以东部对口帮扶城市市场需求为导向，完善农产品省外产销供应体系，在京津冀、长三角、粤港澳等地农产品批发市场建设 120 个贵州绿色农产品省外分销中心，多次在上海、广州等地举办多场推介展销活动，实现了菜单式推介、精准化对接，直供性销售。从 2019 年 8 月起，贵州平均每天有 100 吨蔬菜持续稳定供应上海、广州等地市场。截至 2019 年 10 月，85 个贵州绿色农产品旗舰店和展销中心在对口帮扶城市设立，各帮扶城市在贵州的绿色农产品供应基地达 290 个。截至 2019 年底，得益于冷链设施配套的不断完善，贵阳、六盘水、毕节等 6 个地区获批粤港澳大湾区"菜篮子"工程二级配送中心，省内 21 个生产基地获批粤港澳大湾区直供基地，6 个基地获上海外延基地授牌。

2016 年以来，贵州引进东部帮扶城市到省内投资企业达 1336 家，实际到位资金 1132.8 亿元。探索出"东部企业+贵州资源""东部总部+贵州基地""东部研发+贵州制造""东部市场+贵州产品"等多种合作模式。除了将贵州的农产品销售到沿海地区，发达省份的企业还进入贵州，推动贵州产业发展。比如，广药集团帮助贵州刺梨产业实现全新突破，打造"刺柠吉"，既拓展了贵州刺梨的品牌和市场，也使企业开拓了发展空间；通过深化农业、工业、文旅等产业的全方位合作，苏州向铜仁输出开发区建设经验，两地合作共建 19 个产业园区；湄潭与上海携手，在湄潭打造山地高效农业生态园区农旅一体化项目，打造"湄潭香葱"品牌。[1]

贵州目前依然是农业大省，因而其推动城乡融合发展的重点是农村产业的发展。随着近年来贵州农业产业发展的推进，市场便成为关键环节。只有建立了高效顺畅的省内外市场流通体系，才能使贵州的农业产业发挥出最大效益。由此可知，市场体系的建立，使贵州城乡融合有了更为扎实的载体，加速了城乡间市场要素的流动，不但使贵州的城乡更紧密地连接，也使贵州农村融入了更加广阔的国际国内大市场，进一步提升了贵州农村产业发展的能力。

第三节 贵州乡村振兴与城乡融合统筹推进的挑战与政策建议

党的十九大提出实施乡村振兴战略，十九届五中全会进一步强调，要全面推进乡村振兴，加快农业农村现代化。全面推进乡村振兴，加快农业农村现代化，就是要让农业与工业、农村与城镇共同实现现代化。对于贵州而言，坚定不移地推进新型城镇化是贵州省的重要工作之一，进入"十四五"时期，贵州将实施乡村振兴、大数据、大生态"三大战略行动"，大力推动新型工业化、新型城镇化、农业现代化、旅游产业化。

一、贵州城乡融合面临的挑战

（一）城乡差距仍较大

经过多年的发展，尤其是最近十年，贵州省的城乡发展都取得了显著成绩，但也应该看到，城乡发展不平衡、农村发展滞后问题仍较突出。经济方面，城乡

---

① 《贵州与东部对口帮扶省市因地制宜共谋发展——从单向帮扶走向互利共赢》，《贵州日报》2021年 1 月 18 日。

居民收入的绝对差距还在扩大。2020 年，贵州省城镇常住居民人均可支配收入 26959 元，农村常住居民人均可支配收入 7826 元，城乡收入比值达到了 3.44，比 2016 年的 3.31 有所提高；而同期，全国的城镇常住居民人均可支配收入为 32821 元，农村常住居民人均可支配收入为 12297 元，城乡收入比值为 2.67，比 2016 年的 2.72 有所下降。此外，农村资金、土地、劳动力等资源要素还在大量流向城市，基础设施、公共服务与城市相比存在较为明显的差距。

（二）城乡均面临发展压力

2020 年，贵州的常住人口城镇化率为 50%，而同期全国的平均水平为 60%，仍然存在着 10 个百分点的差距。因此，在未来一段时期内，贵州城镇化建设还需继续推进。按照贵州省委、省政府的决策部署，"十四五"时期，贵州将瞄准高质量发展主攻方向，大力推动新型工业化、新型城镇化、农业现代化、旅游产业化，构建高质量发展工业产业体系、城镇体系、乡村建设体系、现代服务业体系。贵州后发赶超的特点，决定了贵州新型工业化、新型城镇化、农业现代化、旅游产业化必须"四个轮子一起转"，城乡融合必须纳入"四化同步"进行通盘考虑。

因此，对于贵州而言，一方面要加快城镇化的步伐，提升城镇化的绝对水平，另一方面也要提升城镇化的质量，做好城乡统筹发展，缩小城乡差距。

二、进一步推动城乡融合的政策建议

（一）巩固拓展脱贫攻坚成果同乡村振兴有效衔接

乡村振兴是城乡融合的必然要求和必要举措。脱贫攻坚为乡村振兴奠定了坚实的基础。[1]

一是组织基础。在贫困地区，脱贫攻坚成为最重要的政治任务，五级书记一起抓扶贫的组织体系和向贫困村选派第一书记和扶贫工作队的举措，使党的干部队伍在脱贫攻坚中得到锤炼，基层党组织的战斗堡垒作用空前强化。这套组织体系形成了强大的动员力量、资源整合力量和管理力量。

二是治理基础。向贫困村选派第一书记和扶贫工作队，在创新扶贫资源整合方式的同时，有效改善了国家治理体系。通过城乡联动、东西部协作，将机

---

① 张建：《在推进乡村振兴上开新局》，《贵州日报》2021 年 4 月 14 日。

关、企事业单位、部队等社会扶贫力量聚集起来，以基层党建推动农村社会治理，解放和激发贫困群体、贫困社区的内生发展动力，政府行动能力与社会行动能力得到共同成长，贫困群体、农村社区的参与能力、协同行动能力得到显著提升。

三是人才基础。发展的关键是人，在脱贫攻坚中，通过打造一支"不走的扶贫工作队"，深入推进抓党建促脱贫攻坚工作，贫困村的基层组织建设得以加强，村两委班子能力得到提升，培养了一批农村致富带头人，农村本土人才在村庄发展中的作用被凸显出来，乡村的内生力量得到激发。

四是发展基础。通过持续多年的投入，农村的面貌得到极大的改善，为其未来奠定了良好的发展基础。首先是基础设施的改善。近年来，贫困地区在基础设施上投入巨大，交通、水、电、通信等公共设施领域的成就在脱贫攻坚中是最直接的和最被公认的。贵州在这方面走在了全国的前列。其次是产业基础。产业扶贫是贫困地区扶贫的重点工作，大规模产业扶贫项目的实施，为贫困地区的产业发展探索了一条有益的新路。在贵州，12位省领导领衔推进12个农业特色优势产业，从高位推动贵州省农业产业体系的建构。最后是市场基础。在发展重点产业的基础上，贵州省大力培育市场主体、打造优质品牌，尤其是通过东西部扶贫协作，贵州的优质农产品走向了东部广阔的大市场，并赢得了很好的口碑。

脱贫攻坚与乡村振兴的有效衔接主要包括五个方面的内容：一是目标衔接。脱贫攻坚的目标实现以后，乡村振兴为进一步稳固脱贫攻坚成果提供了有机的衔接点。其中缩小城乡公共社会服务差距是重要的内容。二是领导体制衔接。坚持党抓乡村振兴工作，充分发挥中国的体制优势。三是政策衔接。保持脱贫攻坚的政策体系与乡村振兴的政策体系的连续性与稳定性。四是措施衔接。延续脱贫攻坚的"五个一批"等具体措施，针对不同地区的乡村实际情况，有针对性地采取不同的措施实现这些地区乡村的振兴。五是机制衔接。延续政府主导、全社会参与和以群众为主体的机制，积极支持农民提升自身的能力并在市场机制的推动下展开。①

在乡村振兴中，要规划先行，注重城乡规划布局，以城乡一体的视野，推动乡村高质量发展。要进一步加大对农村的各项扶持力度，加快农村公共设施建

---

① 李小云：《脱贫攻坚需要在五个方面实现与乡村振兴的有效衔接》，《中国农村经济》2021年第1期。

设，公共服务资源向农村倾斜，不断缩小城乡基础设施和公共服务的差距，最终实现均等化，为农村与城市等值奠定基础。

（二）坚持以人为本，不断推动人的现代化

《国家新型城镇化规划（2014—2020年）》提出，新型城镇化应坚持以人为本、公平共享的基本原则。以人的城镇化为核心，合理引导人口流动，有序推进农业转移人口市民化，稳步推进城镇基本公共服务常住人口全覆盖，不断提高人口素质，促进人的全面发展和社会公平正义，使全体居民共享现代化建设成果。

中国特色新型城镇化是以人为本的城镇化。不能把城镇化简单地等同于城市建设，而是要围绕人的城镇化这一核心，实现产业结构、就业方式、人居环境、社会保障等一系列由乡到城的转变。坚持以人为本，就是要合理引导人口流动，有序推进农业转移人口市民化，稳步推进城镇基本公共服务常住人口全覆盖，不断提高人口素质，在城镇化过程中促进人的全面发展和社会公平正义，使全体居民共享现代化建设成果。

推进以人为核心的新型城镇化建设，应当通过深化户籍制度等关键领域的改革，推动以基本公共服务均等化为中心内容的农民工市民化。一方面，要推进城乡基本公共服务均等化，尤其是让公共资源向农村倾斜，提高农村居民享受基本公共服务的水平，缩小城乡基本公共服务差距。同时，让进城农民工及其家庭能够真正融入城市，享受同等的社会保障、义务教育、保障性住房等基本公共服务；重点加强劳动力人口职业技术教育培训服务，提升他们融入城镇的能力。另一方面，要着力提高户籍人口城镇化率，通过户籍制度改革实现农民工市民化，这是推进基本公共服务均等化的最有效手段和最终体现。

县城是城镇化的重要空间，也是城镇体系的一个重要环节，以及城乡融合发展的关键纽带。大力提升县城公共设施和服务能力，以适应农民日益增长的到县城就业与安家的需求，这是贵州推动新型城镇化的重要抓手。也是实现《贵州省山地特色新型城镇化规划（2016—2020年）》中提出的约500万人就地就近城镇化的重要途径。因此，要以县城及中心镇带动周边多个村庄联动发展的"1+N"模式，统筹建设城镇和周边农村公共服务设施和基础设施，实现互联互通、共建共享，实现就地就近城镇化。

除了县城，贵州还可以立足自身实际，大力发展特色小镇。特色小城镇的核心功能就是能够实现农村地理空间的提质发展，让农民不离开家乡也可以过上城市生活，实现城市生活模式的拓展。① 有学者认为，中国未来的城镇化将由跨省的异地城镇化逐渐过渡到就近就地城镇化。② 就近就地城镇化可以结合城镇的地理位置、资源禀赋和经济现状，突出自身特色和优势，注重基础设施、教育医疗等配套公共服务设施的建设，使广大农民能够真正享有就地就近城镇化成果，也有利于避免农村空心化，增强广大农民的归属感，更有利于农业现代化、农村城镇化加速推进。随着就近就业机会的增多，农民在就近城镇化进程中将重新焕发生产、生活激情，成为农业、农村发展和就近城镇化的重要力量。可以这样说，就近就地城镇化是城乡统筹建设的重要节点，是城乡融合战略得以实现的基础。③

（三）发展山地特色产业，构筑山地特色城镇的产业基础

《贵州省山地特色新型城镇化规划（2016—2020 年）》中提出贵州新型城镇化要突出五个"新"和五个"特"的发展内涵。其中，"特"的内涵体现在五个方面：一是特在自然生态。立足生态文明先行示范区建设，秉承"绿水青山就是金山银山"理念，守住山青、天蓝、水清、地洁的生态底线，实现百姓富与生态美有机统一。二是特在城镇形态。突出组团式、点状式、串珠式布局，多"蒸小笼"，不"摊大饼"，推动城镇"紧凑发展、精明增长"，实现山水、田园、林地、城镇有机融合。三是特在产业业态。突出绿色、新兴、高端、特色的产业定位，发展大数据、大健康、山地高效农业、文化旅游业、新型建筑建材业等战略性新兴产业，挖掘传统产业潜力，实现产业绿色化、绿色产业化，大力拓展就业渠道。四是特在民族文化。发挥多元文化优势，在保护中传承，在传承中创新，在创新中发展。五是特在建筑风貌。推动建筑融于自然环境，显山露水，错落有致，色彩典雅质朴，风貌协调统一，不同时代的建筑和谐共存，留住传统记忆。

因此，贵州的城乡融合发展一定要抓好山地特色这一资源优势。④

一是要抓住山地自然资源特色。贵州是典型的山地省份，是全国唯一没有平原的省份。所谓的"地无三尺平"在今天的时空条件下完全可以转化为发展的

① 李斌：《新型城镇化背景下的城乡关系》，社会科学文献出版社 2020 年版，第 76 页。

② 王业强、魏后凯：《大城市效率锁定与中国城镇化路径选择》，《中国人口科学》2018 年第 2 期。

③ 李强：《就近城镇化与就地城镇化——以城市群为主体的大中小城市协调发展的重要支撑》，《北京日报》2019 年 2 月 25 日。

④ 张建：《在乡村振兴上开新局》，《贵州日报》2021 年 4 月 14 日。

优势，走出一条山地高效特色产业的发展之路。贵州的山地资源具有立体性、多样性、独特性等特征。俗话说，十里不同天，这正是贵州山地立体性的表现，既有寒凉的高地，也有温暖的河谷，这种立体性造就了差异性极大的区域特征，赋予了不同的区域迥异的资源禀赋，造就了贵州山地资源的多样性，如多样的气候资源、土地资源、旅游资源、种质资源等，且这些资源很多都具有难以复制的独特性。贵州的乡村振兴要紧紧抓住山地特色，在农业上既要抓大而强，也要抓小而精，避开不擅长的大宗农产品，做好错位竞争；要大力发展以酒、烟、茶、食品等为重点的特色轻工产业；在旅游上要充分利用好独特的峰丛、丘陵、峡谷、洞穴、瀑布等自然奇观，大力打造独具特色的山地旅游目的地。此外，优质的种质资源是大自然给予贵州的宝库，千百年来贵州人民不断地选择、积累和保护，为人类留下了可贵的资源库，这些资源与乡村融合在一起，也构成了乡村发展可资利用的资源。因而，要充分利用这些资源，大力发展现代山地特色高效农业，推动农业园区由农业种养殖单一功能向农业种养殖、农产品加工、信息服务、农业商贸物流、农业观光体验等多功能融合发展转变；积极培育新型农业经营主体，大力发展农民专业合作社，积极培育专业大户、家庭农场等新型农业经营主体，培养一批新型职业农民。

二是抓住山地文化特色。贵州是多民族聚居区，有 18 个世居民族。各民族在不同的空间中，既相对独立，又相互交融，在历史长河中创造了灿烂而多样的民族文化，这些文化成为了多彩贵州的一张亮丽名片。贵州乡村振兴要立足于丰富多彩的民族文化，将文化产品化，将产品文化化。一方面，要将文化资源转化为发展资源。在此过程中，需要妥善处理好保护与发展的关系、外来资本与本土文化持有者的关系；既要尊重市场原则，又要尊重少数民族群众的文化主体性，实现文化资源开发各方参与者的共赢，做到民族文化传承、保护与开发的可持续性。另一方面，要提升民族地区物质产品的文化附加值，将消费者的产品购买行为转化为文化体验行为。此外，在民族村寨中，民族文化孕育出了淳朴的民风，积累出了一套行之有效的社会治理机制，是实现乡村"乡风文明、治理有效"的宝贵资源。

三是抓住山地生态特色。2019 年，贵州县城以上城市空气质量优良天数比率达到98.3%，全省森林覆盖率高达 58.5%，绿水青山已成为贵州又一张亮丽的名片。要充分利用好建设国家生态文明试验区的机遇，进一步把贵州生态优势巩固好、提升好、利用好，让绿水青山永远成为贵州人民的"幸福不动产""绿色提款机"。乡村振兴要打好生态牌，就要贯彻好"绿水青山就是金山银山"的发展理念，做到产业生态化与生态产业化的辩证统一；抓好消费转型升级的市场机遇，大力发展有机生态农产品，发挥好政府监督作用，培育乡村社会自律机制，在保障产品品质的基础上，努力提升产品的生态附加值；将生态与康养相结合，以乡村生态资源为基础，打造贵州特色的大健康产业。特别地，要着力发展大健康养生产业，努力把贵州建设成为独具特色的医药养生省、全国大健康产业基地和国际知名的宜居颐养胜地。

四是大力推进农业现代化。农业现代化是提升农业生产效率的前提，要深化农业产业体系、生产体系、经营体系和农业社会化服务体系改革；要在保障粮食安全的基础上，加大对农业的投入，提升农业的科技水平。同时，要探索一二三产业融合生产和发展的模式，培育多种经营主体，积极引导小农户与现代市场的衔接，既能与自然生态共存，又能满足人们对美好生活的追求。要构建这样的产业发展形态，对劳动者、生产者以及经营者的素质、能力和行为方式的要求将会更高，也只有这样一种融合模式，才能达成农业现代化与农村现代化的同步发展，共同富裕和乡村振兴才能得以实现。①

（四）畅通城乡资源双向流动渠道，促进城乡双循环

长期以来，城镇化存在着资源从农村单向流入城市的问题。在城乡融合发展的理念下，城乡应该是平等互动的关系，党的十九届五中全会通过的《中共中央关于制定国民经济和社会发展第十四个五年规划和二〇三五年远景目标的建议》中提出要"推动形成工农互促、城乡互补、协调发展、共同繁荣的新型工农城乡关系""健全城乡融合发展机制，推动城乡要素平等交换、双向流动，增强农业农村发展活力"。因此，需要形成资源在城乡间双向流通的机制。

《国家新型城镇化规划（2014—2020年）》中提出，要加快消除城乡二元结构的体制机制障碍，推进城乡要素平等交换和公共资源均衡配置，让广大农民平等参与现代化进程、共同分享现代化成果。要加快建立城乡统一的人力资源市场，落实城乡劳动者平等就业、同工同酬制度。要建立城乡统一的建设用地市场，保障农民公平分享土地增值收益。要建立健全有利于农业科技人员下乡、农

---

① 王春光：《迈向共同富裕——农业农村现代化实践行动和路径的社会学思考》，《社会学研究》2021 年第 2 期。

业科技成果转化、先进农业技术推广的激励和利益分享机制。要创新面向"三农"的金融服务，统筹发挥政策性金融、商业性金融和合作性金融的作用。要鼓励社会资本投向农村建设，引导更多人才、技术、资金等要素投向农业农村。要推进城乡规划、基础设施和公共服务一体化。《中共中央　国务院关于建立健全城乡融合发展体制机制和政策体系的意见》中也提出建立健全有利于城乡要素合理配置的体制机制，坚决破除妨碍城乡要素自由流动和平等交换的体制机制壁垒，促进各类要素更多地向乡村流动，在乡村形成人才、土地、资金、产业、信息汇聚的良性循环，为乡村振兴注入新动能。

要形成资源在城乡间双向流通的畅通机制，就要深化要素市场化配置改革，实现土地资本、知识资本、人力资本、物资资本、金融资本在城乡间的有序流动，不断增强城镇对乡村的带动作用和乡村对城镇的促进作用，形成城乡互动共进、融合发展的新格局。尤其要抓住"人"这一关键要素，注重人力资本开发，促进人才流动，推进人才共享，打破城乡界限、区域界限，引导劳动力在城乡间有序流动。

综上所述，协同推进乡村振兴和城镇化发展需要在各领域实现城乡深度融合发展，打破城乡壁垒，畅通城乡循环通道。

第八章　人的现代化与新型城镇化

　　城镇化是农村人口转化为城镇人口的过程，其中很重要的一个表现就是农村劳动力进入城市，人口由农业部门向第二产业和第三产业流动，农村人口成为城市人口。在相当长的一段时间内，我国的土地城镇化快于人口的城镇化。伴随着工业化、信息化和经济社会发展水平的提高，我国提出了新型城镇化战略，并明确提出人的城镇化是新型城镇化的核心。我国城镇化所涉及的人口规模巨大，按照《国家新型城镇化规划（2014—2020 年）》（以下简称《规划》）所设立的城镇化指标，常住人口的城镇化率要达到 60% 左右，户籍人口的城镇化率要达到 45% 左右，这意味着我国在 2020 年会有超 8 亿人的城镇常住人口。2018 年我国的城镇化率为 59.58%，2019 年我国城镇人口占总人口比重（城镇化率）为 60.60%，[①] 超过了《规划》中设定的目标。贵州省方面，根据目前已有数据，2018 年常住人口城镇化率为 49.02%，[②] 低于全国水平。新型城镇化是一项关系到众多人口的系统工程，城镇化的推进根本上也是为了人的全面发展，新型城镇化的建设与人的全面发展要协调，本章将重点关注城镇化过程中"人"的部分，尤其是人的城镇化发展。然而，由于城镇化是现代化道路的必然趋势，人的现代化也是我国现代化的重要前提与条件，我们也将从人的现代化的角度去进一步理解人的城镇化问题。

---

　　① 　国家统计局：《国家统计年鉴 2020》。
　　② 　资料来源：贵州省宏观经济数据库网。

第一节 人的城镇化：现状与问题

一、城镇化过程中的人口结构：优势与问题并存

（1）人口规模与增长方面，贵州省的人口自然增长相对全国较高。至 2019 年末，贵州省常住人口总数为 3622.95 万人，出生率为 13.65‰，人口的自然增长率为 6.70‰，而 2018 年末，贵州省常住人口总数为 3600 万人，出生率为 13.90‰，自然增长率为 7.05‰。相较于 2018 年，2019 年贵州省的常住人口增长了 22.95 万人，出生率和人口自然增长率均有了一定程度的下降。2019 年全国人口的出生率与自然增长率分别为 10.48‰、3.34‰，通过对比可以发现，贵州省的人口出生率与自然增长率较大程度上高于全国平均水平。

贵州省各市的常住人口也都有不同程度的增长，贵阳市是新增常住人口最多的城市，2016—2019 年，贵阳市新增常住人口分别为 6.58 万人、7.5 万人、10.52 万人和 8.95 万人，这得益于贵阳市的快速发展所带来的新增就业岗位和具有相对优势的公共服务水平。对比来看，其他地级市的新增常住人口则相对有限。

（2）年龄结构方面，人口相对于全国水平较为年轻，劳动力供给有优势，但伴生着人口老龄化问题。2014—2019 年贵州省 65 岁及以上人口占比分别为 9.98%、10.20%、10.30%、10.40%、10.53% 和 10.78%，处于缓慢增长的过程中。2014—2019 年贵州省 0~14 岁的人口占比分别为 22.23%、22.19%、22.30%、22.41%、22.46% 和 22.39%，保持着相对稳定的占比。这说明贵州在劳动力的供给方面有一定的优势，但是由于贵州省存在一定程度的人口外流情况，且流出的基本上是青壮年劳动力，在当前人口年龄结构下，虽然名义上贵州省的人口年龄结构相对于全国较为年轻，但留在本地的老年人口数量巨大，这给贵州带来了严峻的老龄化问题和抚养问题。

（3）性别结构失衡问题有所好转但依然有压力。整体比较贵州省 2011—2020 年这 10 年的性别比（以女性为 100，男性对女性的比例），发现贵州省的男

女比从 2011 年的 108 下降至 2020 年第七次全国人口普查的 104.50，男女结构失衡问题有所缓解，且低于全国水平（2020 年第七次全国人口普查全国人口性别比为 105.07），但仍有一定程度上的压力。

（4）城镇化建设中面临人才短缺的困境。根据《国家统计年鉴 2021》的数据，2020 年全国 15 岁以上文盲率为 3.26%，贵州省则为 8.78%，高于全国平均水平；2020 年 6 岁及以上人口的受教育程度方面，贵州省学历为研究生的比例仅为 0.27%，全国学历为研究生的则占比 0.82%，贵州省在一定程度上低于全国水平，这表明贵州省的人口教育水平仍需要提高。专业技术人才也同样面临短缺的局面，产业发展的技能人才支撑不足。根据《贵州省统计年鉴 2020》的数据，2019 年贵州省的职业技能鉴定中，高级技工为 20943 人，技师为 969 人，高级技师仅为 302 人。教育水平是人力资本的重要指标，产业发展的关键也在人，要想提高劳动力人口教育素质进而推动产业的进一步发展贵州省任重而道远。

（5）人口净流出问题严峻。我们将户籍人口与常住人口相减，能够大致得出人口的流入与流出情况，2011—2019 年贵州省户籍人口和常住人口的分布与变化方面，无论是户籍人口还是常住人口均呈现出稳步增长的趋势，户籍人口从 2011 年的 4238.11 万人增长至 2019 年末的 4571.45 万人，常住人口从 2011 年的 3469 万人增长至 2019 年末的 3622.95 万人。然而值得注意的是，户籍人口与常住人口之间的差值呈现出增大的趋势，除个别年份，这一差值持续增长，这说明贵州省人口外流呈现出一定的加重趋势。到 2019 年，户籍人口与常住人口的差值达到了 948.5 万人，占到了户籍人口的两成左右，人口流出的问题异常严峻。

进一步地，将 2019 年各市的户籍人口与常住人口相减得出人口净流入与净流出的情况，我们能够从表 8-1 中清晰地看到，除了贵阳市的常住人口是净流入之外，其他城市的人口均呈现出净流出的局面，且净流出的规模庞大，尤其是毕节市和铜仁市，其人口净流出接近三成。贵阳市的人口规模性净流入和其他城市的人口净流出局面显示出一定规模的人口省内流动趋势。

表 8-1　2019 年贵州省各市（州）户籍人口、常住人口与净流入人口/净流出人口分布

地区	常住人口（万人）	户籍人口（万人）	净流入人口/净流出人口（万人）	流入/流出占户籍人口比重（%）
贵阳市	497.14	427.83	69.31	16.20

续表

地区	常住人口（万人）	户籍人口（万人）	净流入人口/ 净流出人口（万人）	流入/流出占户籍 人口比重（%）
六盘水市	295.05	353.21	-58.16	-16.47
遵义市	630.2	819	-188.8	-23.05
安顺市	236.36	307.07	-70.71	-23.03
毕节市	671.43	937.76	-266.33	-28.40
铜仁市	318.85	446.38	-127.53	-28.57
黔西南州	288.6	368.81	-80.21	-21.75
黔东南州	355.2	484.73	-129.53	-26.72
黔南州	330.12	426.65	-96.53	-22.63

注：净流入人口/净流出人口、流入/流出占户籍人口比重两项，正的为净流入，负的为净流出。
资料来源：《贵州统计年鉴2020》。

二、城镇化过程中的就业结构：农业就业仍超半数

贵州传统上是一个有着较高农业人口比重的省份。随着城镇化进程的不断推进，贵州省在城镇就业的人口人数与比例逐年攀升，2015年城镇就业人数与比重分别仅为739.4万人和37.98%，到了2019年城镇就业人数和比重就分别达到了987.6万人和48.19%，同时城镇新增就业人口逐年增长。而在一二三产业的就业结构上，第一产业就业人口比重最大，其次为第三产业，第二产业就业比重最低，这与贵州省的产业结构有关。从变化趋势上看，第一产业的就业人口比重连年下降，从2015年的59.67%下降到2019年的52.45%；第二产业的就业人口比重则处于稳步增长的趋势；第三产业的就业人口比重则在逐年增长，从2015年的24.13%增长至2019年的29.20%（见图8-1）。一般情况下，第一产业的人均收益要低于第二产业和第三产业，即便在贵州省大力发展农业产业化、推广经济作物的背景之下，2019年贵州省一二三产业的增加值分别为22.81亿元、60.58亿元和84.30亿元，第一产业的增加值要远远低于另外两个产业。不过值得注意的是，贵州省第三产业发展迅速，无论是总值还是在GDP中的占比都有所增加，这会吸引一定数量的劳动力进入第三产业。

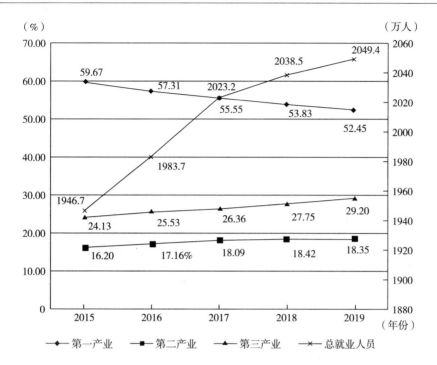

图 8-1 贵州省城镇就业人口结构变化情况

资料来源：《贵州统计年鉴 2020》。

　　截至 2019 年末，贵州省城镇单位的就业人员年平均工资为 71361 元，非私营企业的为 83298 元，私营企业的为 45526 元；而对比全国水平来看，2019 年全国非私营企业就业人员的年人均收入为 90501 元，私营企业就业人员的年人均收入为 53604 元，由此可见，无论是私营企业还是非私营企业的就业人员收入，贵州均低于全国水平。这相对较低的收入水平将不利于吸引人口就业。

三、城镇化伴生的农村空心化与农村教育问题

（一）农村空心化问题

　　贵州一方面城镇化在快速发展，另一方面有大量的农民外出，尤其是青壮年劳动力离开农村前往东部发达省份或者进入城镇，这使得乡村人口减少，产业凋敝，乡村失去了活力，进而带来了一系列的农村和农民问题。

　　首先，产生了空心村现象，农村年轻人大量涌入城市，农村人口减少。空心村现象不仅表现在村落的空间形态布局方面，而且表现为农村青壮年劳动力的大

量外流及农村人力资源的缺失问题。根据 2016 年中国第三次全国农业普查行政村普查抽样数据，贵州省的广义空心村比例为 89.44%，狭义空心村比例为 77.52%，狭义空心村空心化率为 27.99%，家庭的迁移率为 17.33%（全国的广义空心村比例为 79.01%，狭义空心村比例为 57.50%，狭义空心村空心化率为 23.98%，家庭的迁移率为 26.88%）。[①] 乡村没有劳动力，乡村的活力在不断丧失，产业也难以兴旺，乡村亟须振兴。

其次，农村地区的三留守问题突出。贵州的家庭迁移率较全国平均值要低，大量劳动力流出之后，留在乡村的是老人、儿童和妇女。这不仅带来了留守人群的孤单孤独、日常生活的照料问题，还带来了留守人员的心理问题，家庭长期的分离状态尤其会对留守儿童的成长带来不利影响，缺乏安全感，留守儿童也会面临更大概率的辍学可能性。除此之外，还有安全隐患问题等。贵州的留守儿童问题曾经轰动一时，引发了社会的广泛关注。2012 年毕节市五名流浪儿童在垃圾箱内死亡；2015 年 6 月 9 日，毕节市七星关区田坎乡 4 名留守儿童在家中疑似农药中毒，经抢救无效死亡。[②] 一系列问题出现之后，各级财政拿出经费用于保障留守群体的生活，同时各种社会力量也开始探索留守问题的解决之道。

（二）农村教育问题

在城镇化进程中农村撤点并校带来了一系列农村教育和乡村发展问题。2019 年，全省教育经费总投入 1364.44 亿元，比上年增长 7.00%。全省幼儿园、普通小学、普通初中、普通高中、中等职业学校、普通高等学校生均教育事业性经费支出情况清晰地展现出全省生均教育经费的投入和增长情况（见表 8-2）。

表 8-2　2019 年贵州省生均教育经费支出情况

	生均教育事业性经费支出（元）	增长率（%）	生均一般公共预算教育事业费支出（元）	增长率（%）
幼儿园	10228.26	12.60	8036.34	11.95
普通小学	12185.67	4.72	1076.09	5.99

① 李玉红、王皓：《中国人口空心村与实心村空间分布——来自第三次农业普查行政村抽样的证据》，《中国农村经济》2020 年第 4 期。

② 《盘点：贵州毕节留守儿童之殇》，中国青年网，https://news.youth.cn/sh/201506/t20150611_6739708.htm，2015 年 6 月 11 日。

续表

	生均教育事业性经费支出（元）	增长率（%）	生均一般公共预算教育事业费支出（元）	增长率（%）
普通初中	14902.82	5.02	13140.61	7.34
普通高中	17555.49	3.94	13353.61	4.37
中等职业学校	10884.62	12.29	7784.93	14.80
普通高等学校	31136.78	7.09	21314.04	9.36

资料来源：贵州省教育厅，《2019年贵州省教育经费执行情况统计快报》，贵州省教育厅网，http://jyt.guizhou.gov.cn/zwgk/xxgkml/tjxx/202007/t20200703_ 61330615.html，2020年7月3日。

虽然贵州省近些年来教育投入巨大，但是依然不可避免地采取了资源往城镇集中的手段。为了拉动城镇经济增长、实现资源的集中、整合资源配置，自20世纪90年代政府逐渐开始撤点并校，这也造成了一系列的政策后果。撤点并校这种城市导向的教育，后果是加速了农村社区的分化与衰败。[①] 在我们的调研中有个别地区出现了村中无小学（只有一至三年级的教学点）、镇上只有完小无中学、只有县城有中学的局面，而且并非所有的自然村都有教学点。学生通常从10岁开始就要过寄宿生活，或者家人陪读在乡镇或者县城生活。年幼的学童不仅需要面对巨大的求学的生活困境，还要面临与家人分离的心理上的打击和家庭教育的缺失。

教育的另一个问题则是欠发达地区的村小、乡镇小学和县中学还会面临师资短缺和教师素质偏低、教学质量偏低的问题。在课题组的调研过程中，多地的受访者也都谈到了农村教师流失的问题。城市对人才的吸引力导致的大量师资的外流，使得城乡教育的师资水平不断拉大。即便各级财政在教育基础设施上投入巨大，但是师资的地区差异使得有条件的家庭依然会把孩子送到县城读书，条件更好的家庭会把孩子送到市区甚至省城读书。

近年来，国家开始通过特岗教师计划来缓解这些问题，但是城乡之间、地区之间的师资差异和家庭所能投入到教育上的资源的差异都使得乡村教育问题异常严峻（见表8-3）。

---

① 单丽卿：《教育如何拆解社会》，中国社会科学院研究生院博士学位论文，2015年。

表 8-3　贵州省教育资源在全省及各市（州）的分布情况

指标	全省	贵阳	六盘水	遵义	安顺	毕节	铜仁	黔西南	黔东南	黔南
普通高等学校（所）	72	36	3	7	2	6	5	2	3	8
中等职业教育（所）	185	58	14	21	9	15	13	11	26	18
普通中学（所）	2476	334	209	420	157	468	256	254	213	165
高中（所）	468	77	39	76	26	85	43	44	44	34
初中（所）	2008	257	170	344	131	383	213	210	169	131
小学（所）	6943	547	471	1173	460	1663	745	669	674	541
特殊教育学校（所）	77	10	4	14	6	9	7	9	8	10
工读学校（所）	22	2	3	6	1	5	2	1	1	1
幼儿园（所）	10685	1043	896	1752	767	2181	754	774	1564	954

资料来源：贵州省宏观经济数据库网。

四、农村进城人口的非制度性壁垒

第一，对于进城的农村人口来说，首要解决的就是住房问题。通过整理各市的商品房价格发现，截至 2020 年 10 月，贵州城市中房价最高的是贵阳市，每平方米为 9921 元；其次为遵义市，每平方米为 6092 元；最低的为黔西南州，每平方米为 4191 元。与国内其他城市相比，尤其是与发达地区城市的商品房价格相比，贵州省的房价处于中下水平。在国内发达地区安家成本越来越高的情况下，贵州外出工作的劳动力难以在外地买房安家，很大可能性会根据自己的积蓄和收入水平选择在房价相对较低的贵州买房置业，这在一定程度上有利于外出人员的回流。

但是，贵州省统计局官方网站的数据显示，2019 年贵州省城镇居民人均可支配收入为 34404 元，农村居民人均可支配收入为 10756 元。人的城镇化不仅是能够解决在城市落户的问题，还要能够在城中安家。通过收入和房价的对比我们可以看到，对于普通居民尤其是农村居民来说，凭借购买商品房的方式在城市中安家置业依然是一个较为艰难的事情，这需要整个家庭的支撑。

2017 年和 2018 年，贵州省住房保障支出分别只有 244.58 亿元和 228.98 亿元，仅为公共预算支出的 5% 左右，保障性住房的供给水平相对较低，并且保障性住房和政策性住房的申请存在着较多的门槛与条件。在难以购置属于自己的房产和缺乏保障性住房的条件下，进城的农民的居住条件堪忧。

第二，城镇化过程中尤其是易地扶贫搬迁过程中出现的社会适应问题。农村人口进入城市除了要解决基本的住房、社会保障问题，还需要克服由农村到城市的社会适应性问题。在我们的调研中，我们发现易地搬迁的农民需要经历一个社会适应的过程。即便是户籍转变为城镇户口，农村进城人口也依然难以适应突然转换的城市生活，转换了生计的同时，传统的人际关系网络和生活状态也被打破，很多人难以实现完全的社会融入。

第二节 农业转移人口市民化的推进与经验

《国家新型城镇化规划（2014—2020 年）》中对新型城镇化建设中的人的问题和公平正义问题做了阐述，并且对农业转移人口的市民化方面尤为关注。该规划强调要走以人为本、四化同步、优化布局、生态文明、文化传承的中国特色新型城镇化道路，其中以人为本为首要坚持的原则，强调以人的城镇化为核心，合理引导人口流动，有序推进农业转移人口市民化，稳步推进城镇基本公共服务常住人口全覆盖，不断提高人口素质，促进人的全面发展和社会公平正义，使全体居民共享现代化建设成果。[①]

贵州省结合自身发展的实际，在《贵州省山地特色新型城镇化规划（2016—2020 年）》中提出"以人为本，宜居宜业。围绕农业转移人口市民化和城镇建设品质提升，加强基础设施和公共服务体系建设，强化产城景文融合，以产兴城、以城促产，促进就业与居住、产业与城镇均衡发展，建设和谐包容、宜居宜业的城镇和乡村，推进城乡一体化发展。实现城镇发展与产业支撑、就业转化和人口聚集相统一"。这也是新的发展形势之下，尤其是在城乡一体化的背景之下对人的城镇化的重申。

---

① 《国家新型城镇化规划（2014—2020 年）》，人民网，http://politics.people.com.cn/n/2014/0317/c1001-24649809.html，2014 年 3 月 17 日。

一、构建公平的制度环境：推进农业转移人口市民化的政策措施

（一）户籍制度壁垒的打破

传统观点认为，长期以来的主要体现为户籍制度的制度壁垒，以及人力资本和社会资本的缺乏造成了农村流动人口低水平的社会融入。城市只把他们当作经济活动者，仅仅将他们限制在边缘的经济领域中，没有把他们当作具有市民或公民身份的主体，从体制上没有赋予他们其他基本的权益，在生活和社会行动层面将其排斥在城市的主流生活、交往圈和文化活动之外，呈现出半城市化状态。①

在新型城镇化的背景之下，贵州省从 2015 年开始逐渐放开落户限制。2015 年，《贵州省人民政府关于进一步推进户籍制度改革的实施意见》中提出，全面放开中小城市和建制镇的落户，合理确定大城市落户条件；实施城乡统一的户口登记制度。该意见还提出，在政策保障方面，保障农业转移人口原有合法权益，为农业转移人口提供城镇基本公共服务，积极引导农业转移人口就近就地就业创业，保障随迁子女平等享有受教育权利，提供基本医疗卫生服务，扩大社会保障覆盖面，完善最低生活保障制度，保障基本住房需求，加强基本公共服务财力保障。②

2021 年，《贵州省国民经济和社会发展第十四个五年规划和二〇三五年远景目标纲要》中强调，要稳妥推进农业转移人口落户城镇。继续实行全省城市落户"零门槛"政策，推动在城镇稳定就业的农民工及其随迁家属在城镇应落尽落。完善居住证制度，健全以居住证为主要依据的农业转移人口公共服务同等待遇政策。健全易地扶贫搬迁后续扶持"五个体系"，积极引导易地扶贫搬迁人口落户城镇，对暂时不愿意落户的，为其办理居住证和市民证，享受同等公共服务待遇。全面实施贵州农村籍大中专院校学生"来去自由"的户口迁移政策，进一步简化户籍迁移手续。

（二）均等化公共服务体系的探索与实现

关于城镇化进程中对公共服务的讨论尤为强调公共服务均等化问题，强调发展成果的共享问题。当前我国的公共服务水平存在着地区之间和城乡之间的结构

---

① 王春光：《农村流动人口的"半城市化"问题研究》，《社会学研究》2006 年第 5 期。

② 贵州省人民政府：《贵州省人民政府关于进一步推进户籍制度改革的实施意见（黔府发〔2015〕16 号）》。

性差距。新型城镇化发展的关键问题和主要矛盾是人的城镇化不断发展与公共服务供给不足及非均等化之间的矛盾,① 在城镇化的建设中要给城镇人口提供均等化的就业、住房、教育、卫生和养老等基本公共服务,② 统筹考虑对失地农民的社会保障及公共服务,③ 更进一步地,在推进城镇化的过程中,应协调好城乡发展,优化农村公共品资源,逐步实现城乡公共服务均等化发展,④ 并逐步实现城乡公共品供给和公共服务一体化。⑤

政府也在探索均等化的公共服务体系,逐步打破基本公共服务城乡分割的局面,省级层面建立了与统一城乡户口登记制度相适应的教育、就业、社保、低保、医保、住房保障、土地保障、财力保障、农村产权保障等一系列配套政策。例如,贵州省 2019 年城镇职工基本养老保险、城乡居民基本养老保险、失业保险和工伤保险参保人数分别达到 677.50 万人、1855.76 万人、276.07 万人和408.51 万人,比上一年分别增长 5.9%、2.9%、7.3%和14.8%。职工医疗保险、城乡居民医疗保险和农民工医保的参保人数分别为 462.04 万人、3724.71 万人和20.61 万人,其中参加职工医疗保险的较上一年增加 6.96%(见表 8-4)。

表 8-4　2019 年城乡居民参与社会保险情况

社会保险	2019 年	较上一年增长（%）
城乡居民基本养老保险参保人数（万人）	1855.76	2.9
城乡职工基本养老保险参保人数（万人）	677.50	5.9
失业保险（万人）	276.07	7.3
工伤保险（万人）	408.51	14.8
职工医疗保险（万人）	462.04	6.96
城乡居民医疗保险（万人）	3724.71	——
农民工参加基本医保人数（万人）	20.61	——
生育保险参保人数（万人）	349.61	7.27

资料来源:贵州省人力资源和社会保障厅:《贵州省 2019 年人力资源和社会保障事业统计公报》;贵州省医疗保障局:《2019 年贵州省医疗、生育保险运行情况》。

---

① 吴业苗:《"人的城镇化"困境与公共服务供给侧改革》,《社会科学》2017 年第 1 期。
② 杨仪青:《公共服务均等化视角下人的城镇化实现路径》,《现代经济探讨》2016 年第 5 期。
③ 中国金融 40 人论坛课题组:《加快推进新型城镇化:对若干重大体制改革问题的认识与政策建议》,《中国社会科学》2013 年第 7 期。
④ 韩川:《城镇化与城乡公共服务均等化关系研究》,《经济问题探索》2016 年第 7 期。
⑤ 吴业苗:《城乡公共服务一体化的理论与实践》,社会科学文献出版社 2013 年版。

《贵州省国民经济和社会发展第十四个五年规划和二〇三五年远景目标纲要》中提出，深化户籍制度改革，健全农业转移人口市民化机制，强化基本公共服务保障，促进农业转移人口全面融入城镇；加快完善促进农业转移人口市民化的公共服务政策，切实落实进城落户农民工随迁子女以公办学校（幼儿园）为主的入学（园）政策，完善随迁子女在流入地参加升学考试和接受中等职业教育免学费政策；加强对农业转移劳动力就业创业培训和服务，落实好进城农民工就业扶持政策；切实解决好农业转移人口住房问题，扩大公租房覆盖范围；加快推进农业转移人口基本养老保险和基本医疗保险跨制度、跨地区转移接续；完善财政转移支付、城镇建设用地新增规模与农业转移人口市民化挂钩机制，强化人口流入较多城镇的市政设施、教育医疗等公共服务设施用地保障，保障农业转移人口在城镇落户的合理用地需求。具体地，"十四五"民生建设主要指标的目标安排如表8-5所示。

表8-5 "十四五"民生建设主要指标的目标安排

指标名称		2020年	2025年	年均增速	属性
居民人均可支配收入增长	城镇常住居民人均可支配收入增长	4.9%	—	7%以上	预期性
	农村常住居民人均可支配收入增长	8.2%	—	8%以上	
劳动年龄人口平均受教育年限		8.9年	11年		约束性
城镇新增就业人数		61.64万人	［300万人］左右		预期性
城镇调查失业率		5.5%左右	5.5%以内		预期性
基本养老保险参保率		90%	95%左右		预期性
每千人口拥有执业（助理）医师数		2.5人	3人		预期性
每千人口拥有3岁以下婴幼儿托位数		0.74张	3张		预期性
人均预期寿命		74.5岁	77岁以上		预期性

注：［ ］内为五年累计数。

资料来源：根据《贵州省国民经济和社会发展第十四个五年规划和二〇三五年远景目标纲要》整理。

二、不断完善的人才政策

贵州省同全国其他地区一样，也开始了引才计划，加入了"人才大战"之中，出台了《贵州省中长期人才发展规划纲要（2010—2020 年）》《中共贵州省委关于进一步实施科教兴黔战略大力加强人才队伍建设的决定》《中共贵州省委贵州省人民政府关于加强人才培养引进加快科技创新的指导意见》，形成了一个规划、两个指导性文件（"1+2"）的人才顶层政策。① 贵州省重点围绕新材料、高端装备制造、生物医药、节能环保、电子信息、新能源等战略性新兴产业和特色优势产业以及现代农业、现代服务业发展，大力实施"百人领军人才计划""千人创新创业人才计划""万人专业技术人才计划"。至 2018 年，通过四批次的"百人领军人才""千人创新创业人才"申报遴选工作，共评审出 108 名高层次人才。其中，"百人领军人才"43 人、"千人创新创业人才"65 人。② 贵州省同时还注重人才的培养与人才服务环境的优化。虽然贵州省的引才与人才培养工作有了一定的成效，但是发展基础相对薄弱，产业结构也不够合理，对人才的吸引力相对发达地区而言，在引才大战中依然不具备显著优势。贵州的人才政策在政策牵引、感情牵引、经济牵引等几个方面都没有特别突出的表现，基本处于"中政策牵引+强/中感情牵引+弱经济牵引"的层面，有一定的政策吸引力，但经济牵引力不足。③

三、提升劳动者的城镇化能力：技能培训与职业教育

产业发展的不断升级对劳动者的技能水平提出了要求，一方面城镇化过程中大量需要就业的劳动力有就业的需求，另一方面劳动者为了在就业市场中立足需要进行职业教育培训，从而掌握稳定的谋生手段。面对贵州省人才短缺的局面，各级政府也开始更加重视职业培训，以提高劳动力的人力资本。

整理最近 10 年的就业培训我们发现，除了创业培训人数一直以来相对稳定之外，参加职业培训和农村劳动力培训的人数增长迅速，职业培训人数从 2010 年的 15.13 万人增长到 2019 年的 53.21 万人，农村劳动力培训人数从 2010 年的 12.3 万人增加到 2019 年的 46.46 万人。贵州省各级政府对农民工的职业技能培训极为

① 《贵州成为人才净流入地》，贵州省人力资源和社会保障厅网，http://rst.guizhou.gov.cn/xwzx/xwdt/201711/t20171117_63485281.html，2017 年 11 月 17 日。

② 《贵州"百千万人才引进计划"再结硕果》，百家号网，https://baijiahao.baidu.com/s? id = 1607469203876445635&wfr=spider&for=pc，2018 年 7 月 31 日。

③ 沙飒：《以柔克刚："人才大战"背景之下贵州引才的痛点与思考》，转引自王兴骥：《贵州蓝皮书·贵州社会发展报告（2019）》，社会科学文献出版社 2019 年版，第 338 页。

重视，2020 年 9 月贵州省政府印发《贵州省支持职业教育发展若干措施》，明确把职业教育摆在贵州教育改革创新和经济社会发展的更加突出位置，多措并举建设特色职业教育强省。该措施指出，贵州将建设国家"双高计划"高职院校、贵州高水平高职院校等，将建设高水平省级公共实习实训平台 11 个，省级高水平专业化产教融合实训基地 100 个，覆盖全产业链、辐射区域产业发展的紧密型职业教育集团（联盟）10 个左右，并将结合贵州重点产业布局建成高水平特色骨干专业（群）200 个，培育一大批职教名师名徒，形成"黔匠"品牌。同时，将通过 6 项重点任务推进特色职业教育强省建设工作，包括实施中职"强基"工程，支持 100 所左右中职学校实施"强基"工程；实施高职"双高"工程，着力支持 3~5 所中国特色高水平高职学校和专业群建设，支持 15 所左右高职院校实施贵州"双高"计划；实施"黔匠"培养工程；实施职业教育助力全面小康行动计划；实施职业教育服务乡村振兴行动计划；实施职业教育服务新型城镇化行动计划。①

职业技能教育是在新型城镇化、乡村振兴战略背景之下实施的一项国家、市场与社会共同参与的事业。目前贵州省在职业技能教育方面做出了一些有益的探索，其涉及多个主体的共同参与，在促进农村减贫发展的基础之上，顺应了城镇化发展浪潮中人的技能提升和就业问题的解决。当然在提升劳动者技能的同时，政府还需要不断创造就业机会。

案例：惠水县百鸟河数字小镇的产业与职业教育相结合

百鸟河数字小镇位于黔南州惠水县，紧邻贵阳市，其结合百鸟河自身资源禀赋，打造了生态、生活、生产"三生"融合产业体系，其主要产业是互联网大数据应用，目前已经入驻了数家企业，包括百度、伽太利华等著名企业，还成为了学生的实习基地，学生主要来自惠水县的几所大专院校。

位于百鸟河数字小镇的盛华职业学校则创新了职业教育，实现了教育与产业扶贫相结合，其主要专业有 VR 虚拟现实、茶叶生产、康复治疗、刺绣等贴近市场需求的专业。学生基本上来自贵州和周边的农村地区，学生中 1/3 免学费，1/3 减免学费，1/3 正常学费。在城镇化的过程中，学生也有进城的需求与动力，这种与市场需求相对接的职业教育为年轻人提供了谋生的技能，有的甚至能有一份体面的工作。

四、特色小城镇对推进农业转移人口市民化的独特作用

贵州省以山地为主，缺乏平原，特色小镇则在几平方公里土地上集聚特色产业，使得生产生活生态空间相融合，并在城乡一体化的背景之下连接乡村与县城，实现人的就地城镇化。2019 年 10 月，贵州省出台了《省人民政府办公厅关于加快推动特色小镇和小城镇高质量发展的实施意见》，提出要坚持"以人为本、共建共享，绿色发展、生态优先，产业立镇、城乡融合，因地制宜、特色发展，深化改革、创新机制"的原则，把特色小镇和小城镇作为贵州省山地特色新型城镇化的基本单元和重要路径，加快实施全省特色小镇和小城镇"3 个 1 工程"，即推动全省 100 个示范小城镇提档升级，培育创建 100 个省级特色小镇和特色小城镇，加快推动全省 1000 多个小城镇高质量发展，充分发挥其助推农村产业革命、乡村振兴、新型城镇化和促进城乡融合发展的重要作用。① 小城镇的建设是一项涉及产业发展、人居环境等多方面的工程，居民可以就地实现城镇化，既有城市的生活和就业的便利，又有乡村的田园风光。这种小城镇是乡村居民生活的一个重要组成部分，小城镇的建设与发展还会带动农业的发展，改善农村衰败的局面，有效地衔接乡村的发展与振兴。小城镇的发展还会吸纳从沿海等发达地区返回的流动人口，使这一部分人能够真正地在当地扎根，进而在一定程度上减轻乡村衰败的问题。小城镇在吸纳农村转移劳动力方面有很大的优势，根据一些地方调查的估算，从公共设施建设投资来说，小城镇吸纳一个农村转移劳动力的成本只有大城市的 1/10。②

目前贵州已经有一些地区在特色小城镇建设上颇有成效，这些小城镇利用已有的资源禀赋和基础，探索出了独特的有优势的特色产业，例如旅游业、农产品加工、工艺品生产等。这些小城镇相关的地方特色产业能够拉动当地就业，与农村形成了良性的互动，给农村人口带来了就业机会，甚至促进了外出劳动力的返

---

① 贵州省人民政府办公厅：《省人民政府办公厅关于加快推动特色小镇和小城镇高质量发展的实施意见》，贵州省人民政府网，http://www.guizhou.gov.cn/zwgk/zcfg/szfwj_ 8191/qfbf_ 8196/201910/t2019 1008_ 6875437. html，2019 年 10 月 8 日。

② 李培林：《小城镇依然是大问题》，《甘肃社会科学》2013 年第 3 期。

乡，在实现就地城镇化方面发挥了巨大的作用。

案例一：黄果树镇的旅游产业发展实现就地城镇化

黄果树镇有着得天独厚的旅游资源，农民与城镇居民加入到旅游相关的商业经营和服务业之中，进而涌现了一大批当地农民经营民宿、农家乐的情况。另外，外来资本也进入该地，形成了高端民宿，在这些民宿建设和经营过程中会雇用当地零散的中老年劳动力，给中老年群体带来收入，进而提高了他们的生活质量。

案例二：虾子镇辣椒产业连通城与乡，劳动力留得住

遵义市新蒲新区的虾子镇被誉为"中国辣椒城"，其销量占到中国辣椒市场的1/3。这种有特色有影响力的市场的存在使得当地的商贸发展颇具优势，当地经济形成了一二三产业协同发展的局面。这种完善的产业发展，不仅给当地居民带来了就业机会，还对周边有带动作用。

五、新经济形态推动农业转移人口市民化进程

伴随着信息技术的进一步发展与不断下沉，以及城镇居民消费结构的不断变化，出现了许多新的经济业态，催生了许多新的就业岗位，例如我国外卖小哥和快递小哥数量超过千万人，还有不断增加的电商从业者等。为了解决经济发展和不同就业群体的就业问题，贵州也涌现出了许多新业态与新亮点。贵州的大数据产业、移动互联等相关产业的涌现也提供了很多新的岗位。

同时，市场经济中的主体不断创新经营形式，创造各种经济业态，体现了来自市场中的活力，他们在创造经济效益的同时，还能够解决就业问题，体现了企业的社会责任担当。这些不断涌现的经济形态与就业机会都是有主动性的主体在不断发掘市场中的有益创举，能够敏锐地链接需求方与提供方。例如，不断壮大的家政服务业就在一定程度上解决了城市中老年群体的就业问题。中老年人对信息的接受能力较差，学习能力较差，难以像年轻人那样参加系统的职业技能培训并获得就业机会，同时需要生存与养家糊口的中老年人又需要相应的就业机会。

因此，门槛低且不需要过多体力消耗的行业如家政服务业就很适合中老年人，能够帮助其就地解决工作而不用背井离乡外出工作。

<h2 style="text-align:center">案例：社区经济对城镇化的拉动①</h2>

2004 年成立的贵阳保德城市环境管理服务有限公司目前已经在业界颇具规模与影响力，主营业务是家政服务业，其特点是劳动密集型，劳动力也主要以低端劳动力为主，员工主要是来自城镇低收入的中老年群体，有城市的下岗职工、进城务工的农民工等。成立 15 年来为近 30000 名农民工提供过就业培训和就业岗位。该公司还建立健全了党支部、工会、妇委会和员工互助基金委员会等基层组织，推出了帮助员工子女进大学的"小保德计划"、扶贫解困的"员工互助基金"、直达基层员工的"层层家访制度"。

第三节 在新型城镇化中实现人的现代化

一、人的城镇化与人的现代化的内涵

人的城镇化其实也是人的现代化的过程，人的城镇化应该服从于人的现代化这一目标②，在城镇化发展过程中人具有自主性③。除了基本的公共服务的提供，我们还需要考虑人的素质与观念问题，④ 以及个人的消费能力的提高和农民的可行能力范围的拓宽⑤等问题，强调促使人的提升和造就人的幸福⑥，注重城镇化

---

① 资料来源：国家发展改革委社会发展司等：《推进家政服务提质扩容——家政服务业发展典型案例汇编》，社会科学文献出版社 2019 年版。

② 陈心颖：《新型城镇化中"人"的现代化解读》，《福建论坛（人文社会科学版）》2020 年第2 期。

③ 高宏星：《新型城镇化与人的现代化》，《理论视野》2017 年第 2 期。

④ 林闽钢、周庆刚：《新型城镇化进程中人的现代化——以江苏为例》，《新视野》2015 年第 1 期。

⑤ 姚毓春：《人的城镇化：内在逻辑与战略选择》，《学习与探索》2014 年第 1 期。

⑥ 江波：《"以人为核心"的城镇化：内涵、价值与路径》，《苏州大学学报（哲学社会科学版）》2017 年第 3 期。

过程中的人本性（以人为本），[①] 要重视人的全面自由发展。李强等对人的城镇化做了较为概括性的总结，认为人的城镇化是作为城镇化主体的人自身的生产方式、生活方式、文明素质和社会权益所发生的重大变化。[②]

而在人的现代化问题上，一般认为现代人的形象有十二个维度：①现代人准备和乐于接受他未经历过的新的生活经验、新的生活观念、新的行为方式；②准备接受社会的改革和变化；③思路广阔，头脑开放，尊重并愿意考虑各方面的不同意见、看法；④注重现在和未来，守时惜时；⑤强烈的个人效能感，对人和社会的能力充满信心，办事讲求效率；⑥计划；⑦知识；⑧可依赖性和信任感；⑨重视专门技术，有愿意根据技术水平高低来领取不同报酬的心理基础；⑩乐于让自己和自己的后代选择离开传统所尊敬的职业，对教育的内容和传统智慧敢于挑战；⑪相互了解、尊重和自尊；⑫了解生产及过程。[③] 英格尔斯将教育、城市生活、传媒以及文化作为"人"的现代性培养的重要因素。[④]

现代化进程是一个社会变迁的过程，会引起社会生活方式及社会关系等一系列变化，影响人的心理与行为，人的现代化是社会现代化的前提与条件。[⑤] 广义的人的现代化是指整个人类状况的现代化，包括适应社会现代化要求的人口素质的现代化和人的主体意识的现代化；狭义的人的现代化主要是指人的个体素质的现代化以及个体素质与社会现代化协调统一发展。[⑥]

二、人的现代化的逐步实现：社会参与和社会治理

（一）社会参与现代化

大量人口进入城镇，离开了原有的生活环境，随之出现了一系列的社会不适应的问题，这些问题体现在农业转移人口的就业能力、生存能力和心理等各个层面。除了解决人的就业问题，如何建设一个更美好的社区则更关切到人的生活问题。贵州省有 188 万易地扶贫搬迁人口，95%以上实行的是城镇化安置，这是一

① 陈明星、叶超、陆大道、隋昱文、郭莎莎：《中国特色新型城镇化理论内涵的认知与建构》，《地理学报》2019 年第 4 期。

② 李强、王昊：《什么是人的城镇化?》，《南京农业大学学报（社会科学版）》2017 年第 2 期。

③ 殷陆君：《人的现代化》，四川人民出版社 1985 年版，第 22-33 页。

④ 阿历克斯·英克尔斯：《人的现代化素质探索》，曹中德等译，天津社会科学院出版社 1995 年版。

⑤ 樊富珉：《社会现代化与人的心理适应》，《清华大学学报（哲学社会科学版）》1996 年第 4 期。

⑥ 杜金亮：《人的现代化与人的全面发展》，《山东社会科学》2000 年第 4 期。

种快速转变身份的城镇化，搬迁居民从原来熟悉的村庄搬迁至现在全新的环境，原有的关系也在一定程度上被打破。移民安置社区居民如何能够快速地适应新的环境，如何解决搬迁人口在搬迁后的各种问题，这就需要多方的努力。

在这个过程中，政府则主要是做好管理与服务工作，配置相关资源，提供各个移民安置区配套基本公共服务设施的建设，此外，政府还要对接资源，引进各种社会力量如公益组织等进入多地的移民安置点开展各种社工服务与公益活动。多主体共同参与，在移民搬迁群众的城镇化问题上共同贡献力量，丰富了移民社区的公共文化生活，有助于增强社区凝聚力以解决社区居民城镇化中的不适应问题。

案例：湄潭县黄家坝街道田坝社区的社区建设

位于湄潭县的田坝社区是一个有 1785 户但其中 1000 户左右是贫困户的移民搬迁社区，由于社区里的居民来自各个村庄，居民面对的是一个陌生化的生活环境，为了解决社区的诸多困难，各方进行了努力。在政府下派的村支书的带动下，该社区整合了来自各方的努力。

社区工作人员长时间地入驻社区工作，同时定期举办各种社区活动以加强社区居民之间的联系。另外，社会组织方面，上海前去湄潭挂职的副县长利用东西部扶贫协作项目引进来自东部的社会组织，这种在地的城镇生活的进入给该社区带来了新的生机与活力。当前的移民社区依然处于不断地建设之中。

（二）社会治理现代化

社会治理是人们应对社会生活共同问题时调动资源、组织力量、协调利益的一种制度方式。[①] 党的十九届五中全会开启了"全面建设社会主义现代化国家新征程"，社会治理现代化也进入了新阶段。2020 年 8 月，习近平对"十四五"规划编制工作作出重要指示，强调"十四五"时期如何适应社会结构、社会关系、社会行为方式、社会心理等深刻变化，实现更加充分、更高质量的就业，健全全覆盖、可持续的社保体系，强化公共卫生和疾控体系，促进人口长期均衡发展，

---

① 李友梅：《中国现代化新征程与社会治理再转型》，《社会学研究》2021 年第 2 期。

加强社会治理，化解社会矛盾，维护社会稳定，都需要认真研究并作出工作部署。[1] 2021 年，《贵州省国民经济和社会发展第十四个五年规划和二〇三五年远景目标纲要》中强调，要完善共建共治共享社会治理体系，实现政府治理和社会调节、居民自治良性互动，建设人人有责、人人尽责、人人享有的社会治理共同体，提高社会治理社会化、法治化、智能化、专业化水平。

当前贵州省在社会治理方面有了许多有益的探索，不断创新治理机制。特别地，贵州制定出台了"一中心一张网十联户"治理机制。贵州将县乡村综治中心打造成为基层社会治理的"指挥部"；将城乡网格化服务管理平台打造成为社会治理的基本单元；将"十联户"打造成为社会治理的神经末梢，群众联防守望、抱团发展的共治体，推进社会治理重心下移、织密织牢基层社会治理链条，最大限度地实现小事不出联户、网格，大事不出中心，矛盾不上交，信访不上行，有力夯实平安贵州建设根基。同时，以大数据为引领，深入推进城市超大型社区治理。[2] 此外，黔西南州采取了"三微一感知"的措施，以提升社会治理水平。一是"微治理"，点对点解决群众问题；二是"微警务"，打造群防群控共同体；三是"微服务"，全力办好群众身边事；四是时刻感知百姓安危冷暖。[3]这些也得益于大数据的助力。

另外，在社会制度建设层面也进行了一些有益的探索。以清镇市为例，2009年以来，清镇市以诚信农民建设为切入点，不断探索诚信农民体系建设，出台了一系列的政策举措，整个社会形成了良好的风气。未来的诚信建设也将是贵州社会建设的一个重要方面。

三、未来的可能性工作

贵州省的新型城镇化建设中人的城镇化建设方面，既有优势也有挑战，既有做许多值得以后借鉴的经验，也存在着一系列问题。贵州的人口自然增长率相对于全国水平要高，人口结构也相对年轻，未来劳动力供给具有优势，但是由于人

---

① 《谋划"十四五"，习近平这一理念贯穿始终》，旗帜网，http：//www.qizhiwang.org.cn/n1/2020/0928/c422351-31877857.html，2020 年 9 月 28 日。

② 贵州日报：《贵州构建共建共治共享社会治理格局》，中华人民共和国中央人民政府网，http：//www.gov.cn/xinwen/2021-01/05/content_ 5577095.htm，2021 年 1 月 5 日。

③ 省公安厅、黔西南州委改革办：《贵州黔西南"三微一感知"提升社会治理水平》，《贵州改革工作动态》2021 年第 21 期。

口净流出严重，加重了本地的人口老龄化问题。由于大量的劳动力外流会加重本地农村的空心化，造成了三留守问题突出。同时，虽然各级财政对包括农村教育在内的教育投入巨大，但是教育资源向乡镇和县城集中带来了一系列严峻的问题，例如学生的生活适应问题以及学龄儿童离开村庄之后的村庄活力丧失等问题。贵州的城镇新增就业不断增加，但是第一产业所占比重依然较大，第二、第三产业所能提供的就业机会依然有限，发展中还面临人才紧缺的困境。贵州省取消了城镇的门槛，但是生活成本、住房成本和社会保障等方面的隐形门槛依然存在，不过政府在探索和实施更为均等化的公共服务体系建设。此外，伴随着城镇人口的不断增加，由于城镇贫困化会更复杂，政府需要警惕城镇贫困化的问题，防止人口返贫，这都需要政府采取更为精准的城市脱贫手段，对城镇居民的生计、生活与社会保障更为关注。

人的城镇化归根结底要以人为本，贵州新型城镇化建设要更加关注人的生存权与发展权。人的城镇化是一个涉及人的生存机会、人居环境、社会保障、发展机会、观念意识等多方面的综合过程，包括消除城乡贫困与差距、创造更为公平公正的制度环境、提供更为普惠与高水平的社会保障。未来的城镇化建设应该在基础设施和公共服务设施上实现城乡之间更为均等化的配置，使得无论是在大城市、小城市、小城镇还是在农村，个体都能够享受到高水平的居住环境与公共服务，都能够按照自己的意愿来决定生活在何地。政府需要在医疗卫生、教育、职业培训、保障性住房等领域承担更为重要的责任，努力创造更多就业岗位，继续深化"人地钱"挂钩配套政策，加大对农业转移人口市民化的财政支持力度。同时，不断创新和改善管理和服务体制，不断提高服务理念，利用信息化手段，不断提高治理水平。

总体来看，当前贵州城镇化的推动，除了政府的力量，还有许多自下而上不断创新而涌现的先进经验，这在一定程度上体现为多方力量的共同合作。政府需要把握好对市场监管的分寸，给基层市场和社会相应的空间，以发挥社会各主体的能动性。同时，要更尊重作为发展主体的人在经济社会建设和变革中的作用。未来的城市、城镇化建设应该是一个有居民参与感、尊重城市居民主动建设、有温度的建设过程。

结语　一个后发内陆省新型城镇化之路的探索

　　2020 年我们承接了贵州省重大课题《新型城镇化研究》，于是便着手调研准备，实施调研、撰写文章以及讨论、修改等过程，进而就有了目前这样的研究成果。我们之所以愿意承担这个课题，是有多方面考虑的：第一，我们的一些成员从 2000 年开始到现在，每年都会在贵州开展田野调研，并发表了一系列文章和专著，在贵州研究上有了一定的积累，为承接本课题奠定了一定的研究基础。第二，我们长期与贵州本地的专家学者合作开展研究，不但形成了稳定的机制，而且也积累了丰富的合作经验。第三，贵州作为新型城镇化研究样本，有非常重要的理论和应用价值。为什么说贵州是新型城镇化研究的有价值的样本呢？这就需要回归到对城镇化的一般研究脉络中来探讨。

一、内陆地区新型城镇化探索的价值

　　现有的城镇化实践和理论表明，城镇化是在工业化带动下展开的，而城镇化则带动第三产业发展，反过来又会促进工业化，进而进一步推动城镇化。工业化与城镇化这种紧密关系在工业化初中期表现得尤为明显，但是进入后工业化时代，城镇化的驱动力开始转向第三产业特别是现代化服务业的发展，会表现出更为复杂的发展关系，既会带动一些城市更快发展，也会出现工业化的退潮和转型，使得一些过度依赖工业化的城镇出现明显的衰退现象（如美国的底特律、法国的鲁尔等城市），因此引发旧城的更新和活化问题。那么，这里讨论的贵州等地区的城镇化尤其是新型城镇化是否也会沿着这样的路径展开呢？新型城镇化是否有新的动力和路径可选择呢？

贵州建省历史虽然只有 600 年左右，但是贵州曾是明清时期中原通向西南地区和东南亚国家的重要商贸通道，是当时国家治理云南等边疆地区的制度化平台，是我国少数民族最多的省份之一。中华人民共和国成立后，国家曾把大量企业（"三线企业"）从沿海地区迁往贵州，使得其曾有过一段国有工业较为发达的时期；与此同时，贵州矿产资源比较丰富，一度因矿资源采集而带动了城镇化发展。改革开放后，特别是最近十多年，贵州利用自身的山地资源、多样的民族文化以及国家的精准扶贫和脱贫攻坚实践等，不仅快速地改善了基础设施，尤其是交通条件，而且还构筑了有自己特色的产业体系（全域旅游、大数据、会展经济、医药酒业等），所有这一切加快了贵州的城镇化步伐，其城镇化水平有了明显的提高。

但是，目前贵州城镇化与其他地区特别是东部沿海地区相比，还是相对滞后的，具体表现在四个方面：第一，城镇化水平低，不仅远低于沿海地区省份，而且低于全国城镇化平均水平。全国城镇化平均水平已经达到 60.94%，但是贵州城镇化水平只有 45%。第二，按常住人口（居住 6 个月以上的人口）的口径来理解城镇化，那么，贵州的另一个特色是 900 多万贵州户籍人口长年累月地在外省特别是东南沿海地区务工经商谋生，形成了明显的"异地城镇化"现象。第三，贵州周围没有发达的城市群，因此在城镇化上没法与珠三角城市群、长三角城市群、京津冀城市群甚至中原城市群等所有全国重要城市群建立直接的勾连关系，或者说借助于它们的力量带动贵州城镇化，也就是说贵州缺乏区域城镇化联动优势。第四，贵州省内城镇之间存在贵阳一枝独秀、中小城市和小城镇分散各处的格局，没有形成多个大城市相互支持、中小城市和小城镇紧密拱卫大城市的体系。

综上可知，贵州新型城镇化发展受到许多时空条件的约束。那么在这样的情况下，贵州新型城镇化是否还有一些有利的条件呢？是否具备自身的一些优势呢？是否可以利用其他周边省份或者全国新型城镇化的一些条件呢？能否走出一条新的城镇化道路呢？如果能，那是什么样的道路呢？这条道路对于贵州现代化发展能带来什么样的影响呢？

二、贵州新型城镇化的"新"与"特"

新型城镇化与原先的城镇化相比，其"新"不仅体现在以"人"为中心上，更体现在城乡融合、一二三产业融合上；不仅体现在以工业化带动城镇化上，而且还体现在以农业现代化带动城镇化上，由此突破了原先的城镇化路径和模式。如果这样的假设成立的话，那么贵州的新型城镇化便展现出了一些新的有利前景。为此，笔者在研究方法上采用历史分析法、比较分析法、系统分析法和案例深度解剖法等。在这样的基础上，我们分别从历史、空间、人口、产业、城乡、技术、政策和体制等方面，深入地探讨和分析了贵州新型城镇化的各方面条件、局限以及对策等问题，并得出了以下四个方面的结论或看法。

（1）从原有的城镇化视角来看，贵州在城镇化方面明显是滞后的，原因是面临着不少不利的条件。从城镇化率来看，贵州还是比全国平均水平低 13 个百分点以上。而且贵州还有 900 多万人外出务工，在异地过着"半城市化""半城镇化"的生活和工作。另外，贵州缺少更多的大城市，目前只有贵阳这样一座大城市在唱"独角戏"，带动和辐射周围的城镇化的能力偏弱。这里的主要原因是，传统的城镇化建立在工业化基础上，尤其是制造业发展基础上。虽然在计划年代有过大规模的三线工业企业转移到贵州，为贵州工业化奠定了一定的基础，但是这些企业属于国有军工企业，缺乏对其他工业和经济的带动作用，在改革开放后又面临着许多体制问题，而外资和民营企业也没有出现像沿海那样井喷式的快速发展，从而制约了贵州的城镇化。那么，贵州的城镇化是否还继续走原先的路径呢？我们的研究表明，工业化依然还是新型城镇化的基础，但是贵州不能也无法实施原有的工业化模式，已转向新型工业化发展路径。新型工业化发展在贵州取得了一定进展，特别是在大数据方面比较明显。但是新型工业化对贵州来说，至少面临着这样两个问题：一是新型工业化发展需要大量技术人才，贵州在人才培养和竞争上存在短板；二是贵州对人才的吸引力还不够，特别是城市品质对人才还没有足够明显的吸引力。这两个问题既是短板和问题，又是贵州新型城镇化可以使力的地方，或者潜力所在。所以，贵州的新型城镇化不仅限于吸纳农村人口，而且还要提升城镇特别是城市的质量和品质，也就是说，城镇内涵发展和建设是新型城镇化的重要方面，或者说，新型城镇化旨在巩固和提升原有城镇化的基础和质量。

（2）在新型工业化方面，贵州难以与沿海发达地区相媲美，仅仅依靠它，也不足以缩小贵州在城镇化水平上与全国平均水平的差距，但是对贵州来说，一些新因素和条件则是原先城镇化所没有的，还有一些传统因素和条件虽然对原先的城镇化来说并不是有利的，但是对新型城镇化，则变成了利好的因素和条件。贵州新型城镇化碰到的一些新的有利条件和因素至少有这样一些：一是基础设施得到了前所未有的改善，特别是交通设施改善最为明显，促进了城镇与城镇之间、区域与区域之间、城乡之间的交往和物流。二是由此而来的旅游发展，带动了旅游城镇的发展，旅游成为贵州新型城镇化的重要路径和发展动力。三是农业产业化加上电商服务、物流业的发展，成为贵州新型城镇化的又一个发展路径，这也已经有相应的案例支持。四是区域合作将是贵州新型城镇化的又一有利的因素和条件，体现在西部开发、周边区域协作、东西部协作、长江经济带的发展等方面。更确切地说，区域合作是新型城镇化的机会。与此同时，一些传统的因素在现实情况下有可能转化为新型城镇化的有利条件。贵州是我国地形条件最为复杂、多样的省份之一，对原先的城镇化来说，这可能是障碍，但是现在却成为新型城镇化的重要利好因素。因为多样、复杂的地形，为贵州带来的是"醉美"景色、清新空气以及多样的有机农产品等，自然会吸引已经富裕起来并追求美好生活的游客，特别是外地游客，从而带动贵州的旅游及其相关产业（餐饮、商品、娱乐、交通等）发展，进而引起人口的集聚（即旅游城镇化）。同时，贵州多样的农业生态、长期形成的多样生活方式以及多民族文化，也成为了贵州新型城镇化宝贵的资源。

从这里，我们也应看到，新型城镇化与农业农村现代化是相互支持和相互促进的，这改变了原先城镇化与农业、农村是分离甚至是前者取代后者的格局。也就是说，在贵州，新型城镇化与乡村振兴发展是两个相互支持和促进的发展战略，任何单独一方都不能有效地实现其发展战略。这在一定程度上要求在政策设计上强调融合的设想。

（3）贵州作为内陆山地省份，在新型城镇化方面，也需要有一些新的发展思路、发展路径和实现形式。在大中城市偏少、工业化不强的情况下，贵州新型城镇化不能只是依靠大城市以及由此组成的城市带、城市圈和城市群来实现，还需要自下而上地考虑城镇关系和布局以及城乡关系的重塑问题。基于实地调查，我们认为，贵州在继续推进"两带一圈"城镇化的同时，要构筑小城镇圈、县城圈以及地市城市圈这样的"俄罗斯套娃"式城镇布局：大圈套中圈，中圈套小圈，并由发达的交通线连接成小城镇、县城、中小城市组成的城镇圈网。由此，贵州新型城镇化就是由"两带一圈"与密密麻麻的城市圈网构成，覆盖全省。这样的城镇布局一方面可以将"两带一圈"的产业、技术、服务、生活方式更好地向全省辐射，另一方面可以将农村、小城镇、县城的资源与更大的城市进行有效对接，产生倍增效应；与此同时，在横向上还可以把孤零零的小城镇和县城乃至地市州城市联系起来，形成抱团发展。

（4）与原先的城镇化不同，新型城镇化不再与乡村分离了，不再把乡村仅仅作为落后的辅助者，而是把乡村发展和振兴视为新型城镇化的内在要求和内涵，所以城乡融合发展是贵州新型城镇化的另一种新的表现形式。如果从城镇发展和乡村发展两方面来分析的话，乡村发展对城镇发展的价值，在贵州至少表现为：乡村发展是新型城镇化的一个新的动力，比如乡村旅游、农业产业化和现代化都会带动小城镇、县城的发展，涌现各种旅游小镇，农产品的产业化又会助力旅游和一二三产业发展等；而对乡村发展来说，城镇、城市可以提供技术、资金、市场以及新观念等，没有这些支持，乡村发展和振兴也难以达成。那么，城乡融合作为新型城镇化的新形式至少应表现在这样五个方面：一是城乡基本公共服务和基础设施的均等化；二是城乡生活方式互补化和城乡居民生活的两栖化；三是城乡人员和物质、信息流动自由化、畅通化和合理化；四是城乡体制机制的一体化；五是城乡文化同值化，达成美美与共之状态。城乡融合对贵州新型城镇化也是一种难得的机遇：一方面，随着国家经济发展以及人们生活水平的提高，对乡村的需求越来越多，也越来越高，而贵州却具备了丰富的生态、文化以及农业资源，这些资源在原先的城镇化中是价值不高的，而现在其价值在快速地提升，这是贵州新型城镇化的后发优势；另一方面，乡村文化价值、生态理念开始进入城镇特别是城市，花园城市、生态城市、山林湖田草将被作为城市的有机部分，将成为新型城镇化时代城市的重要标志和象征，由此城市将变得更有个性化、多样化。

综上所述，贵州新型城镇化在新时代新发展阶段，既面临缺乏原先城镇化所需要的条件和资源，又可能存在一些原先城镇化所不具有的条件和资源，因而在表现方式上也呈现出了一定的独特性。贵州内陆地区的新型城镇化会表现出现有城镇化理论所解释不了的现象和问题，为推动新型城镇化理论的发展提供了丰厚的实证资料、案例和故事，换句话说，贵州新型城镇化实践正在改写着现有的城镇化理论，开启新的理论建构。

三、贵州新型城镇化的"行"与"策"

新型城镇化不再是简单的以人为中心的城镇化，而是多维度、系统性的实践过程，更是融工业化、农业农村现代化以及后工业化、智能化于一体的过程。人固然还是中心，但是在新型城镇化背景下，人的现代化是关键支点，没有人的现代化，新型工业化、新型城镇化以及农业农村现代化都无从谈起，当然人的现代化并不是孤立进行，而是融合到其他维度中推进，也是实践过程，比如清镇将职业教育、人才培育与本区的乡村发展乃至贵州的乡村现代化紧密结合起来，从而带动职业教育产业化与新型城镇化和农业农村现代化的紧密联动和互相促进。因此，新型城镇化不仅仅限于以人为中心，更要以人的现代化为支点，进而对各种资源进行有效和合理的配置，实现系统化发展，达到对城乡社会和区域社会进行重塑和再造的目的。当然，这种重塑和再造不是盲目的，更不是凭领导个人的主观想法来引领的，必须建立在以人为主体的基础上，尊重社会经济发展规律，关注人的利益和现代化需求，才是根本。在这个过程中，构建新型城镇化的制度和政策体系显得尤为重要。

因此，基于本书对贵州新型城镇化的研究，在制度与政策的改革和创新上，要考虑到把人作为主体来对待，推进人的现代化。与此同时，系统性和协同性应是新型城镇化的另一表现，特别要对现代与传统、城乡、内外和不同行业之间实施开放、兼容的举措，在更大的空间和区域内，充分挖掘新型城镇化所需要的各种资源，激发多主体的积极性和动力。

参考文献

学术专著：

［1］Brotchie J，Batty M，Blakely E，Cities in Competition：Productive and Sustainable Cities for the 21st Century，Melbourne：Longman Australia，1995.

［2］扬·杜威·范德普勒格：《新小农阶级：世界农业的趋势与模式》，潘璐、叶敬忠等译，社会科学文献出版社 2016 年版。

［3］简·雅各布斯：《美国大城市的生与死》，金衡山译，译林出版社 2005 年版。

［4］常璩：《华阳国志校注》，巴蜀书社 1984 年版。

［5］富兰克林·H. 金：《四千年农夫：中国、朝鲜和日本的永续农业》，程存旺、石嫣译，东方出版社 2011 年版。

［6］刘易斯：《二元经济论》，施炜等译，北京经济学院出版社 1989 年版。

［7］霍利斯·钱纳里、莫伊思·赛尔昆：《发展的型式：1950-1970》，李新华、徐公理、迟建平译，经济科学出版社 1988 年版。

［8］马歇尔·萨林斯：《甜蜜的悲哀：西方宇宙观的本土人类学探讨》，王铭铭等译，生活·读书·新知三联书店 1999 年版。

［9］施坚雅：《中国农村的市场和社会结构》，史建云、徐秀丽译，中国社会科学出版社 1998 年版。

［10］斯科特：《农民的道义经济学》，译林出版社 2001 年版。

［11］王士性：《广志绎》，吕景琳点校，中华书局 1981 年版。

［12］酒井富山等：《日本农村再生：体验与治理》，李雯雯、殷国梁、高伟

译，社会科学出版社 2019 年版。

［13］祖田修：《农学原论》，张玉林等译，中国人民大学出版社 2003 年版。

［14］阿历克斯·英格尔斯：《人的现代化》，殷陆君译，四川人民出版社 1985 年版。

［15］哈特利·迪安：《社会政策学十讲》，岳经纶、温卓毅、庄文嘉译，上海人民出版社 2009 年版。

［16］陈锡文、韩俊：《农村全面小康与实施乡村振兴战略研究》，中国发展出版社 2020 年版。

［17］邓英淘、王小强、崔鹤鸣：《西部大开发调研实录：〈再造中国〉三编》，中央编译出版社 2001 年版。

［18］杜鹰：《加大财政投入，稳定农民预期，提高保障水平》，《农村工作通讯》2020 年第 22 期。

［19］范松：《黔中城市史：从城镇萌芽到近代转型》，贵州人民出版社 2012 年版。

［20］费孝通：《费孝通全集》，内蒙古人民出版社 2009 年版。

［21］费孝通：《小商品　大市场》，上海人民出版社 2004 年版。

［22］费孝通：《志在富民》，上海人民出版社 2004 年版。

［23］付伟：《城乡融合进程中的乡村产业：历史实践与思考》，社会科学文献出版社 2021 年版。

［24］何立峰：《国家新型城镇化报告 2018》，中国计划出版社 2019 年版。

［25］贺雪峰：《小农立场》，中国政法大学出版社 2013 年版。

［26］胡鞍钢：《人口与发展：中国人口经济问题的系统研究》，浙江人民出版社 1989 年版。

［27］李斌：《新型城镇化背景下的城乡关系》，社会科学文献出版社 2020 年版。

［28］林刚：《国情、传统与现代化：以农户经济为中心》，社会科学文献出版社 2020 年版。

［29］吕萍：《中国乡村振兴和城乡融合发展》，中国农业出版社 2020 年版。

［30］牛文元：《中国新型城市化报告 2012》，科学出版社 2012 年版。

［31］秦尊文：《长江中游城市群发展报告（2019）》，社会科学文献出版社

2020 年版。

[32] 孙兆霞、汪青梅、张建等：《屯堡社会如何可能？基于宗教视角的考察》，社会科学文献出版社 2016 年版。

[33] 孙兆霞、张建、曹端波等：《政治制度优势与贫困治理》，湖南人民出版社 2018 年版。

[34] 孙兆霞等：《屯堡乡民社会》，社会科学文献出版社 2005 年版。

[35] 田玉隆、田泽、胡东梅：《贵州土司史（上）》，贵州人民出版社 2006 年版。

[36] 王小鲁、樊纲：《中国经济增长的可持续性：跨世纪的回顾与展望》，经济科学出版社 2000 年版。

[37] 王小强、白南风：《富饶的贫困：中国落后地区的经济考察》，四川人民出版社 1986 年版。

[38] 新玉言：《国外城镇化：比较研究与经验启示》，国家行政学院出版社 2014 年版。

[39] 杨昌儒、孙兆霞、金燕：《贵州民族关系的构建》，贵州人民出版社 2010 年版。

[40] 杨廷硕：《相际经营原理：跨民族经济活动的理论与实践》，贵州民族出版社 1995 年版。

[41] 叶敬忠：《农政与发展当代思潮（第一卷）》，社会科学文献出版社 2016 年版。

[42] 易赛键：《城乡融合发展之路：重塑城乡关系》，中原农民出版社 2019 年版。

[43] 张车伟：《人口与劳动绿皮书：中国人口与劳动问题报告》，社会科学文献出版社 2020 年版。

[44] 张应强：《木材的流动》，生活·读书·新知三联书店 2006 年版。

[45] 周其仁：《城乡中国（上）》，中信出版社 2013 年版。

[46] 周其仁：《城乡中国（下）》，中信出版社 2014 年版。

[47] 朱瑛：《转型时期的社会与国家：以近代中国商会为主体的历史透视》，社会科学文献出版社 2018 年版。

学术论文：

［1］ Angus Campbell, Philip Convers, et al., "The Quality of American Life: Perceptions, Evaluations and Satisfactions", *Academy of Management Review*, 1976, 2 (4).

［2］ Fisher R. Costanza, S. Ali, et al., "Quality of Life: An Approach Integrating Opportunities, Human Needs, and Subjective Well-being", *Ecological Economics*, 2007, 61 (2-3).

［3］ Mark D. Partridge and Dan S. Rickman, "The Waxing and Waning of Regional Economies: The Chicken-Egg Question of Jobs Versus People", *Journal of Urban Economics*, 2003, 53 (1).

［4］ Terry N. Clark, "The City as an Entertainment Machine", Research in Urban Policy, 2004, 9.

［5］ 陈杰：《经济新常态下的中国城镇化发展模式转型》，《城市规划学刊》2016 年第 3 期。

［6］ 崔凯、郭静利：《农村工业化、农业现代化、农村城镇化发展水平评价与空间布局研究——基于天津市 10 个区（县）的面板数据》，《江苏农业科学》2014 年第 9 期。

［7］ 方创琳：《改革开放 40 年来中国城镇化与城市群取得的重要进展与展望》，《经济地理》2018 年第 9 期。

［8］ 冯奎、李庆：《进一步提升城市品质》，《中国发展观察》2020 年第 22 期。

［9］ 韩道铉、田杨：《韩国新村运动带动乡村振兴及经验启示》，《南京农业大学学报》2019 年第 4 期。

［10］ 侯成龙：《西部省份城镇化与工业化耦合发展研究——以贵州省为例》，《学术论坛》2015 年第 7 期。

［11］ 黄群慧：《中国的工业化进程：阶段、特征与前景》，《经济与管理》2013 年第 7 期。

［12］ 姜安印、杨志良：《新型城镇化建设与城市经济高质量增长》，《经济问题探索》2020 年第 3 期。

［13］解安：《中国特色：城乡互动的双向流动模型》，《天津商业大学学报》2011 年第 5 期。

［14］匡远配、易梦丹：《产业精准扶贫的主体培育：基于治理理论》，《农村经济》2020 年第 2 期。

［15］李博雅、肖金成、马燕坤：《城市群协同发展与城市间合作研究》，《经济研究参考》2020 年第 4 期。

［16］李强：《当前我国社会分层结构变化的新趋势》，《江苏社会科学》2004 年第 6 期。

［17］李强、王昊：《什么是人的城镇化?》，《南京农业大学学报（社会科学版）》2017 年第 2 期。

［18］李强、陈宇琳、刘精明：《中国城镇化"推进模式"研究》，《中国社会科学》2012 年第 7 期。

［19］李小云：《脱贫攻坚需要在五个方面实现与乡村振兴的有效衔接》，《中国农村经济》2021 年第 1 期。

［20］李志鹏：《基于数量测度的贵州工业化与城镇化协调性分析》，《贵州社会科学》2014 年第 7 期。

［21］栗战书：《积极探索有贵州特色的城镇化路子》，《当代贵州》2011 年第 5 期。

［22］林韬、陈彩媛：《西南地区城镇化与工业化发展关系特征及其政策启示》，《现代城市研究》2020 年第 2 期。

［23］林毅夫：《中国的城市发展与农村现代化》，《北京大学学报（哲学社会科学版）》2002 年第 4 期。

［24］刘守英、王一鸽：《从乡土中国到城乡中国——中国转型的乡村变迁视角》，《管理世界》2018 年第 10 期。

［25］刘学洙：《两次难忘的随行采访》，《文史天地》2006 年第 2 期。

［26］陆际恩：《农村城市化是解决农业现代化问题的关键》，《经济体制改革》2001 年第 5 期。

［27］欧向军等：《区域城市化水平综合测度及其理想动力分析——以江苏省为例》，《地理研究》2008 年第 5 期。

［28］史继忠：《抗战时期贵阳商业的繁荣》，《贵阳文史》2020 年第 1 期。

［29］孙庆忠：《乡土社会转型与农业文化遗产保护》，《中州学刊》2009 年第 6 期。

［30］唐凯、龙舒华、方立等：《自由区（港）视野下的海口城市品质》，《城乡规划》2019 年第 3 期。

［31］田毅鹏：《乡村未来社区：城乡融合发展的新趋向》，《人民论坛·学术前沿》2021 年第 2 期。

［32］王春光：《第三条城镇化之路："城乡两栖"》，《四川大学学报（哲学社会科学版）》2019 年第 6 期。

［33］王春光：《迈向共同富裕：农业农村现代化实践行动和路径的社会学思考》，《社会学研究》2021 年第 2 期。

［34］王春光：《农村流动人口的"半城市化"问题研究》，《社会学研究》2006 年第 5 期。

［35］王建民：《社会转型中的象征二元结构——以农民工群体为中心的微观权力分析》，《社会》2008 年第 2 期。

［36］王业强、魏后凯：《大城市效率锁定与中国城镇化路径选择》，《中国人口科学》2018 年第 2 期。

［37］王勇辉、管一凡：《英国城乡统筹政策对我国城乡一体化战略的启示》，《城市观察》2014 年第 5 期。

［38］魏后凯：《深刻把握城乡融合发展的本质内涵》，《中国农村经济》2020 年第 6 期。

［39］温铁军：《中国城市化道路与相关制度问题》，《开放导报》2000 年第 5 期。

［40］温信详：《农业现代化的日本经验》，《中国金融》2014 年第 11 期。

［41］吴业苗：《人的城镇化的基本内涵与实现条件》，《城市问题》2016 年第 9 期。

［42］夏春萍：《工业化、城镇化与农业现代化的互动关系研究》，《统计与决策》2010 年第 10 期。

［43］夏永祥：《从产城分离走向产城融合》，《同舟共进》2017 年第 4 期。

［44］夏柱智、贺雪峰：《半工半耕与中国渐进城镇化模式》，《中国社会科学》2017 年第 12 期。

［45］徐铮、房国忠：《发达国家城乡人力资源市场一体化模式研究——兼论中国城乡人力资源市场一体化的模式选择》，《东北师范大学学报》2014 年第 6 期。

［46］杨华：《中国农村的"半工半耕"结构》，《农业经济问题》2015 年第 9 期。

［47］杨建科：《新常态战略下的新型城镇化：选择动力与规避陷阱》，《城市发展研究》2016 年第 7 期。

［48］郁建兴、张蔚文、高翔等：《浙江省特色小镇建设的基本经验与未来》，《浙江社会科学》2017 年第 6 期。

［49］曾芬钰：《城市化与产业结构优化》，《当代经济研究》2002 年第 9 期。

［50］张红宇、张海阳、李伟毅、李冠佑：《中国特色农业现代化：目标定位与改革创新》，《中国农村经济》2015 年第 1 期。

［51］张建、孙兆霞：《农户土地经营权实现方式与减贫发展——G 省 P 市"三变"实践张力试析》，《南京农业大学学报（社会科学版）》2018 年第 3 期。

［52］张团聚：《贵州省县域工业园区在产业结构转型中的问题研究》，《对外经贸》2016 年第 3 期。

［53］张英：《产城融合视角下旅游产业与城镇化建设耦合协调研究——以恩施州为例》，《西南民族大学学报（人文社会科学版）》2016 年第 8 期。

［54］赵山：《农村工业化、农业现代化和农村城市化的关系探讨》，《乡镇经济》2001 年第 5 期。

［55］赵新平、周一星：《改革以来中国城市化道路及城市化理论研究述评》，《中国社会科学》2002 年第 2 期。

［56］中国社会科学院经济研究所：《中国经济报告（2020）》，《经济研究》2020 年第 8 期。

［57］朱启臻、韩芳、张晖：《工业反哺农业的经济社会分析》，《林业经济》2008 年第 11 期。

［58］邹德玲、丛海彬：《中国产城融合时空格局及其影响因素》，《经济地理》2019 年第 6 期。

地方史志、统计年鉴：

［1］《贵州工业》编辑委员会：《贵州工业：1949—1989》，贵州人民出版社1989年版。

［2］《贵州六百年经济史》编辑委员会：《贵州六百年经济史》，贵州人民出版社1998年版。

［3］黔东南苗族侗族自治州地方志编纂委员会：《黔东南苗族侗族自治州志：地理志》，贵州人民出版社1990年版。

［4］贵州省地方志编纂委员会：《贵州省志：民族志（上册）》，贵州民族出版社2002年版。

［5］贵州省民族研究所：《明实录·贵州资料辑录》，贵州人民出版社1983年版。

［6］何仁仲等：《贵州通史（第五卷）》，当代中国出版社2003年版。

［7］钱理群：《贵州读本》，贵州教育出版社2013年版。

［8］钱理群、戴明贤、袁本泉：《安顺城记》，贵州人民出版社2020年版。

［9］印江县志编纂委员会：《印江县志：大事记》，1986年。

［10］镇宁布依族苗族自治县民族事务委员会：《六马志》，1993年。

网络/报刊/新媒体文章：

［1］《安居之梦今朝圆——贵州农村住房安全保障成效显著》，《贵州日报》2020年12月18日。

［2］《贵州与东部对口帮扶省市因地制宜共谋发展——从单向帮扶走向互利共赢》，《贵州日报》2021年1月18日。

［3］《扩大外销半径 提升市场竞争力——冷链物流保驾黔货出山"鲜"行天下》，《贵州日报》2020年6月27日。

［4］国家统计局：《中国统计年鉴2020》，国家统计局官网，http：//www. stats. gov. cn/tjsj/ndsj/2020/indexch. htm，2020年。

［5］贵州广播电视台专题片：《唤醒千年沉寂的土地——2020年贵州农村产业革命纪实》，2020年7月20日。

［6］贺斌：《边借债边发展，贵州地方债难题怎么解》，中国新闻周刊，

https：//www. inewsweek. cn/viewpoint/2019-11-11/7601. shtml，2019 年 11 月 11 日。

　　［7］任泽平：《中国五大城市群发展潜力》，新浪网，http：//finance. si-na. com. cn/zl/china/2020-10-19/zl-iiznezxr6738157. shtml，2020 年 10 月 19 日。

　　［8］李慧中：《服务业发展：不在速度在结构》，《大众日报》2015 年 6 月 3 日。

　　［9］李强：《就近城镇化与就地城镇化——以城市群为主体的大中小城市协调发展的重要支撑》，《北京日报》2019 年 2 月 25 日。

　　［10］李小云：《乡村振兴核心在城乡融合》，《经济观察报》2021 年 3 月 19 日。

附录　走贵州特色的新型城镇化之路：
清镇市的实践案例

2014 年 3 月 16 日，《国家新型城镇化规划（2014—2020 年）》出台，这是全面建成小康社会历史性时期指导全国城镇化建设发展的宏观性、战略性、基础性的规划。该规划明确了中国特色新型城镇化是以人为本、有序推进农业转移人口市民化的城镇化；是四化同步，深入推动新型城镇化与新型工业化、信息化和农业现代化同步发展的城镇化；是优化布局、以城市群为主体形态、促进大中小城市和小城镇协调发展的城镇化；是生态文明，着力推进绿色发展，循环发展、低碳发展的城镇化；是文化传承，彰显城市的特色和个性的城镇化[①]。2020 年 12 月 7 日至 9 日，中共贵州省委十二届八次全会在贵阳召开。会议提出，贵州要瞄准高质量发展的主攻方向，大力推动新型工业化、新型城镇化、农业现代化、旅游产业化。在新发展阶段，贵州作出大力推动"四化"发展的战略部署，标志着贵州将在"四化"发展上按下"快进键"，以马力更足的"四轮驱动"，让贵州高质量发展的列车跑出"加速度"。

清镇市作为黔中腹地上的城市，是贵州后发型的山地特色城市的代表，它在新型城镇化上的综合性探索值得重视和研究，尤其是其在"四化同步"方面的率先探索和积极回应，试图走出一条用第三产业带动人口聚集从而与工业协同发展、现代农业反哺城镇化的适合贵州的独特道路。

---

① 向春玲等：《中国特色城镇化重大理论与现实问题研究》，中共中央党校出版社 2015 年版，第 8 页。

一、清镇市的特征及其新型城镇化的探索

清镇市位于贵州省中部，位于贵阳西面，城区距省会贵阳市中心23公里，行政区域面积1386.6平方公里，辖9个乡镇，有省级经济开发区1个、省级职业教育聚集区1个。截至2020年，总户数15万户，总人口54.68万人，聚居着苗族、布依族、彝族、仡佬族、回族等30多个民族，少数民族人口12.2万人，城市建成区面积46平方公里。清镇交通便利、资源富集，境内国道、省道、县道纵横交错，沪昆、厦蓉、贵黔、贵黄等多条高速和成贵高铁、林织铁路穿境而过，是通往云南、四川、广西的重要交通节点。境内鸭池河、猫跳河、暗流河"三水萦城"，红枫湖、百花湖、东风湖、索风湖"四湖托市"，有"世界喀斯特中央公园"之美称，是中国避暑之都和贵州建设全国生态文明试验区的支撑地、样板地、标志地。清镇水域总面积94平方公里，总储水量近20亿立方米，其中红枫湖水域57.2平方公里，蓄水6亿立方米；空气质量优良率97%以上；森林覆盖率达46.83%，建成区绿化覆盖率达43%以上。已探明的矿产资源有铝土矿、赤铁矿、硫铁矿、煤等30余种，是全国铝土储量最大的高品位整体连片矿区。在此基础上，清镇成为贵州省铝工业、能源、建材、物流等产业的重点布局区域。除此之外，贵州（清镇）职教城是全国较大的职业教育聚集区之一，规划面积50平方公里，总投资350亿元。职教城规划入驻职业院校20所，现已入驻19所院校，现有师生约14万人，全部建成后预计师生将达到15万人，将形成一个面向贵州、辐射西南的职业教育高地。

在传统的城镇化的路径中，工业化发展带动人口聚集，之后带动服务业的发展形成整体的城镇化；或者在政府主导制下，土地城镇化带动人口集中形成城镇化。然而，在我国中西部地区，仅仅依靠工业化带动很难形成城镇化，尤其在经济新常态之下，传统土地带动城镇化模式难以为继，清镇市根据自己的情况，走出了一条与之不同的新型城镇化之路。

坐落于黔中腹地的清镇，虽然有丰富的矿产资源，并有一定的轻工业基础，但其工业水平不足以带动人口聚集和第三产业的繁荣发展。2010年，清镇市的常住人口为467790人，其中中心城区人口只有166916人，几个小城镇发展情况均较为滞后，城镇化率为35.68%，产业及公共服务功能严重缺失。在这种情况下，清镇在利用自身优势而回避自身劣势的情况下，走出了一条用第三产业带动

人口聚集从而与工业协同发展、现代农业反哺城镇化的独特的、适合中西部地区的城镇化之路。

二、现代农业和服务业与城镇化良性循环的协调发展之路

2020年12月7—9日，中共贵州省委十二届八次全会在贵阳召开。会议提出，贵州要瞄准高质量发展的主攻方向，大力推动新型工业化、新型城镇化、农业现代化、旅游产业化。这是贵州省结合当前所处的历史阶段和自身境况所作出的选择。而清镇市正是沿着这一条路，将"四化"结合起来，以自身拥有深厚基础的农业、轻工业和旅游商贸等第三产业发展基础为优势，整合其背后的发展脉络，使其相互促进，走出了一条适合清镇和贵州的独特道路。

（一）以"诚信农民建设"为底蕴的小农户现代化建设在农村与城镇化之间形成良性循环

1. "诚信农民建设"的背景、措施与效果

清镇市的"诚信农民建设"要追溯到十几年前。2004年，针对清镇市70%人口为农民且大部分不富裕的现状，清镇市委、市政府决定从农业发展入手，引进肉鸡养殖企业落户某镇，由企业以记账的方式向农民提供鸡苗、饲料、防疫、管理技术，肉鸡出栏后，由企业按照保护价回收，扣除欠账。但有的农户却投机取巧，一是鸡养大后不交企业回收，拿到市场另行销售；二是从市场买回鸡苗，用企业提供的免费饲料另行喂养。结果，使企业蒙受巨大损失，产生去意。经市委、市政府挽留，转战另一乡镇。此乡镇教育农民严格按照合同约定组织肉鸡生产，结果产业迅速发展壮大，农民实现了快速增收。这看似是件小事却关乎根本的大事，震撼了清镇市的干部群众。2006年，市委、市政府决定在全市开展"诚信农民建设"创建活动，精心培育农民的诚信意识。15年来，清镇市的"诚信农民建设"创建活动一直在巩固并拓展范围，扩展为"诚信政府""诚信企业""诚信清镇"等跨越城乡的诚信建设活动，也成为覆盖全域的立市之本。多年来，清镇以"诚信"这一现代性品质建设为底蕴实现了以不变应万变的定力坚守。2011年，时任国家副主席的习近平同志对此作出批示："建议中央创先争优活动领导小组办公室在活动简报上反映贵州诚信农民建设的经验，摘要刊发此材料，供各地创先争优活动中借鉴。"他还在一次讲话中提到："清镇市开展'诚信农民建设'活动，抓住了教育引导群众的一个关键问题，取得了好的效

果，应当进一步总结和深化。"

早在 2010 年 4 月，时任清镇市委书记在《全市诚信农民建设大会上的讲话》中就非常明确地指出了以"诚信农民建设"为基础的农民的现代化将会带来什么前景："如果农民不诚信，龙头企业就不愿去带动，项目就不会拿给我们的农民做；如果农民不诚信，信用社等金融机构就不会贷款给农民；如果农民不诚信，政府也不愿扶持；如果农民不诚信，资金、项目、技术、管理、市场等生产要素就很难结合起来，没有这些生产要素的整合，农民就不可能发展，不可能致富。……只有每一个人，每一个村都诚信了，资金、技术、人才、管理、市场等生产要素就会被吸过来，何愁不富、不发展呢？"

全面开展"诚信农民建设"主要集中在五个方面：一是"五个诚信"建设，即教育农民诚信于党和政府、诚信于法律法规、诚信于市场准则、诚信于金融支持、诚信于合同约定。二是"诚信农民建设"的基本体系，即"三位一体"：政府主导、企业主推、农民主体。三是"诚信农民建设"的"三维联结"机制，即诚信农民联结诚信政府、诚信农民联结诚信企业和诚信农民联结诚信金融。其中，联结诚信政府，核心是解决扶持问题；联结诚信企业，核心是解决市场问题；联结诚信金融，核心是解决资金问题。四是"诚信农民建设"的基本目的是"三项推动"，即推进生态农业、循环农业、高效农业发展；推动农村设施装备建设；推动农村的精神文明建设。五是建设诚信企业，如龙头企业、金融企业、保险企业等，都参与到诚信建设中来。

"诚信农民建设"成效显著。2011 年初，贵州省委调查报告将清镇市"诚信农民建设"的成效概括为以下三个方面：

第一，加强"诚信农民建设"有利于推动农业农村经济发展。目前，清镇市已吸引贵阳三联、广西大发、广东温氏、众旺食品、香港裕东等 30 家龙头企业落户，覆盖了种植、养殖、农产品加工、储运、销售和农业技术开发、应用、培训等各个领域。涉农贷款余额 2010 年达到 9.97 亿元，是 2006 年的 5 倍，其中农民获得的贷款比 2005 年增长了 4 倍多，小额贷款不良率较 2006 年下降 6.78 个百分点，其中被评为信用乡镇的暗流乡和新店镇，农户贷款不良率仅为 0.1% 和 0.14%。已形成了"烟、菜、果、茶、药、苗、鸡、牛、猪"九大产业，2010 年，全市农业总产值达到 15.2 亿元，比 2005 年增长了 85.6%，年均增长 13.2%。农民人均纯收入达到 5463 元，比 2005 年增长了 96.6%，年均增长

13.8%，比同期城镇居民人均可支配收入的增幅高 1.8 个百分点。

第二，加强"诚信农民建设"有利于推动社会管理创新。农村以诚实守信为荣、以见利忘义为耻的社会风气逐渐形成，促进了农村社会的和谐。2010 年，清镇市刑事案件比 2009 年下降 16.1%，是贵阳市各区（市、县）中下降幅度最大的；共接待来访群众 680 批 4365 人次，分别比上一年下降 11.5% 和 12%，到省和贵阳市上访批次分别下降 12%、15%，人次分别下降 10%、14%。

第三，加强"诚信农民建设"有利于推动基层组织建设。在诚信农民教育中，创造了"支部+信用社+专业合作社（协会）+产业化龙头企业+农户"等发展模式，让基层政权找到了服务群众、密切联系群众的新载体和抓手，广大基层干部诚信为民的意识不断增强，他们深入田间地头，听民声、访民情、问民意，积极为民办实事、解民忧，围绕解决农业产业结构调整、农民增收、医疗教育、劳动保障等民间问题，办成了许许多多看得见、摸得着的实事。

通过人（农民）的现代化来带动农村整体治理与经营环境的现代化，让企业进得来，项目做得起来，从而完成农业产业化和城镇化，再反馈农村，这是清镇市以"诚信农民建设"为底蕴的农村现代化与新型城镇化的结合之路。在这个过程中，完成了人的城镇化，将传统农民转变为了具有现代经营意识的现代农民，同时在此基础上完成了立足小农户的现代农业产业化推进。

2. 立足小农户的现代农业产业化推进及其对城镇化的反馈

清镇市的地理区位和优质的农业生产条件，提供了现代农业产业化的健康可持续发展的基础。为实现农业增效、农民增收以及一二三产业在地化的衔接目标生产，围绕优势新型城镇化要素视角看，其农业板块采取了"项目+N"做法。

针对小农户生产农产品在面对质量、育种、销售、投入、自然灾害等方面的脆弱性，清镇市自 2006 年引进第一家牲畜类农业企业开始，一直坚持在核心区（目标村）采取"四+N"的引进原则引进项目，通过"公司+农户""公司+基地"的示范带头，向全市六镇三乡条件对应的村寨逐步推进，最终形成全市农村以小农户为主体，通过养殖、种植、非农务工、经商多元经营方式全面实现农户增收，现代山地特色农业同步发展的格局。以 2020 年（基数年）为例，大牲畜出栏在贵阳市位居第二，生猪出栏在贵阳市位居第三，生态家禽出栏在贵州位居第一，占贵阳市生态家禽出栏量的 50% 以上。

蔬菜种植以年播种面积、总产量、总产值在"三品一标"质量认证下快速增长，进而形成地标带头羊的举措，仍是以"项目+N"方式，将优质企业引进核心区，以"公司+农户"的形式，从示范区向普通农户推广，使小农户与现代蔬菜种植和流通的规模化经营相整合，成为省内蔬菜生产最重要基地。"十三五"期间，清镇完成蔬菜种植面积 166.5 万亩次，总产量 213 万吨，产值 58.5 亿元，种菜农户人均收入 10200 余元。目前，已形成以鸭池河流域为主的低海拔次早熟蔬菜产业带；以云归山及老黑山为主的高山冷凉蔬菜产业带；以贵黄公路及 198 县道为主的外销蔬菜产业带；以红枫湖镇、卫城镇、站街镇为主的保供蔬菜产业带。全市已建成蔬菜农产检测室 9 个，获得无公害蔬菜产品认证 81 个，绿色蔬菜产品认证 11 个，有机蔬菜产品认证 17 个。"十三五"以来，五年累计抽样检查 90000 例，合格 90000 例，超标 0 例，合格率 100%。产品初步构建了四级消费市场框架，即一级为保贵阳市供给，占贵阳日消费蔬菜的 20%；二级为利用气候资源优势，巧用季节时空，对省外市场的供应；三级为"借船出海"，进入港澳市场；四级为"集团订单"市场。有了外观好、品质优、卫生安全系数高等多项技术产品支撑体系支持的市场针对性框架，使得蔬菜产品市场稳定、客商稳定、流通有序，加上对"黔山牌""红枫""黔长津"等蔬菜品种的长期打造与推介，清镇蔬菜的知名度和品牌美誉度不断提升。

农业现代化与新型城镇化互动关系中，现代企业的参与是其中最为重要的因素。仅在"十三五"期间，在原有基础上引进和培育蔬菜种植、加工企业 39 家，蔬菜合作组织 78 个，流转土地 3.5 万亩。2020 年农民收入组成主要是牲畜养殖收入、种植业收入、非农收入，农村居民人均可支配收入 18270 元。① 而这种收入结构及总量水平，说明全域农村与农民在观念、能力和收入上已经达到现代化建成的物化指标，这正是区域城乡互动与区域内新型城镇化建设的普泛性基础。

（二）有基础的新型工业化推进城镇化

虽然贵州省大部分地区以农业为主，工业并不十分发达，但部分"三线建设"城市有着比较深厚的工业基础，其中包括清镇。清镇从"三线建设"时期起就积累了较好的工业基础，一直以来都是省内较为重要的工业基地，是全省十大千亿级工业产业发展的主战场、主阵地之一。清镇铝土矿资源丰富（清镇市区域内铝土矿资源已探明储量 3.39 亿吨，远景储量 5 亿吨以上），储量占全国总

---

① 清镇市人民政府：《2020 年清镇市国民经济和社会发展统计公报》，2021 年。

量的 10% 左右，全省 60% 以上，目前初步形成了"铝矿开采—氧化铝—电解铝—合金化—铝制品"工业产业链，涉及汽车和工程机械零部件、全铝制品箱包、轨道交通、铝制包装及工业型材等多个领域。2011—2020 年，清镇市中高端制造业中以绿色产业为主的产业经济一直在壮大并发展成为提升城市经济规模和水平的引擎。在这个阶段，清镇市的工业逐渐形成以铝及铝精深加工为主，以汽车及其零部件制造、绿色建筑材料及新型建材、全铝智能家居、装备制造、医药、绿色食品及保健品精深加工六大产业为配套的产业集群。

清镇市第二产业占绝对优势的是铝精加工产业链的绿色深化发展。清镇市铝矿土资源已探明储量 3.39 亿吨，远景储量 5 亿吨以上，占全贵州省总储量的 67% 以上，全国的 10.7%，主要分布在站街镇等 4 个乡镇。其中位于清镇市犁倭镇境内的一猫场矿区（7 个矿区）是全国最大的整体矿区，易开采，为大力发展铝精深加工提供了充实的资源保障，加之有煤、电资源优势配套加工，做大做强以铝为主的工业以形成主导产业，被清镇市作为产业发展的前提。

习近平同志于 2012 年 2 月视察贵州时，提出贵州要优化和稳定产业链供应链，推动优势产业集聚集约发展，培育壮大战略性新兴产业，加快发展现代产业体系。贵州省委十二届八次全会也明确提出，坚持把发展经济着力点放在实体经济上，把加速推动新型工业化作为经济高质量发展的首要任务，大力实施产业发展提升行动，推动产业高端化、绿色化、集约化发展，奋力推进"工业大突破"。而这种新型工业化的突破将会带动新型城镇化的发展。

作为新型工业化转型升级的铝工业，其发展现状颇为可观：第一，基础产业规模理性控制合理，为以经济开发区为重心的片区性发展铝基新材料提供了结构性资源保障。目前，清镇有铝土矿开采企业 28 家，年生产规模约 480 万吨。第二，铝基产品类型结构性配置已初步构成，氧化铝、电解铝集约效应凸显。目前，清镇有华锦和广铝 2 家氧化铝企业，年产氧化铝 220 万吨，有华仁 1 家电解铝企业，年产电解铝 50 万吨，8 家铝加工企业，年生产能力 64.6 万吨。2019 年，清镇铝基新材料产业规上企业总产值 128.08 亿元，同比增速 10% 以上。一批铝精深加工项目将陆续建成投产，清镇铝产业将实现集群化精细化发展，进入成势成群的新阶段，产业增长势头将更为明显。上游铝产业基础项目的入驻，初步打通了铝产业基础材料发展链条，"矿石—氧化铝—电解铝"在一个区域内形成，有效节约了物流成本，积聚效应明显。

此外，清镇市在既有的向绿色产业转型、向创新型资源开发模式转型的规划指引下，经过十年持续不断的努力，将一张蓝图绘到底。截至 2020 年底，清镇市规模以上工业企业数 119 家，地方生产总值预计完成 280 亿元，工业总产值预计完成 255 亿元。先后上榜"全国绿色发展百强市""全国投资潜力百强县""中国西部百强县""全国可持续发展试验区"，逐步探索出了以产兴城、以城促产、产城联动、产城融合的城市发展路径，经济呈现"总体平稳、稳中有进、稳中向好"的态势。

（三）生态立市和城乡互动机制构建

清镇市红枫湖、百花湖水域是贵阳市两个饮水点之一，因此清镇市在巩固生态环境质量、推进绿色低碳循环发展和健全现代化环境保护治理体系三大方面持续发力，为生态文明实践区建设夯实基础。

清镇市针对当地的特殊情况，坚决打好"蓝天保卫战""碧水保卫战""固废治理保卫战""乡村环境整治战"等"五场战役"，在红枫湖沿湖 13 个村庄中，建成并巩固了 136 套农村生活污水处理站，并最大限度发挥好污水处理站的治理效果；实施红枫湖游船的油改电改汽工作，减少燃油船排污对红枫湖水质的影响；持续调整农业结构，减少农药、化肥以及养殖废水对红枫湖的污染，坚持好生态修复工作，实施国家湿地公园建设，增强红枫湖水质的自净能力和自我修复能力；强化监管，严格执法，利用行政和法律工具及大数据和高科技手段，严厉打击环境违法行为。长期生态保护举措的实施，使红枫湖取水口达到 II 类水质，其他区域为 III 类水质，正在努力实现 2035 年红枫湖全域水质达到 II 类水质。

红枫湖水质持续提升，不仅是"碧水保卫战"一役之功，而是"五战"共举系统工程的综合效应。清镇市生态保护与环境治理的工具和路径主要包括两个方面：其一，通过法治进入而形塑的。在 2016 年开启"十三五"规划之时，清镇市对"十二五"时期生态环境明显改善的法治参与做法有如下总结：率先设立全国首家基层人民检察院生态保护检察局，率先设立全国首家县级生态文明建设局，在全国率先由政府委托第三方监督相关企业和政府职能部门开展环保工作。全省首家通过县级环保总体规划。其二，生态环保与城市（镇）化建设联动实施。在贵阳首家实施城市生活污水处理中水回用工程；全面推动实施"蓝天守护、碧水治理、绿地保护"三大行动计划。建成投用梯青塔湿地公园、时光贵州湿地公园，启动了一批山体公园、湿地公园的建设。红枫湖国家湿地公园通过国家林业局批复。2015 年，全市森林覆盖率从 2010 年的 39.12% 提高到 45.27%，城市污水处理率达到 96%，空气质量优良率达 97.5%，集中式饮用水源地水质达标率达 100%，被评为"全国节水型社会建设示范区"。2020 年，"十三五"规划收官时，以上生态环境保护与新型城镇化建设互动指标有了更高质量的提升。全面性评估指标均显示出空气质量、水环境质量、净土水平、废物处置水平、生态环境监管水平等方面的长足进步。对生态保护的坚守十年来不仅获得了生态与城市建设的双赢，而且获得了人的城镇化、新型工业化、农业现代化等更广泛领域的多赢。

这种以生态保护为前提的人地友好型生态建设在提升了清镇市生态环境的同时也为其发展高品质全域旅游奠定了基础。经过十多年的努力，清镇市通过积极推进文化旅游业全域布局，将旅游与文化、"非遗"、体育、农业、教育、地产、商贸、工业、扶贫、研学、大数据等有机结合，加快"旅游+""+旅游"融合发展，促进相关产业得到升级，旅游业态和旅游产品呈现出蓬勃发展的态势。清镇市在发展过程中积累了宝贵的经验，具体来说主要包括以下三个方面：

第一，大力发展城镇旅游。以承办贵阳市第八届旅游产业发展大会为契机，投入约 40 亿元，先后开发了"四个贵州"（时光、四季、乡愁、寻味）、"两个公园"（贵阳体育文化公园、红枫生态体育公园）、"两个镇"（茶马古镇、恐龙小镇）、"三个文旅综合体"（吾悦广场、玫瑰运动、老马河街区）等一批城镇重点旅游项目，打造了 4A 级景区 2 个，3A 级景区 1 个，创建国家全域旅游示范区工作顺利通过了省级验收，形成了文化、旅游、体育"三位一体"的以城镇为主体的特色生态之旅品牌。

第二，高品质深入推进乡村旅游。投入 136 万元改善乡村旅游基础设施建设，建成"中国十大最美乡村"1 个，省级少数民族特色村寨 3 个，标准级以上旅游村寨 5 个，星级乡村旅游经营户（农家乐）5 家，优品级乡村旅游客栈 2 个。在此基础上，结合交通资源推出了休闲康养游、农业体验游、生态乡村游、峡谷探险游 4 条乡村自驾旅游线路，乡村旅游业提质提效与城镇旅游互为呼应，融合前景初显。

第三，跨越城乡旅游要素的培育与提质。推出一批文旅产品，打造出四季贵州美丽"硅泉"、时光贵州"非遗秀"、乡愁贵州农耕文化、寻味贵州美食文化、向黔冲农庄时鲜果蔬采摘、中环烙锅、刘姨妈黄粑、卫城辣子鸡、黑砂陶等清镇旅游的特色名片。这些名片从地方特色食材、技艺、地方创新、传统跨界传承、自然资源文化附加等方面形成城乡互补和城乡共享的流动要素，促使旅游业逐步成为了清镇市对外开放的"窗口"产业、"富民兴清"的带动产业。

（四）商贸城、职教城与城镇化的良性循环

考察清镇市新型城镇化基础建设，还有一个重要维度，即注重新业态的规模及贯通。清镇市从动力机制上整合新、老业态在一二三产业中的递进与反哺，从而使新型城镇化的"新"，既遵循了古往今来以城市（镇）化产业发展与人口等资源聚集效应为动力机制的一般规律，又在新的时空背景下跨越产业业态、跨越城乡、跨越区域进行城镇化路径、模式创新，进而为观察和研究新型城镇化建设，提供了新的维度和视野。比如，下文中的商贸物流城和职教城对于后发地区的新型城镇化建设就具有深刻的借鉴意义。

1. 商贸物流新城

2012年，"国发2号文件"出台以后，清镇市于当年积极抢抓国家物流业调整振兴、贵阳市"疏老城、建新城"历史机遇，主动承接贵阳市大型商贸物流业转移，助推贵阳大数据高效发展，为"强省会"提供有力支撑，在清镇市中心城区南部规划建设面积31.64平方公里、人口18万人、总投资600亿元的物流新城。

物流新城位于贵阳贵安衔接联动发展核心区，距离贵安新区核心区10分钟车程，距离贵阳市核心区20分钟车程，距离贵阳北站30分钟车程，距离4E级国际机场龙洞堡35分钟车程，是通往云南、四川、广西等省份和省内安顺、兴义、六盘水、毕节及黄果树、龙宫、织金洞、百里杜鹃等景区的必经之路，是贵州西线旅游第一站。如此区位交通条件，既得天独厚，又饱含生机。

物流新城以建设千亿级现代服务业集群为目标，经过8年开发建设形成了现代物流、汽车贸易、工程机械贸易、智能家居、食品副食品贸易、全省农产品交易、元宝枫精深加工、生态文化旅游集聚发展的八大产业。于2015年被评为"第一批省级现代服务业集聚区"，2017—2020年连续4年被评为"全国优秀物流园区"。以八大产业中的现代物流产业为例，具体完成的"项目+N"情况如附表1所示。

附表 1　八大产业中的现代物流业具体完成的"项目+N"情况

单体项目	占地（亩）	总投资（亿元）	业务简介
普洛斯公路港	532.3	5.5	目前有物流信息企业 200 家，零担物流 30 家，日吞吐量 1 万吨
普洛斯铁路港	390	4.6	拟建高端仓储 11 万平方米，已建 3 万平方米，京东、安德已入驻
颜文明仓储物流中心	17.4		已建成产品展示大厅、仓储库房、多功能大厦、停车场等
国家级、省级粮油储备库	56.7	1.1	各种仓储设备设施有效，已储粮 5000 万斤
400 万吨火车站	97	2	2013 年 12 月已建成营运
现代物流配送中心	100	4.3	常温、低温仓储配送、加工中心（中央厨房系统）
陆海国际物流港	2369		承载年货运量 500 万吨，辐射贵阳西、贵安区、国际物流中欧班列

特别地，农产品交易产业方面，项目占地约 800 亩，总建筑面积约 60 万平方米，总投资约 35 亿元；将按 4A 级景区标准，围绕商贸旅一体化，打造以茶叶、中药材、辣椒产业为基础的商品交易市场及文化交流的体验地，全部建成投产后可实现年交易额 100 亿元以上，年税收 2 亿元，带动就业 5000 人以上。农产品交易产业项目的落地，不仅能够带动当地收入和就业，同时也将为本地农产品流通带来便利条件，为农业现代化和城镇化做出卓越贡献。

物流新城作为新业态缓缓不断生长的母体，其正朝以下目标和功能拓展方向努力。第一，以优秀物流园区辐射带动作用为依托，全力深化"开放兴市"新平台建设；第二，以融入"一带一路"建设为目标，全力提升对外开放水平；第三，以《国家枢纽物流布局和建设规划》为契机，全力发展物流枢纽经济；第四，以整合商贸流通资源为措施，全力构建国际大宗商品交易平台；第五，以建设融合发展先行区为突破，全力推进贵阳贵安高质量发展；第六，以盘活存量为载体，全力做大做强增量。

清镇物流新城的建设理念和建设实践，体现出"新业态"与"业态群"叠加的多功能、立体型格局的同时，也表征出作为一个"发展极"，其整合内部与辐射外部的"新功能"与"新开拓空间"。

2. 职业教育城

清镇职教城起步于 2006 年贵州省的战略决策。职教城选址于清镇市城区北部和贵阳市行政中心观山湖区西部，沿红枫湖和百花湖相连河流老马河两岸布局，以河为界分为东部时光校区、西部乡愁校区。规划面积 46 平方公里，其中，教育用地 19 平方公里，占 41%；基础设施用地 4 平方公里，占 9%；保留自然山体水域 23 平方公里，占 50%，建设期投资 278 亿元。规划入驻职业院校 20 所。目前，两个校区建设基本完成，已有 19 所院校入驻，其中 15 所院校实现招生办学，在校师生近 14 万人，与"花溪大学城"形成推动贵州教育发展的"两翼"，真正成为了贵州现代职业教育发展的重大平台。

清镇职业教育城的建设体制是贵州省、贵阳市、清镇市三级联建，由省、市设立领导小组直接领导，指导性文件有建城规划和之后相继编制完成的《清镇市百花生态新城控制性详细规划》《贵州（清镇）职教城乡愁校区控制性详细规划》《职教城建设发展规划》《职教城产业发展规划》等。2015 年 6 月 17 日，习近平同志到职教城视察指导工作，提出"职业教育是我国教育体系的重要组成部分，是培养高素质技能型人才的基础工程，要上下共同努力进一步办好"。贵州省委、省政府进一步将职教城建设定位为"教城互动、产教互动、职教教革、技能培训的引领区、创新区、示范区"和"城、产、教、景"融合发展四位一体的建设项目。2016 年，省人民政府又出台了《关于支持清镇职教城加快发展的若干意见》（黔府发〔2016〕12 号），提出了七个方面二十条意见支持清镇职教城发展。2016 年，时任教育部部长陈宝生到清镇职教城指导工作，赞誉道："北有天津海河教育园、南有贵州清镇职教城。"2016 年，职教城在第九届"中国—东盟教育交流周"中荣获"中国—东盟（清镇）职教中心"荣誉称号。

短短十多年时间，在中国体制机制运转中快速形成的清镇职业教育城，其承载的"发展"意义重大。其客观上以职业教育城参与、嵌构、融入清镇新型城镇化构建过程，但"小城""大城"共同探索创新的意义何在？如此的叩问，必然需要对职教城"城、产、教、景"四位一体的做法进行分析。

第一，城教融合，同步打造城市基础设施建设基础。新城建设，投入是关键。清镇市将基础设施、公益配套类项目列入争取上级资金、纳入预算等多种渠道进行保障；贵州省、贵阳市则在实施土地资金税收政策上提供相应的支持；职教城专项建设资金在有了全方位支持的前提下，职教城各院校、区域联动配套，与清镇其他区域共享基础设施建设，基本不留空白地得到全覆盖。一是建成云站路、金清路等约 40 公里的城市主次干道，基本形成"四横四纵"道路路网，实现重点区域 5G 信号全覆盖；二是中小学、幼儿园、旅游景区、公交干线、超市酒店、医疗机构等项目日益俱全；三是建了 11 个污水处理厂及再生水用设施；四是构建了全面的公共服务体系，如街道办事处、派出所、法庭、未成年人检察工作基地等机构。另外，职教城作为清镇市城市建设的有机组成部分，实际上也增添了城市基础功能，强化了其现代性的内涵。例如职教城入驻清镇，加快了清镇城镇化进程，增加了人口基数，优化了城市人口结构。2020 年，职教城有5000 余名教师，其中研究生和副高职接近 2000 人。

第二，产教融合，打造丰富多样的新型产业链。职教城 14 个院校开设 300余个专业，覆盖一二三产业各个行业，很多技术都处于全省乃至全国的领先水平。例如，贵州交通职业技术学院的道路桥梁工程技术、汽车运用技术、建筑工程技术、工程机械控制技术四个专业为全国高职高专示范专业；贵州食品工程职业技术学院是中国西部地区唯一一所食品工程类高职院校，其院长吴天祥教授获得国家发明专利授权 6 项。产教融合的具体措施主要包括四个方面：一是引导职业院校面向产业和就业办学。例如贵州交通职业技术学院开设有 55 个专业，随着电子商务的发展，开设了物流工程系，还将快递服务中心与学生教学实训相结合以提升学生的动手能力。近年来职教城毕业生就业率高达 95% 以上。二是打造"产业园区+标准实训+职业教育"模式。加强校企合作力度，开展职业教育现代学徒制，采用"引企入校""引校进企""前店后校""企校合一、人员同训、设备共享"等校企合作方式，与富士康、比亚迪等 400 家省内外知名企业开展合作，建立了资源共享、互惠共赢的校企长效合作机制。三是各院校坚持"以赛促教、以赛促练、以赛促学"的工匠型人才培养环节。四是打造"研学实践+服务配套"模式。在时光贵州东城区建设诚信青年示范街、职教学生寒暑假社会实践基地等。

第三，景教融合，激发发展内生活力。职教城在建设过程中采取了最严格的生态保护措施，46 平方公里的教育园区内保留了 20 平方公里的山体和 2 平方公里的水面，学校和企业星罗棋布，依山势而建，伴湖水而居，掩映在山水之间，生态环境保护和城市发展有机地融合在了一起。同时，结合产业发展、休闲娱乐等主题在职教城区打造了一批旅游文化项目，比如时光贵州、乡愁贵州、寻味贵州、四季贵州、恐龙小镇、两个湿地公园及湿地生态漫游休闲旅游精品区。与此相嵌构的是，各院校利用保留山体，均各自打造了一座山体公园，融合院校风格，形成了职教城特有的"一校一景""一区域一特色"景观。此外，根据各校专业内涵，职教城建有多个实训中心和各类文化场馆，很多场馆达到了省级博物馆建设水平，有的也挂牌为青少年科普基地和青少年爱国主义教育基地。例如，贵州交通职业技术学院的交通历史博物馆、贵州水利水电职业技术学院的水工综合实训中心、"大禹馆"、"鲁班馆"建筑工程实训中心、贵州农业职业学院的农业历史博物馆、贵州建筑职业技术学院的省级"陶艺大师工作室"和"木作大师工作室"等，每个职业院校都有两至三栋实训楼。[①] 这些资源作为景、教融合的载体，是激发"小城居民"和"大城居民"甚至外来者学习创业、理解生活品质、享受学习生活的物质载体和精神激励。

第四，"城产教景"融合叠加，进一步创生新业态，挖掘、拓展城市新功能。

贵州省教育厅2020年拟定了《贵州清镇职教城综合改革质效双升实施方案（2020—2025）》，该方案按照"世界眼光、国内一流、贵州特色"的理念，把清镇职教城建设成国家职业教育改革的排头兵、实验区和示范区，并着力以其为主体，助推贵阳市申报产学研用一体化产教融合型城市，着力将入驻的各职业院校的实训资源融合应用，建设国家级公共实训基地，着力围绕"城产教景"深度融合发展要求，全面提升入驻体验，打造宜学、宜居、宜业、宜游的新型职教城。

将贵阳市、贵安新区、清镇市、职教城作为一个区域性城乡融合、城市网状发展的新型城镇化建设来看待和理解时，似乎昭示出一种城市化形成机理的当代性、前沿性和创新性，其与其他板块的有机结合，既可表征特殊，也可标示独特中的一般，具有启示意义。

三、小结："一百两千三区"目标与新型城镇化示范区建设之路

"十四五"开启之年，清镇市委、市政府提出"一百两千三区"建设目标，即加快建设百万人口区域中心城市，打造以生态循环铝产业为主导的先进制造业和以商贸物流业为主导的现代服务业两大千亿级产业集群，建设乡村振兴、生态文明、产教融合三大实践创新区，这"一百二千三区"的建设目标，事实上是清镇新型城镇化建设在"十三五"基础上，得以爆发式增长和发展的路径；更

---

① 毛果、翟伟：《清镇市"城产教景"融合发展对策研究》，《贵阳市委党校学报》2020年第2期。

是新型城镇化"第三条道路"的中国式探索。所谓"第三条道路"是指，清镇市新型城镇化之路既不同于欧美传统的工业化、城市化、现代化、资本化"四化同步"的道路，也不是中国改革开放以来在东部地区广泛存在的"传统工业化+新型工业化+原料+产品"两头在外的加工业推进工业化、城镇化道路，而是以自身条件为特点，试图以新型工业化、新型城镇化、农业现代化、旅游产业化为基础的新"四化同步"的新型城镇化建设。清镇市以农民和农业现代化、轻工业发展、全域旅游和商贸城、职教城带动了城镇化建设，初步实现了新"四化同步"的战略构想。这种内生型、开放性、综合性、区域整备（城乡融合发展）的广义新型城镇化，可能是类似于贵州这种山地生态环境的西南地区走向未来的一种具有普适意义的新型城镇化道路的新探索。

后 记

2020 年 4 月，中国社会科学院科研局向社会学所转来《贵州新型城镇化研究》这个贵州省委托的课题，并直接点名要我牵头来做，也许是因为科研局领导了解到我对贵州情况比较了解吧。我对贵州的调研和了解始于 2000 年，后来基本每年都会去贵州开展一些课题调研，与贵州当地的学者也有很好的合作，我们先后承接了贵州省人大、贵州省社科院以及贵州省委、省政府的课题，在关于贵州研究上有了一些积累和成果，所以此次承接这个课题也没有感觉到为难。接到课题任务之后，我马上动员起来我们这支长年关注贵州研究的科研队伍，尤其是贵州本地的科研队伍。但是由于疫情原因，我们的调研多次顺延，最终在多方的帮助和努力下得以完成，并撰写出了我们自己感觉还有点儿创新水平的研究成果。在此对给本课题提供过支持和帮助的领导、老师以及朋友表示我们的衷心感谢！

首先，感谢贵州省社科院将贵州省领导圈定的课题交由我们来承担，并在课题研究的过程中给了许多支持、帮助和协调。其中，贵州省社会科学院的吴大华书记和张学立院长特别关注我们的调研工作，他们克服多方困难，联络贵州省委、省政府有关部门以及调研点的地方党委政府，为我们的实地调研提供支持。他们还派科研处戈弋副处长和刘凌冰助理研究员专门负责联络工作，刘凌冰同志全程参与调研，肩负起烦琐的调研联络工作，对我们调研的顺利开展发挥了很大的作用。

其次，感谢所有调研对象。我们分别调研了贵州省委、省政府有关部门以及贵安新区、六盘水、黔西南、黔南、安顺、遵义、黔东南、铜仁等地各级政府、社区、村庄、企业以及个人等。他们对我们的调研给予了热情周到的配合，没有他们的支持，我们不可能获得丰富翔实的第一手材料和数据。

再次，感谢我们课题组的每个成员，尤其是贵州的成员以及他们的家人和单位领导。我们课题组成员之间有着长期的合作，形成了独特的合作精神，那就是不怕苦、求实求真、不计得失、互助互帮的科研互助精神。希望这种精神能长期延续并得以发扬。贵州的课题组成员都来自贵州省内高校，他们要承担日常的教学任务，外出调研需要获得所在学校领导的同意，可见他们的学校领导非常重视本课题的研究，并给予了很大的支持，确保了课题研究的顺利进行。

最后，特别感谢贵州省人大常委会副主任何力、贵州省对外文化交流协会会长何京，两位领导为我们课题的研究思路提供了有益的帮助。

还有其他许多值得感谢的有名或无名的人士，在此不能一一列举出来，但也一并表达我们的谢意。我们最大的心愿是读者能从本书中有所收获和启发，政策部门能从本书中找到一些智力支持。

本课题组成员

（一）课题组组长

王春光：博士，研究员，博士生导师，中国社会科学院社会学所副所长。

（二）课题成员

孙兆霞：贵州民族大学乡村振兴研究中心教授，贵州省文史研究馆馆员。

梁　晨：博士，中国社会科学院社会学所副研究员。

李振刚：博士，中国社会科学院社会学所助理研究员。

魏淑媛：博士，兰州大学哲学社会学院讲师。

宗世法：博士，贵州民族大学社会学院副教授，贵州民族大学乡村振兴研究中心特聘研究员。

张　建：博士，怀化学院马克思主义学院副教授，贵州民族大学乡村振兴研究中心特聘研究员。

雷　勇：博士，贵州民族大学社会学院副教授，贵州民族大学乡村振兴研究中心特聘研究员。

陈志永：博士，贵州师范学院教授，贵州师范学院中国乡土社会研究中心（贵州）执行主任，贵州民族大学乡村振兴研究中心特聘研究员。

刘　莹：贵州省人大教科文卫委办公室四级调研员。

曾　芸：博士，贵州大学旅游与文化产业学院教授，贵州民族大学乡村振兴研究中心特聘研究员。

刘凌冰：贵州社会科学院助理研究员。

栾日瑛：贵州民族大学社会学院讲师。

（三）本书写作分工

第一章　李振刚、宗世法、梁晨

第二章　孙兆霞、曾芸

第三章　孙兆霞、宗世法

第四章　宗世法

第五章　陈志永

第六章　雷勇

第七章　张建

第八章　魏淑媛

结语　王春光

附录　孙兆霞、梁晨